UNDERSTANDING OPTION TRADING

理解期权交易

刘维泉 ◎ 著

复旦大学出版社

目录
CONTENTS

导论 ·· 001

第 1 章 期权的基本概念 ·· 009
1.1 什么是期权 ··· 010
1.2 期权基本作用 ·· 020
1.3 价值构成 ·· 027
1.4 Delta 就是头寸 ··· 029
1.5 Gamma 是加速器和减震器 ··· 041
1.6 Theta 背后的涓涓细流 ··· 047
1.7 Vega 是波动率头寸 ··· 051
1.8 常见的期权 ··· 058
1.9 期权的到期损益特征 ··· 059
1.10 本章小结 ·· 067

第 2 章 BSM 框架及其争论 ·· 068
2.1 有关 BSM 的争议 ··· 070
2.2 历史上的期权定价公式 ·· 072
2.3 新时代的 BSM 定价公式 ·· 074
2.4 无套利与期权定价原理 ·· 076
2.5 无套利框架与 BSM 公式 ·· 078
2.6 无套利二叉树与 BSM 公式 ··· 084
2.7 看跌-看涨平价公式 ··· 089
2.8 BSM 再进一步 ··· 094
2.9 应该如何正确使用 BSM ··· 097

2.10　本章小结 ·· 098

第3章　计价变换与期权定价 ··· 099
3.1　计价物的简单理解 ·· 099
3.2　资产定价中的计价单位变换 ······································ 101
3.3　风险中性测度的经济含义 ··· 102
3.4　数学期望中的测度转换 ·· 105
3.5　测度转换与期权定价 ··· 107
3.6　计价变换与计价货币变换 ··· 108
3.7　本章小结 ··· 115

第4章　基础的单期权交易 ··· 116
4.1　买入看涨期权 ··· 116
4.2　卖出看涨期权 ··· 127
4.3　买入看跌期权 ··· 137
4.4　卖出看跌期权 ··· 143
4.5　本章小结 ··· 148

第5章　期权组合交易策略 ··· 149
5.1　牛市价差 ··· 149
5.2　熊市价差 ··· 157
5.3　鞍式组合 ··· 161
5.4　勒式组合 ··· 169
5.5　风险逆转 ··· 171
5.6　蝶式组合 ··· 178
5.7　本章小结 ··· 183

第6章　如何做一个合格的期权买方 ································· 184
6.1　谁适合买期权 ··· 185
6.2　应该如何买期权 ·· 188
6.3　买期权的雷区 ··· 192
6.4　正确评估风险 ··· 196

6.5 本章结论 ·· 198

第 7 章 如何做一个合格的期权卖方 ·········· 199
7.1 为什么要卖期权 ································ 200
7.2 期权卖方之道 ···································· 209
7.3 卖出期权的选择 ································ 211
7.4 卖方该如何控制风险 ························ 216
7.5 本章小结 ·· 225

第 8 章 交易波动率曲线 ······························ 226
8.1 再次认识波动率 ································ 226
8.2 为什么是波动率交易 ························ 229
8.3 波动率的期限结构 ···························· 232
8.4 波动率锥 ·· 233
8.5 交易波动率期限结构 ························ 236
8.6 交易波动率偏斜形态 ························ 245
8.7 本章小结 ·· 269

第 9 章 波动率交易衍生产品 ······················ 271
9.1 波动率互换与方差互换 ···················· 271
9.2 方差互换的作用 ································ 278
9.3 VIX 衍生交易产品 ··························· 283
9.4 本章小结 ·· 301

参考文献 ·· 302

导论
INTRODUCTION

对于期权市场,中国期权交易大爆发的时代已经到来,未来还有巨大的发展空间。中国期权市场始于 2011 年,但那时只有外汇期权,而且只有企业才能有限使用,想参与人民币相关的期权,必须要有真实的贸易背景,唯有参与交易十国集团(G10)货币的外币期权相对便利;而且 2014 年之前,即便企业所参与的人民币期权,选择也非常有限,只能买入期权或者交易有限的期权组合,随着时间的推移,外汇期权已经成为企业套期保值的重要工具。本书面世时,中国的交易所交易基金(Exchange Traded Fund,ETF)期权、指数期货期权和商品期权已经蓬勃发展,交易的品种越来越多,挂钩于这些期权产品的资产管理产品也层出不穷,无论专业投资者还是个人投资者都有更多的选择,期权投资不仅成为机构投资者的专业化投资工具,甚至还可以成为个人赖以为生的手段。

从机构和个人交易角度,国内期权市场发展已经足够支撑起庞大的职业期权交易员。外汇期权领域,国内商业银行最早于 2011 年便开始境内人民币外汇期权的机构和企业交易。截至 2020 年年末,境内中国外汇交易中心的人民币外汇期权会员已有 153 家[1],活跃的交易机构也有数十家,少数机构还建立了成建制的团队;对于股票和商品期权,国内上海证券交易所的上证 50ETF 和沪深 300ETF 期权发展迅速,截至 2019 年,交易型开放式指数基金期权交易量累计 6.23 亿张,成交面值 17.90 万亿元,共有 85 家证券公司和 27 家期货公司获得期权经纪业务权限,并且有 60 家证券公司获得开展期权自营交易权限[2];国内期货期权也发展迅速,1 个股指期权和 18 个商品期权上市交易,覆盖沪深股指期货、农产品、农化、黑色、有色和贵金属等品种。显然,我国境内期权市场已然进入快速发展阶段,建立专业化、市场化

---

[1] 数据来自中国外汇交易中心官网。
[2] 数据来自《上海证券交易所股票期权市场发展报告(2019)》。

和国际化的完备衍生品交易市场体系是必然的趋势,以期权交易为生已经成为可能。

对于期权交易,深入理解期权交易的实质,建立既有宏观视野又有精细化分析的框架,则是提高期权交易胜率的有效路径。

波动率是重要的交易维度,而期权赋予投资者交易波动率的能力。波动率交易为何如此重要?在传统的股票或外汇交易中,只能选择做空或做多两个方向,止盈和止损的区间则由个人把握,那么资产价格在区间内如何运动演变以及如何交易便成为重要的议题;如图 0-1 所示,在止盈线与止损线之间,资产价格可能的波动形态有极大的差异,如果要交易不同的波动形态,就需要波动率交易工具。如果资产价格如实线所示一般运动,则意味着其实际波动率并不高,采用做空实际波动率的策略可能获利,如果如较粗虚线所示的波动形态,则意味着其实际波动率较高。如果说资产价格区间的线性思考是第一层次的思考,那么考虑区间之间的波动形态是更加深入的思考,而更深层次的思考,实际上考虑的是资产价格运动的分布和概率,真正交易的期权隐含波动率所代表的未来分布和概率与实际资产价格的分布与概率之间的差异。举个简单的例子,当我们思考资产价格波动的线性区间时,需要关注的是资产价格与期权合约行权价之间的关系,例如,上证 50ETF 在 2020 年 8 月份,所有的合约最终以不行权告终的比例大约为 43.3%,这个统计揭示的是行权价与资产价格最终价格的线性关系。当我们思考资产价格在区间内的波动形态时,那么应该持有期权,并进行动态对冲,实际上交易的是资产价格的实际波动率与隐含波动率之差异,如图 0-2 中的粗虚线所示,不断在节点上进行买入卖出;进一步地,如果市场预期未来资产价格与当前的分布情况将出现较大差异,那么实际上交易的是隐含波动率的演变,则应该通过期权的买卖实现交易隐含波动率之目的。

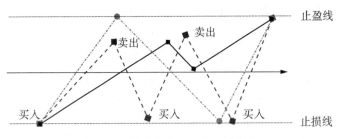

图 0-1 资产价格不同的波动形态

这是期权交易的三个实质,本无高低和优劣之分,对于交易而言,唯一的标准是盈利兑现,只要能够实现盈利目标,便是好的策略,只要能够长期实现基准以上的收益,便是好的投资者,要是能够存活足够长,也就有机会成为伟大的投资家。期权交易与其他金融产品交易本质并无不同,但由于期权具有多维度交易特征,又需要深入理解期权交易的特殊性。

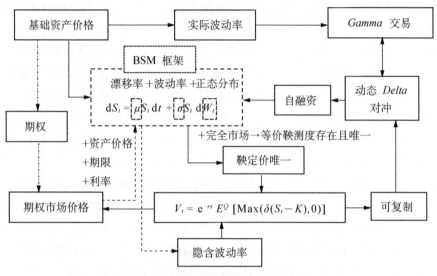

图 0-2 期权交易与波动率交易框架

首先,必须意识到期权的与众不同之处。相比其他的金融工具,期权可能是最复杂,也是最具有艺术性的交易工具,复杂体现在两个方面。一方面,要做好期权交易,需要对期权的标的资产的基本面和技术面有深刻的理解。就如同交易棉花期权时,不能不了解棉花期货、棉花现货的供求关系,以及市场中的玩家特点,当然也得了解棉花期货本身的运行规律,否则,交易期权可能就变成纯粹的投机。当然,建立一个理解这些交易产品的正确框架,本身就不是简单的事情。另一方面,期权的复杂性还体现在,它有非常复杂的一套分析框架,而且是精细化的量化分析框架。在交易股票的时候,需要了解股票的基本财务情况,以及未来的价值趋势,但这些更多还是线性的数据分析;而期权则很不一样,期权的价格表面上可以直接交易出来,但期权背后代表"人性"因素的情绪对价格的影响非常重要。风平浪静之下,股价不动,心动,也可能导致波动率变化,而期权价格与波动率的非线性关系需要合适的模型框架来度量,同时也需要基于这个模型框架开展动态对冲和风险管理操作。

其次,优秀的期权交易员需要有正确的价值观,有宏观的视野,同时也需要对自己有准确的认知。一方面,认识自己比预测市场更重要,交易员认知世界的知识水平和分析能力不可或缺,更为重要的是交易员的品性和哲学价值观。许多人开始交易之时,可能将绝大部分精力和时间用于研究基本面和技术分析,试图通过准确把握和预测市场获得盈利,但市场回赠的可能是惨痛的教训:即使预判准确,不能坚决建立头寸也不一定能够获得盈利;而一旦市场方向暂时不利于所建之头寸,可能因为止损遭受损失,甚至因为久拖不决而损失巨大,反复的止损还可能导致交易者信心尽失。许多人认为交易是反人性的,实际上交易只是揭开人性中有缺陷或最为脆弱的那一面。正视自身的缺陷,才能真正找到合适的交易理念,才能找到更合适的策略,交易期权更是如此。另一方面,交易的操作往往反映的是自身的价值观,只有对自己有充分的认知,才能更好地在反人性的交易中生存。买入期权与卖出期权、交易实值期权和虚值期权的价值观有微妙的差别,期权组合有更多的风险形态,虽然这些都有客观规律,但问题恰恰在于人都是经验积累的产物,过去的经验可以是财富,但更可能是制约,尤其是一旦建立头寸,要清醒认识本我就更加困难。因此,唯有深刻认识自己,才能找到更为合适的期权交易策略,最终我们只能获取自身认知范围内的收益。

当然,开展期权交易就是为了获取利润,因而必须时刻记得交易的唯一目的是追求更高胜率,最终获得能够落入口袋的收益。那么怎么样才能够在交易中获得更高的胜率呢?有几件事情挺难,但又是必须做的正确的事情。

其一,需要更深刻理解期权交易底层内涵,既包括期权定价的基础理论,也包括一个成熟的理论分析框架,以及这些定价理论和分析框架的发展历史,在这过程中有时不得不包括一些抽象的数学理论。诚然,并非所有人都能够编程来实现那些复杂的定价模型,也不需要期权交易者都成为量化工程师(quant),但是,这些基础理论可以帮助交易员更加深刻理解期权价格演变的规律,逻辑自洽的分析框架可以帮助交易员更好地管理风险。以动态对冲为例子,动态对冲为什么有效?应该锚定的 $Delta$ 到底从何而来?动态对冲之后的收益分布如何?实际上,理解BSM框架就能够获得答案,而且答案并不唯一,需要交易员找到自己认可的框架,有人用BSM分析框架,有人用更复杂的赫斯顿(Heston)模型,或者更简单的分析框架,都可能取得成功,但我相信没有人能够不依赖一个分析框架或者不理解所用之分析框架就能够取得成功。对理论有更深刻认知,能够帮助交易员更好地运用各类交易工具,市面上主流的金融信息终端都有期权的分析模块,一些交易商也提供简单的交易和分析工具,如何用好这些工具,仍然有赖于交易员对于其底层理论的理解。

其二,细节决定成败。把握大的交易方向固然重要,但是期权交易头寸有更多的交易方向,其价格影响更加多元,也有更复杂的收益情景。实施交易需要清晰的分析框架,同时,还需要把更多的精力放在交易之后的期权头寸管理细节之上。敲定诸多的期权交易参数本身就是精细活,例如,如何敲定期权交易合约的期限和行权价。这两个参数与期权费密切相关,长短的期限与期权费就像跷跷板;期限长期权费可能高一些,但意味着不确定性也更高;行权价决定期权合约的隐含波动率,而隐含波动率又隐含着市场对未来的预期,行权价越是偏离当前市场价格,期权的 $Delta$ 就会越低,意味着尾部风险的定价极其关键,必须深入研究隐含波动率曲线的偏斜程度。因此,期权交易的是波动率,因而把握波动率的核心驱动因素,真正理解波动率的演变特征,才能够获得更高的胜率。波动率本身就有烦琐的细节,需要交易员抽丝剥茧地研究波动率自身的规律。此外,期权作为衍生品,交易员必须理解基础资产的波动率规律,除系统性风险带来的波动外,行业的演变趋势以及细化到基础资产的成长轨迹都会影响波动率的形态。即使交易完成之后,仍然需要精细化地进行头寸管理,精细化的管理依赖于对期权理论分析框架的深入理解,以及准确的计算。

其三,严格的仓位管理。许多投资者会出现观点正确,但最终却没有获利甚至亏损的情况。例如,某投资者看好看涨期权价格的上涨,便满仓买入看涨期权合约,但因为买入时机过早,白白损耗时间价值。期权价值不进则退,中途不得不止损,止损之后期权价格开始上涨,这是非常常见的情况。如果投资者一开始就做好开仓的策略,技术信号出现之后,先买入部分看涨期权,控制好开仓的仓位,当买入信号更加明确时再进一步建仓,则可能明显提高胜率。当然,在实践的过程中,期权的仓位管理要比普通金融交易产品更为复杂。例如,同样地建立波动率多头的头寸,可以买入看涨期权,可以买入看跌期权,也可以买入勒式或鞍式期权组合,甚至可以建立垂直价差组合。如果是组合,那么此时所谓的头寸概念就不是以名义金额为准,而是需要更加精确地刻画 $Delta$、$Vega$ 和 $Gamma$ 等头寸,唯有真正掌握这些头寸对损益的影响,才可能真正做好仓位管理。

最后，若要提升期权交易的胜率，复盘是必不可少的环节，复盘的过程是一个再思考的过程、自省的过程，也是直面人性的过程。从技术的角度看：一方面，复盘就像下棋的复局，宏观上需要回顾宏观政策和基本面的变化，微观上，把市场行情拉出来，标识入场和出场的点位，并对比之前制定的策略计划，评估交易纪律是否得到执行；另一方面，观察头寸的盈亏、市场行情的走势，甚至观察涨跌的时间、资金的流动情况、波动率曲线的变化，评估市场的实际走势是否符合预期，如果出现预期差，则反复思考原因。此外，期权作为量化程度更高的交易产品，还需要结合期权的特点，把每天、每月和每年的收益归因到具体的因素上，盈亏是出在 $Delta$ 上，还是 $Vega$ 上，抑或完全来自 $Theta$。如果采用动态对冲，那么对于 $Gamma$ 的分析也非常重要，同时也需要不断复盘动态对冲的频率和操作，精细化的量化分析也有助于改善交易的实际操作，简而言之，交易的胜负手可能就在细节之中。从人性的角度，需要不断评估当前所持有头寸的盈亏情况，结合行情以及核心的技术指标，判断头寸的去和留，需要评估市场的情绪怎么样，未来市场的情绪将会如何演化，并且充分认识自己的心理"价位"，只有认识到自己的心理"价位"，并不断地评估自己的心理"价位"和最终的盈亏情况，才能不断地扩大自身的舒适区域。

除了研究交易的逻辑，实际工作中，交易员要取得成功，还必须了解内部流程和系统的各个环节。对于有志于期权交易的团队而言，也必须了解机构内期权交易的架构（见图 0-3），合理的前中后台架构设置，产品设计、交易落地、风险控制和清结算管理等。当然，无论机构还是个人的期权交易者，都需要很好地掌握某一种期权交易系统，熟悉期权定价的基础理论，能够准确地把握诸多参数对于期权价格的影响（见图 0-4）。

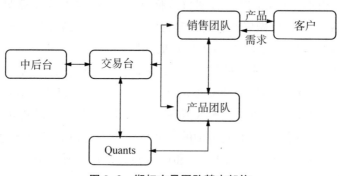

图 0-3 期权交易团队基本架构

导 论

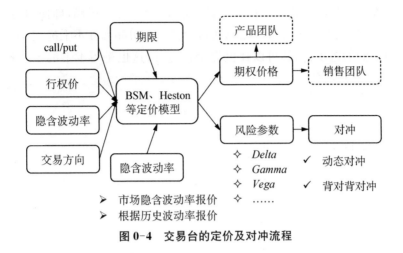

图 0-4 交易台的定价及对冲流程

衍生品的投资交易是相对更为艰难的过程,所以还有几个忠告:一是培养持续且稳定的盈利的能力,比孜孜不倦寻找一招制胜的策略更为有用;二是稳定的盈利能力来自对市场和期权本身的持续且深入的研究,既包括基本面,又包括技术面,学习曲线较长,但可以比较陡峭;三是培养将分析转化为正确的交易执行的能力,对于很多人,往往在研究中可能有比较好的潜在收益率,但实际的交易带来的收益可能与之有明显的缺口,这个缺口来自无法将研究能力转化为正确的交易执行;四是一定要对自己有充分的认识,认识自身的价值观,认识自身的弱点,不断在交易中调整和克服自己的弱点,接受自己的弱点,也接受应得的收益和亏损,盈亏同源,盈利和亏损可能都源于对自身的认知。

本书的核心内容主要分为三个部分:第一部分包括第一章到第三章,主要讲述的是期权的基本理论;第二部分包括第四章到第七章,主要介绍几种最为常见的策略;第三部分包括第八章和第九章,主要阐述波动率曲线交易和波动率的直接交易产品。本书有相当多的数学公式,但我相信这些不会成为读者阅读本书的巨大障碍,无论在学习还是工作中,那些公式都得面对。当你合上这本书,我希望它对你的交易能够产生启发,至少能够给你留下一些印象。中国的期权市场正经历快速的发展,不仅足以使机构开展大规模的交易,而且也足以让个人以交易期权为生,期权波动率交易时代也已经到来。

最后,限于个人能力和精力,本书一定有非常多不足和谬误之处,恳请读者朋友不吝指教。我始终相信只要开始做,只要方向正确,即使内容不那么高大上,理论不那么高深,言语不那么优美,一切都远称不上完美,但只要有一点一滴的进步,仍然可以让世界变得更好,这也是写本书的唯一初衷,感谢读者,感恩时代。

CHAPTER 1

期权的基本概念

弱小和无知不是生存的障碍,傲慢才是。

——刘慈欣《三体》

人类交易期权的历史可以追溯到16世纪,甚至更早,但人类真正大规模开展现代化的期权交易则始于20世纪60年代,标志性的事件是芝加哥期权交易所(Chicago Board Options Exchange, CBOE)的成立,以及1973年布莱克-舒尔斯-默顿(Black-Scholes-Merton, BSM)期权定价模型的发表。期权交易的真正爆发则在20世纪90年代,大量的对冲基金开始将波动率纳入其投资组合,期权成为交易波动率最重要的工具。当前,中国期权市场也处于快速发展的阶段,不断推出的期权交易品种不仅使得交易手段更为多元化,也使得结构性产品设计更为多样化。

期权的诞生为市场提供了更为灵活和多元化的交易工具,能够帮助投资者制定更为丰富的交易策略。一方面,期权不仅能够实现基础交易工具的功能,如通过期权同样可以买入和卖出股票、商品和外汇等资产,还能够为交易带来杠杆交易,并将对资产的交易延伸至波动率这个维度,这是普通的现货和期货交易工具无法实现的;另一方面,期权的交易也更为复杂,无论是标准化的交易所市场,还是可灵活安排交易要素的场外市场(over the counter, OTC),投资者都需要选择期权交易的期限和行权价等要素。同时,波动率对期权的价格有重大影响,因而也必须考虑,而如何选择这些要素又是比较复杂的问题。这一章,着重介绍期权的基本概念。

1.1 什么是期权

期权是一份合约

期权(option)本质上是一份约定或有权利及或有义务的合约,因而其英文单词也被翻译为选择权,期权作为一个合约必须要约定的参数包括合约有效时间(期限)、合约执行的价格(行权价)、合约的交易方向(买入还是卖出)、合约所对应标的资产的买卖方向(看涨还是看跌期权),当然还有合约本身的价值(期权费),期权费决定期权合约本身未来的或有价值到底有多大,同时也就决定期权交易的价值。那么期权的或有价值体现在何处呢?

表 1-1 期权的基本要素

要素	备注
标的资产(underlying)	外汇、ETF、商品、股票
行权类型	欧式、美式、百慕大
交割类型	实物交割(physical)、现金交割(cash)
期权属性	看涨期权(call)、看跌期权(put)
期权费日(premium date)	买卖双方结算期权费的时间,T+2 或后置
到期日(expiry date)	期权失效或行权决定日
交割日(delivery date)	行权后,标的资产交割日
执行价格(strike)	行权时标的资产的交割价格
本金(notional)	行权时标的资产交割的数量
截止时间(cutoff time)	到期日行权的截止时间

对于期权的买入方而言,只要支付买入期权的费用,就获得一个在未来某个时间点,以约定的价格买入或卖出资产的权利,这是个权利,买方可以执行,也可以选择不执行,故而称为或有权利;而作为期权的卖出方(writer),则必须履行相应的卖出或买入的义务,此即或有义务,因为卖出期权也不意味着必然的行权义务,完全取决于是否对对手方有利。期权的买入方在任何情况下都可以选择不行使这个权利,也可以在任何情况下行使权利,一旦期权买入方行权,义务方必须配合交割。那么,投资者在什么情

况下买入期权,应该在什么情况下行权呢?

看涨期权与看跌期权

资产的买卖方向涉及期权的类型,如果看好资产价格上涨,可以通过买入看涨期权来实现,看涨期权(call option, C)的买入方获得一份买入标的资产的权利,对应的看涨期权的卖出方在对方行权时必须履行卖出资产的义务。如果不看好标的资产,可以通过买入看跌期权来实现,看跌期权(put option, P)的买入方获得一份卖出标的资产的权利,当然卖出方对应的是买入的义务。

期限

上面所提到的未来某一个时间点,涉及的是期权的期限,就是合同成立时间到未来合同执行的期限,这个变量在后续的表达中多以 $T-t$ 或 τ 符号出现,表示的都是期权持续的期限。容易理解,在多数情况下,期限越长,意味着期权买入方的或有权利更大,卖出方的或有风险更大,因而期限越长,期权的价值越大。

行权价

期权合约确定的买卖标的资产的价格,即期权的行权价,往往用符号 K 或 X 表示,它的含义是将来期权合约若被执行,期权标的资产的买卖将以该价格执行。当然,期权的买入方只有对其有利时才会选择行使权利,也就是如果以 S_T 表示到期时资产的价格,$S_T \geqslant K$,期权买入方才会行使买入资产的权利,此时只需要用 K 价格买入,立即可以在市场上以 S_T 卖出,从而获得 $S_T - K \geqslant 0$ 的收益;当然,也只有在 $S_T < K$ 时才愿意行使卖出资产的权利,此时可以立刻获得 $K - S_T$ 的收益。

对于看涨期权的买入方。当现货价格 $S_T > K$ 时,此时的期权称为实值状态(in-the-money, ITM),此时行权对于买入方是有利的;当 $S_T < K$ 时,称期权处于虚值状态,此时买入方要求执行期权,还不如直接在市场上以 S_T 的价格买入资产,因而称期权为虚值状态(out-the-money, OTM);如果恰好 $S_T = K$,则称为在值状态(at-the-money, ATM),实际上,在外汇市场中,往往将行权价等于即期价格 ($K = spot$) 称为 ATMS(at-the-money spot),而将行权价等于远期价格 ($K = forward$) 称为 ATMF (at-the-money forward)。

	call	put
ITM	标的资产价格＞行权价	标的资产价格＜行权价
ATM	标的资产价格＝行权价	标的资产价格＝行权价
OTM	标的资产价格＜行权价	标的资产价格＞行权价

当然,在实际交易中,期权行权与否取决于未来资产价格和当下设定的行权价的对比,也就是说,如何设定行权价 K。K 相对于 S_t 高一些还是低一些,取决于投资者在未来一段时间里对于资产价格走势的判断,在后面的章节中,读者将会发现行权价设定是一件非常讲究的事情。

期权的卖出方,作为未来的义务方,承担的是未来价格大幅度波动的风险。例如,如果卖出行权价为 K 的看涨期权,如果未来到期时资产价格远远超过行权价 K,那么对卖方来说,其支付的代价 $S_T - K$ 就越大。类似地,如果作为看跌期权的卖方,如果到期时资产价格远远低于行权价 K,看跌期权买入方仍然可以用 K 卖出资产,所以其要支付的代价 $K - S_T$ 也就越大。从理性人的角度来说,期权卖方如果预期未来价格波动越大,那么卖出的期权收费应该越高,只有这样才能补偿其承担的风险,用期权的语言表达,就是预期的波动率越高,期权的价值越大(见图 1-1)。

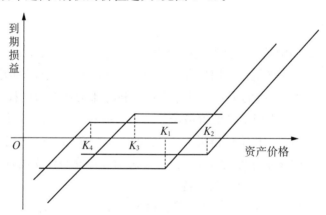

图 1-1　行权价对期权价值的影响

隐含波动率

虽然隐含波动率不是期权的显性参数,但它是期权交易最重要的指标。预期波动率越大,意味着预期未来价格波动越大,即往上涨或往下跌的震荡幅度越大且越频繁,也就是说波动率并没有特定的方向,而看涨期权卖方似乎承受的是资产价格上涨单方向的风险,看跌期权的卖方似乎也只承受资产价格下跌方向的风险。这个是否与预期波动率越大,期权价值越高的结论矛盾呢?在这里,结论是不矛盾,原因是对于波动率交易来说,看涨期权和看跌期权是同一样东西,读者可以从后面章节中的看跌-看涨期权平价公式获得直观的证明,一笔看跌期权加股票和现金可以完全复制出一笔看涨期权,更进一步地,读者也可以从动态对冲的相关内容中,得出动态对冲下看涨期权和看跌期权具有同样的损益的结论。基于波动率之于期权的重要性,期权交易中对于未来的预期波动率有专门的术语,即隐含波动率(implied volatility, IV),常用的表示符号为 σ,隐含波动率是影响期权最重要的因素之一,是期权交易的核心要素。

隐含波动率之所以非常重要,原因是它是交易期权最为直观的价格参考。此外,隐含波动率还能够反映市场预期的隐含波动率价格与实际波动之间的关系,帮助交易员评估盈亏平衡点,尽管这个分析仅对平值期权有参考意义,但所揭示的隐含波动率与实际波动之间的关系仍然对交易员有启示意义。

例如,基于 $\mathrm{d}S_t = \mu S_t \mathrm{d}t + S_t \sigma \mathrm{d}W_t$ 的假设,只要假设 $f(t, S_t) = \ln(S_t)$,利用伊藤引理可以得到:

$$\mathrm{d}f(t, S_t) = \left(\frac{\partial f}{\partial t} + \frac{\partial f}{\partial S_t}\mu S_t + \frac{1}{2}\frac{\partial^2 f}{\partial S_t^2}\sigma^2 S_t^2\right)\mathrm{d}t + \frac{\partial f}{\partial S_t}\sigma S_t \mathrm{d}W_t$$

$$= \left(\mu - \frac{1}{2}\sigma^2\right)\mathrm{d}t + \sigma \mathrm{d}W_t$$

即,$\ln\frac{S_T}{S_t} = \left(\mu - \frac{1}{2}\sigma^2\right)(T-t) + \sigma(W_T - W_t)$,也就意味着 $\ln\frac{S_T}{S_t}$ 遵循着均值为 $\left(\mu - \frac{1}{2}\sigma^2\right)\tau$,方差为 $\sigma^2\tau$ 的正态分布,其中 $\tau = (T-t)$,而根据正态分布的规律,如果资产价格在 1 个标准差和 4 个标准差间波动的概率分布为 68.27% 和 99.99%,即可以有表达式:

$$P\left(-\frac{1}{2}\sigma^2\tau - \sigma\sqrt{\tau} < \ln\frac{S_T}{S_t} < \sigma\sqrt{\tau} - \frac{1}{2}\sigma^2\tau\right) = 68.27\%$$

$$P\left(-\frac{1}{2}\sigma^2\tau - 4\sigma\sqrt{\tau} < \ln\frac{S_T}{S_t} < 4\sigma\sqrt{\tau} - \frac{1}{2}\sigma^2\tau\right) = 99.99\%$$

由于 $\sigma\sqrt{\tau} \gg \frac{1}{2}\sigma^2\tau$，并且考虑将时间转化为天数，并利用 $\ln\frac{S_T}{S_t} = \ln\left(1+\frac{S_T-S_t}{S_t}\right) \approx \frac{S_T}{S_t} - 1$，上述公式变化如下：

$$P\left[(1-\sigma\sqrt{n/365}) < S_T < S_t(1+\sigma\sqrt{n/365})\right] = 68.27\%$$

$$P\left[(1-4\sigma\sqrt{n/365}) < S_T < S_t(1+4\sigma\sqrt{n/365})\right] = 99.99\%$$

例如，当期权剩余 1 天，隐含波动率定位为 $\sigma = 20\%$，那么该期权的 99.99% 置信区间的盈亏平衡对应的波动区间为 $S_t \times (1 \pm 4 \times 20\% \times \sqrt{1/365})$，前提当然对应的是行权价等于市场价格（$K = S_t$）的平值期权。

那么，期权交易的隐含波动率从何而来呢？实际上，隐含波动率是市场交易出来的期权价格，在股票和商品期权市场，市场直接交易的是期权合约，因而先有期权价格，后有期权的隐含波动率。以 BSM 期权定价模型为例子，市场参与者先确定期权交易的价格，期权价格成交之后，交易员则可以通过把期权的其他参数输入牛顿迭代模型，找到基于 BSM 模型的隐含波动率。如果牛顿迭代的是其他期权定价模型，则能够获得基于其他定价模型的隐含波动率，在这种情况下，同样一批期权交易参数，得到的隐含波动率并不完全相同，即隐含波动率是基于特定模型的，如图 1-2 所示。外汇市场则不同，市场参与者直接交易期权的隐含波动率，交易双方确定隐含波动率之后，再将其他参数输入双方认可的期权定价模型，计算出期权价格，双方再以该价格进行交易确认。波动率对期权价格的影响如图 1-3 所示。

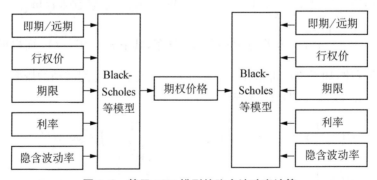

图 1-2　基于 BSM 模型的隐含波动率计算

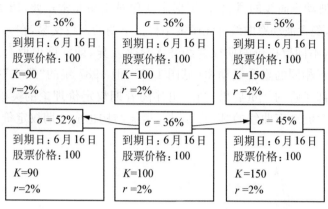

图 1-3 波动率对期权价格的影响

隐含波动率曲线

隐含波动率至关重要,交易隐含波动率主要是交易隐含波动率曲线,所谓的隐含波动率曲线,指的是将不同期限的隐含波动率所连成之曲线,或者是以 S/K 表示的在值程度(moneyness)作为横轴,以隐含波动率为纵轴作图,中间为平值期权波动率,左边为虚值看跌期权隐含波动率,右边为虚值看涨期权隐含波动率,如图 1-4 所示。相同的资产价格,但不同的在值程度(moneyness)隐含波动率不相同,这样的曲线结构被称为波动率的微笑(smile)或假笑(smirk)。

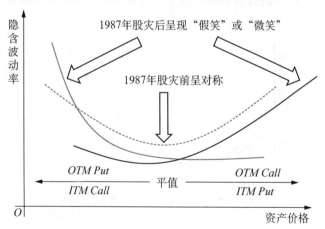

图 1-4 隐含波动率曲线的偏斜变化

隐含波动率曲线的微笑/假笑形态变化对交易非常重要,历史上,期权的定价中,隐含波动率曲线并无微笑结构。早期的期权交易,在一个资产价格截面下,不同行权价的期权合约并无显著差异,即深度虚值合约可能与平值合约有相同的隐含波动率(见图1-5),但1987年的"股灾"揭示了市场低估尾部风险的严重后果,当然也伴随着期权定价理论的突破,市场开始接受隐含波动率曲线的"微笑"结构,微笑结构也成为期权定价必需的理论基础。

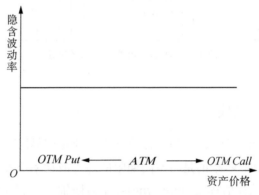

图1-5　曾经平坦的隐含波动率曲线

在现代期权交易中,隐含波动率曲线的形态变化已经成为期权交易的重要课题。一般而言,隐含波动率曲线的形态变化包括几种情况:一是平移,如图1-6所示,隐含波动率曲线上下移动,但整体形态并未发生改变,曲

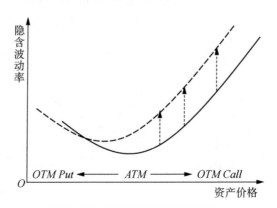

图1-6　隐含波动率曲线的平移

线的上下移动带来的主要影响是 $Vega$ 头寸的变化；二是主要形态的斜率发生变化，如图 1-7 所示，斜率改变，影响更多的是期权的风险逆转（risk reversal）头寸，简单地说，斜率变化，反映的是看涨期权和看跌期权的隐含波动率相对水平发生改变；三是隐含波动率曲线的凸度发生改变，如图 1-8 所示，凸性改变，影响的是期权组合的 $Volga$ 头寸。所谓交易期权的隐含波动率曲线，指的就是交易上述三种曲线形态的改变。

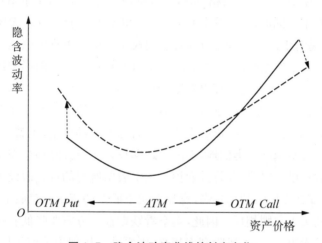

图 1-7 隐含波动率曲线的斜率变化

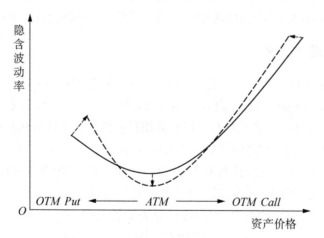

图 1-8 隐含波动率曲线的凸性变化

无风险利率

理论上,无风险利率也影响期权的价格,其他参数不变的前提下,直接的结论是:无风险利率越高,看涨期权的价格应该越高,看跌期权的价格应该越低;无风险利率越低,看涨期权的理论价格越低,看跌期权的理论价格越高。之所以强调理论上,原因在于期权的价格是交易出来的,实操中并不会将无风险利率放入模型计算期权价格,再按照该价格进行交易,这个事情在真实的交易中不会发生。同时,真实交易中,交易员也不大可能去看着无风险利率报价,再和交易对手进行讨价还价,因此,期权交易价格很难敏感地反映无风险利率的变化。虽然如此,研究无风险利率对期权理论价格的影响还是有意义的,即使直观的经济含义解释也有助于理解期权定价的内涵。当卖出看涨期权时,需要买入股票进行对冲,按照无风险定价原理的自融资(self-financing)原则,买入的股票资产以及融资成本将等于看涨期权的价格,也就意味着,融资买入股票的成本越高。类似地,卖出看跌期权,为了对冲风险,需要卖出看跌期权一方融券借入股票,并将其卖掉。卖空股票所得的资金假设可以获得无风险利率,那么无风险利率越高,意味着卖空股票的资金利息收益越高,对于看跌期权的买入方则相反。因此,卖空看跌期权一方需要降低看跌期权的价格才能将其卖出,所以无风险利率越高,则看跌期权理论价值越低。当然,还可以通过看涨期权与看跌期权平价公式以及从资本资产定价模型(capital asset pricing model,CAPM)角度进行解释,在后续的章节中将会进一步展开。

其他基本要素

在期权的类型方面,根据可以行权的时间分类,可以分为:欧式期权(European option),欧式期权只能在到期日当日选择行权;美式期权(American option),美式期权可以在到期日前的任意工作日选择行权;介于欧式期权与美式期权之间的是百慕大期权(Bermuda option),百慕大期权可以在约定的一系列离散日期里选择行权,例如,对于期限为1年的百慕大期权,约定只能在每个月的最后一个工作日选择行权。

按照最后交割的方式划分,可以分为实物交割(physical settlement)和现金交割(cash settlement)。实物交割顾名思义,行权时双方买卖标的资产;现金交割则按照行权价格与市场参考价计算双方交割的现金,例如,看涨期权的行权价为K,而行权时标的资产的参考价格为S_T,那么双方只需要交割清算资金现金＝名义金额×(S_T-K)即可。

对于期权合约本身,也有买入合约和卖出两个方向。买入期权需要支付期权费,但市场价格高于看涨期权的行权价,或者低于看跌期权的行权价,将获得行权收益,因而买入期权最大的损失为期权费,而理论上有潜在的无限收益。但资产价格不会无限上涨,下跌也难以跌至负数下方很远,因而买入期权的收益实际也有限。本质上,买入期权意味着交易员预期未来市场价格将大幅偏离行权价,因而其本质是做多波动率,反之,卖出期权本质上是做空波动率。因此,交易员可以通过期权表达出组合丰富的交易方向,如表1-2和图1-9所示。

表1-2 期权交易方向

类型	买入	卖出
看涨期权	看多基础资产;看多波动率	看空基础资产;看空波动率
看跌期权	看空基础资产;看多波动率	看多基础资产;看空波动率

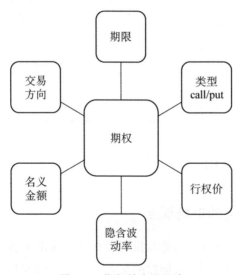

图1-9 期权的主要要素

实际上,上述参数对期权价格的影响并不那么简单,伴随着输入参数的变化,期权价格呈现的是非线性的变化,因而理解期权价格变化的特征也是交易员成长的基本要求,也正是这些非线性变化,给市场带来了非常多有意思的交易结构。表1-3总结了基本的参数变化对期权价格的影响。

表 1-3 部分参数变化后期权价格的演变

条件		期权价格
$S < K$	$\tau \to 0$	$C \to 0$
$S > K$	$\tau \to 0$	$C \to S - K$
	$\tau \to \infty$	$C \to S$
$S < Ke^{-r_d\tau}$	$\sigma \to 0$	$C \to 0$
$S > Ke^{-r_d\tau}$	$\sigma \to 0$	$C \to S - Ke^{-r_d\tau}$
	$\sigma \to \infty$	$C \to S$
$K \to 0$		$C \to S$
$K \to \infty$		$C \to 0$
$S < K$	$\tau \to 0$	$P \to K - S$
$S > K$	$\tau \to 0$	$P \to 0$
	$\tau \to \infty$	$P \to K$
$S < Ke^{-r_d\tau}$	$\sigma \to 0$	$P \to Ke^{-r_d\tau} - S$
$S > Ke^{-r_d\tau}$	$\sigma \to 0$	$P \to 0$
	$\sigma \to \infty$	$P \to K$
$K \to 0$		$P \to 0$
$K \to \infty$		$P \to \infty$

1.2 期权基本作用

看涨期权表达的市场观点

既然要预先支付期权费,那么投资者在什么情况下会买入看涨期权呢?从期权标的资产的角度来看,期权的买入方愿意支付期权费买入看涨期权,则意味着其认为资产价格可能大幅度上升,可以通过买入看涨期权,以行权价行权实现以较低的成本买入资产价格的目的,或者可以通过看涨期权本身的价格上涨而获利,而看涨期权本身价格的上涨,可以完全依赖于市场对未来看涨的预期,体现为"大家认为将来资产价格上涨"而带来的隐含波动率上升。因此,买入看涨期权,实际上隐含看涨标的资产价格和隐含波动率,建立看涨期权多头,也就意味着同时建立标的资产多头和隐含波动率多头。反之,卖出看涨期权则意味着看空标的资产价格,或者看空隐含波动率。

$$看涨期权多头 = 标的证券多头 + 波动率多头$$
$$看涨期权空头 = 标的证券空头 + 波动率空头$$

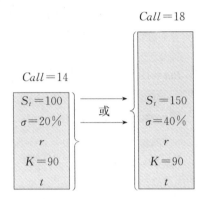

外汇市场的看涨期权稍有差别

外汇期权稍有特殊性,外汇期权的标的资产是两个货币的比价,即汇率,而外汇期权的看涨期权看涨的是基准货币(base currency, ccy1)兑报价货币(quoted currency, ccy2)的汇率,如国内 2011 年即开始的美元兑人民币(USD/CNY)看涨期权,USD 是基准货币,CNY 是报价货币,因而买入 USD/CNY 看涨期权,意味着看涨美元兑人民币的汇率,即认为美元兑人民币升值,而人民币兑美元贬值,或者看涨 USD/CNY 的隐含波动率。实际上,在外汇期权市场,外汇期权的交易往往直接交易隐含波动率价格,与场内期权市场直接针对期权价格进行博弈有较大区别,外汇期权往往针对隐含波动率进行磋商,再依据其他参数通过数学模型折算成期权费后进行交割。

$$买入 USD/CNY\ Call = 买入 USD\ Call = 买入 CNY\ Put$$
$$买入 USD/CNY\ Put = 买入 USD\ Put = 买入 CNY\ Call$$

看跌期权表达的市场观点

与看涨期权类似,买入看跌期权意味着建立标的资产的空头头寸,以及隐含波动率的多头头寸。卖出看涨期权则相反,建立的是标的资产的多头头寸,以及隐含波动率的空头头寸。更为直观地,其他参数不变的情况下,资产价格下跌可能使得看跌期权价格上涨或者隐含波动率上升,看跌期权价格也将上涨。

$$看跌期权多头=标的资产空头+波动率多头$$
$$看跌期权空头=标的资产多头+波动率空头$$

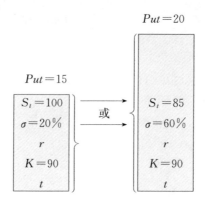

初步了解期权的概念之后,真实的期权合约以及真实期权交易如何报价呢?

场内期权合约

场内期权因为有"固定"的交易场所,尽管这些交易场所已经完全电子化,交易所期权合约往往有固定的条款,并依据这些条款进行合约的更替。目前,国内的上海证券交易所、深圳证券交易所、中国金融期货交易所、郑州商品期货交易所和大连商品交易所都有期权合约交易。以上海证券交易所的上证 50ETF 期权合约为例,投资者开启交易之前,必须仔细地研究其交易和交割规则,尤其是关注合约切换的规则,以及行权规则、行权时间和保证金计算的规则等(见表 1-4)。例如,合约单位 10 000 份,意味着如果 1 手上证 50ETF 期权将对应 10 000 份 ETF,而上证 50ETF 的报价是针对 1 份 ETF 的标的资产而言,如果期权报价为 0.5 元,那么 1 手上证 50ETF 期权意味着 0.5×10 000 即 5 000 元期权费。类似地,如果需要计算所持有的期权之 Delta、Gamma 和 Vega 等风险参数绝对值,都要乘以合约单位。此外,到期日这样不起眼的参数,实际上也有重要的意义。如果交易员认同多数期权将以不行权而结束,并且认知到剩余期限越来越短,对应的时间价值也将随之衰减,那么,如果累积的统计数据足够多,或许能够支撑交易员通过合约滚动到期所产生的组合交易机会。

表 1-4　上证 50ETF 期权合约基本条款①

条款	内容
合约标的	上证 50 交易型开放式指数证券投资基金("50ETF")
合约类型	认购期权和认沽期权
合约单位	10 000 份
合约到期月份	当月、下月及随后两个季月
行权价格	9 个(1 个平值合约,4 个虚值合约,4 个实值合约)
行权价格间距	3 元及以下为 0.05 元,3～5 元(含)为 0.1 元,5～10 元(含)为 0.25 元,10～20 元(含)为 0.5 元,20～50 元(含)为 1 元,50～100 元(含)为 2.5 元,100 元以上为 5 元
行权方式	到期日行权(欧式)
交割方式	实物交割(业务规则另有规定的除外)
到期日	到期月份的第四个星期三(遇法定节假日顺延)
行权日	同合约到期日,行权指令提交时间为 9:15—9:25,9:30—11:30,13:00—15:30
交收日	行权日次一交易日
交易时间	上午 9:15—9:25,9:30—11:30(9:15—9:25 为开盘集合竞价时间) 下午 13:00—15:00(14:57—15:00 为收盘集合竞价时间)
委托类型	普通限价委托、市价剩余转限价委托、市价剩余撤销委托、全额即时限价委托、全额即时市价委托以及业务规则规定的其他委托类型
买卖类型	买入开仓、买入平仓、卖出开仓、卖出平仓、备兑开仓、备兑平仓以及业务规则规定的其他买卖类型
最小报价单位	0.0001 元
申报单位	1 张或其整数倍
涨跌幅限制	认购期权最大涨幅=Max{合约标的前收盘价×0.5%,Min[(2×合约标的前收盘价-行权价格),合约标的前收盘价]×10%} 认购期权最大跌幅=合约标的前收盘价×10% 认沽期权最大涨幅=Max{行权价格×0.5%,Min[(2×行权价格-合约标的前收盘价),合约标的前收盘价]×10%} 认沽期权最大跌幅=合约标的前收盘价×10%

---

① 数据源自上海证券交易所。

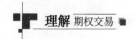

(续表)

条款	内容
熔断机制	连续竞价期间,期权合约盘中交易价格较最近参考价格涨跌幅度达到或者超过50%且价格涨跌绝对值达到或者超过10个最小报价单位时,期权合约进入3分钟的集合竞价交易阶段
开仓保证金最低标准	认购期权义务仓开仓保证金=[合约前结算价+Max(12%×合约标的前收盘价-认购期权虚值,7%×合约标的前收盘价)]×合约单位 认沽期权义务仓开仓保证金=Min[合约前结算价+Max(12%×合约标的前收盘价-认沽期权虚值,7%×行权价格),行权价格]×合约单位
维持保证金最低标准	认购期权义务仓维持保证金=[合约结算价+Max(12%×合约标的收盘价-认购期权虚值,7%×合约标的收盘价)]×合约单位 认沽期权义务仓维持保证金=Min[合约结算价+Max(12%×合标的收盘价-认沽期权虚值,7%×行权价格),行权价格]×合约单位

场内市场怎么报价

以港股上市的腾讯控股(HKEX:00700)为例子(见表1-5),许多券商行情软件采用典型的"T"型报价,直观展示相同行权价的看涨期权和看跌期权的报价。交易场内期权,最容易被忽略的是期权合约的隐含波动率,尽管场内期权的惯例是直接交易期权合约的绝对价格,但是衡量期权是否被"高估"或"低估"以及真正反映市场未来价格演变的要素,仍然是隐含波动率,以及不同期限、不同在值程度(moneyness)或 $Delta$ 对应隐含波动率连线之后所形成的波动率曲线。因此,除了基于标的资产的"基本面+技术+情绪"分析框架,针对期权的"情绪+技术+量化"分析框架也必须建立起来,并且两个框架不仅要能够自洽,还要能够相容。

表1-5 腾讯控股股票期权报价

卖量	卖出价	买量	买入价	涨跌幅	最新价	行权价	最新价	涨跌幅	买入价	买量	卖出价	卖量
30	58.21	30	54.31	0.00%	54.68	690	4.66	−30.65%	4.12	60	4.48	30
15	48.00	30	46.13	1.24%	46.10	700	6.00	−34.71%	5.85	40	6.26	30
30	41.62	30	38.71	0.00%	40.30	710	8.50	−30.50%	8.14	61	8.79	31
50	34.40	30	33.36	4.85%	32.00	720	11.57	−27.14%	11.30	1	11.73	29
30	29.66	32	27.07	−3.88%	25.56	730	15.68	−22.18%	15.39	30	15.89	29

(续表)

卖量	卖出价	买量	买入价	涨跌幅	最新价	行权价	最新价	涨跌幅	买入价	买量	卖出价	卖量
30	23.48	37	22.15	−4.31%	20.85	740	20.30	−18.93%	20.50	30	21.02	30
30	18.78	40	18.19	−0.97%	18.30	750	27.40	−10.75%	25.79	30	27.90	30
30	15.52	41	15.11	4.79%	14.00	760	32.10	−13.76%	32.98	30	35.13	30
30	12.87	41	12.63	7.90%	11.81	770	40.80	−10.01%	39.90	30	42.47	30
30	10.80	41	10.58	16.48%	9.85	780	52.17	0.00%	47.99	30	51.08	30

场外市场怎么报价

除了场内标准化的期权合约交易，国内场外期权市场也在蓬勃发展，也有越来越多的个人投资者参与到场外期权的交易中。外汇期权是交易规模最大的场外期权之一，以外汇期权的典型交易模式作为例子介绍场外期权的报价：外汇期权的交易往往发生在机构与机构之间，交易确认方式有电话、Bloomberg、Eikon 和 Dealing 等，国内外汇期权可以通过中国外汇交易中心(China Foreign Exchange Trade System，CFETS)的交易平台进行询价、发单和确认。这里以最传统也最为典型的 Dealing 询价为例：某境内银行 A 的交易员给境外银行 B 的交易员通过 Dealing 终端发送询价信息，假设的场景为银行 A 的交易员询价结构为期限不同步的风险逆转组合，但风险逆转组合两笔交易的名义金额并不相等，Delta 也不相等；同时，交易员 A 并不指定明确的交易方向，在询价过程不希望暴露其是想买入 1 个月的 EUR/USD 看涨期权，卖出 3 个月 EUR/USD 看跌期权，还是相反。典型的 Dealing 信息交易如表 1-6 所示。

表 1-6 外汇期权典型的交易场景

交易员 A	HIHI FRIEND FOR USD AGAINST CNH 1M 25 DELTA CALL VS 3M 20 DELTA PUT IN USD 100 BY 50 PLEASE TOKYO CUT FOR BOTH
	询价的交易结构为，1 个月期限且 Delta 为 25% 的 USD/CNY 看涨期权，名义金额为 100 个百万，即 1 亿美元，同时询价 3 个月且 Delta 为 20% 的 USD/CNY 看跌期权，名义金额为 5 000 万美元 交割的截止时间为东京时间 14:00

（续表）

交易员 B	MOMENTS PLEASE 1M 5.5% CHOICE VS 3M 5.8/6.0
	因为不知道询价方的交易方向，报价方报出 1 个月的看涨期权波动率价格为 5.5%，choice 表示没有买价和卖价相同；而 3 个月期限的买价为 5.8%，卖价为 6.0%
交易员 A	5.8PLEASE
	询价方亮出底牌，3 个月期限的期权，询价方为卖出，这样就意味着询价方买入 1 个月 USD/CNH 看涨期权，卖出 3 个月 USD/CNH 看跌期权
交易员 B	SURE THANKS SPOT 6.6658
	报价方确定交易细节，即期价格确定为 6.6658，其意义在于可以作为计算行权价的锚，同时即期价格加上掉期点将作为计算期权费的参数
交易员 A	AGREED
	询价方同意即期价格为 6.6658
交易员 B	1M STRIKE 6.6786, 1.58% OF USD 3M STRIKE 6.7028, 2.49% OF USD DELTA 25 FOR 1M AND 20 FOR 3M 1M FORWARD 128, 3M FORWARD 370
	1 个月期限的行权价为 6.6786，期权费是美元金额的 1.58%，即 1 亿美元 * 1.58%；3 个月的行权价为 6.7028，行权价为美元金额的 2.49%；1 个月的远期价格是即期加上 128 个基点的掉期，3 个月的远期为即期加上 370 个基点
交易员 A	ALL AGREED NET DELTA BANK A BUY 35 USD/CNH AT 6.6658
	同意上述细节，并且由于需要对冲 Delta，将买入 35 USD/CNH，汇率为 6.6658
交易员 B	AGREED TO COMFIRM BK B SELL $100 MIO 22DEC05 6.6786 USD CALL CNH PUT WITH PREMIUM 1.58% OF USD BANK B BUY $50 MIO 21FEB06 6.7028 USD PUT CNH CALL, PREMIUM 2.49% OF USD NET DELTA BANK B SELL 35 USD VS CNH VALUE 29NOV05 USD TO BANK AAA PLEASE CNH TO BANK BBB PLEASE THANKS FOR THE DEAL AND HAVE A NICE DAY
	同意。并复述一遍所达成的交易细节，并提示对方其 USD 和 CNH 的资金交割账户

(续表)

交易员 A	ALL AGREED USD TO BANK CCC PLEASE JPY TO BANK DDD PLEASE THANKS BYE
	同意。并给出美元和人民币交割的账户

上述询价信息确认之后，交易员便可以将 Dealing 上的信息通话记录打印签字，双方机构的清算人员将会依据相应信息发送报文。

从上面的例子也可以看出，场外期权交易的核心在于：①清楚所需要的交易结构，相比场内期权，场外期权可以灵活针对特定组合进行交易，但也因此要求交易员非常熟悉期权组合的逻辑关系；②必须注意询价过程中的信息交互，既要清楚扼要地表明诉求，又要避免泄露过多的不必要信息，以免影响询价机构的报价意愿，场外交易是双边市场，极其容易受到流动性的影响；③场外交易因为没有直接的公允价值，因而合理的定价体系、估值体系和风险管理体系就变得尤为重要，开展场外交易之前，定价、簿记、估值和风控的相应系统都应该配置妥当。

1.3 价值构成

期权的价值

期权的价格是交易出来的，市场价格即期权的公允价值，往往包含内在价值（intrinsic value）和时间价值（time value）两部分（见图 1-10 和图 1-11）。

$$期权价值 = 内在价值 + 时间价值$$

内在价值

内在价值指的是期权立刻行权所能产生的价值，在数学上等于标的资产价格与行权价的差值。内在价值的表达式可以总结为表 1-7。

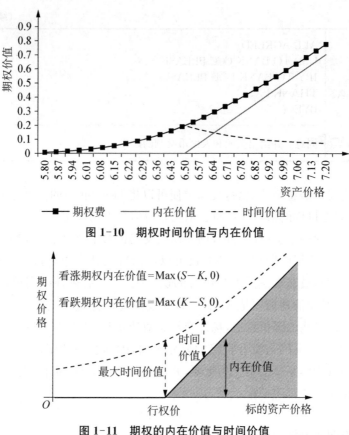

图 1-10 期权时间价值与内在价值

图 1-11 期权的内在价值与时间价值

表 1-7 期权的内在价值

类型	多头	空头
看涨期权	$Max(S_T - K, 0)$	$-Max(S_T - K, 0)$
看跌期权	$Max(K - S_T, 0)$	$-Max(K - S_T, 0)$

时间价值

时间价值则是期权费减去内在价值的差值,也就是期权价值高于内在价值的部分,也就意味着当期权为虚值状态时,只有时间价值。时间价值的根源在于未来的不确定性,因而时间价值具有几个特点:一是所有的期权都有时间价值;二是更长的剩余期限意味着更大的行权不确定性,因而剩余期限越长,时间价值越大;三是如果资产价格和隐含波动率没有发生有利于期权的变化,时间价值往往随着时间流逝而衰减,并且在期权剩余期限的末期,时间价值加速衰减;四是期权定价时的隐含波动率越高,时间价值越大;五是时间价值在行权价附近最大,此时是否行权的不确定性也最大。其中,时间价值衰减对交易有重要影响,交易员必须清楚,期权价格越高,隐含波动率越大,同样的行权价之下,则对应的时间价值越高,买入期权所面临的时间价值流失风险将会越高。

1.4 Delta 就是头寸

Delta 的内涵

Delta 定义为期权价值变化与标的资产价格变化的比值,反映的是期权价值对资产价格变化的敏感程度,也就意味着,Delta 能够很好地帮助交易员理解其建立的期权组合对于资产价格变化的敏感程度。不依赖模型的表达式为 $\dfrac{V(S_1, \sigma, t) - V(S_2, \sigma, t)}{S_1 - S_2}$,而基于模型解析式的表达式为 $\Delta_t = \dfrac{\partial V(S_t, \sigma, t)}{\partial S}$。对于买入看涨期权而言,将获得正的 Delta,对冲则需要卖出标的资产,买入看跌期权,则获得负的 Delta,对冲需要卖出资产。

Delta 除了代表直观的风险敞口,还有两点重要的意义。其一,Delta 表示风险中性测度下,期权到期进入实值状态的概率,即到期行权的概率。用一个不依赖模型的表达式来说明,在风险中性假设之下,代表资产价格 $S_t = E_t[S_T]$,如果我们假设 $S_T = S_t + \varepsilon_T$,$\varepsilon_T$ 服从标准正态分布,那么根据 Delta 的表达式,有:

$$\begin{aligned}
\Delta_t &= \frac{\partial V(S_t, \sigma, t)}{\partial S} = \frac{\partial}{\partial S_t} \int_{-\infty}^{\infty} \mathrm{Max}(S_t + x - K, 0) f_t(x) \\
&= \frac{\partial}{\partial S_t} \int_{K-S_t}^{\infty} (S_t + x - K) f_t(x) \mathrm{d}x \\
&= \int_{K-S_t}^{\infty} f_t(x) \mathrm{d}x \\
&= Prob(\varepsilon_T > K - S_t) \\
&= Prob(S_T > K)
\end{aligned} \quad (1-1)$$

式(1-1)完全是在不依赖模型下的推导,基于 BSM 模型假设,那么实际上 $S_T = S_t e^{-\frac{1}{2}\sigma^2 T + \sigma T \varepsilon}$,则看涨期权的 $Delta$ 实际上等于 $Delta_C = \frac{\partial C}{\partial S} = e^{-qT} Prob(S_T > K) = e^{-qT} \Phi(d_1)$。当然,这个到期进入实值状态的概率,作为交易参考是有意义的,但并非绝对意义上的概率,毕竟这是基于风险中性假设下的结果。

其二,$Delta$ 能够帮助交易员更好地理解数字期权的对冲。对于到期支付金额为 1 元的数字期权,行权价为 K,显然其理论价格应该如下:

$$D_t = E_t[\text{Max}(S_T - K, 0)]$$
$$= E_t[1_{S_T > K}]$$
$$= Prob_t(S_T > K)$$

而我们知道,用两个行权价无限接近的看涨期权,可以模拟出数字期权:

$$\lim_{\delta \to 0}(V(S_t, K-\delta, t, \sigma_t) - V(S_t, K+\delta, t, \sigma_t))$$
$$= -\frac{\partial V}{\partial K} = D_t = Prob(S_T > K)$$

实际上:

$$\frac{\partial V(S_t, K, t, \sigma_i)}{\partial S} = \frac{\partial}{\partial S_t} \int_{-\infty}^{\infty} \text{Max}(S_t + x - K, 0) f_t(x) dx$$
$$= -\frac{\partial}{\partial K} \int_{-\infty}^{\infty} \text{Max}(S_t + x - K, 0) f_t(x) dx$$
$$= -\frac{\partial V(S_t, K, t, \sigma_i)}{\partial K}$$

这就意味着:

$$\frac{\partial V(S_t, K, t, \sigma_i)}{\partial S} = -\frac{\partial V(S_t, K, t, \sigma_i)}{\partial K} \quad (1-2)$$

这个结论不仅验证了 $Delta$ 可以"近似为"期权到期时进入实值概率的结论,而且也给出了明确的对冲数字期权 $Delta$ 的理论基础,因为式(1-2)的右边是数字期权的 $Delta$,同时也是两个看涨期权所构成的价差组合的极限值,意味着只要价差组合的行权价差异足够小,通过价差组合可以对数字期权进行对冲。

Delta 的模型差异性

Delta 有离散式和解析式两种计算方法,并各有优势,离散式的计算适合具有高频数据的场内期权交易市场,直接利用市场成交的期权价格以及标的资产的市场价格,便可以通过 $Delta = \dfrac{V_t(S_t) - V_{t-1}(S_{t-1})}{S_t - S_{t-1}}$ 不断计算。其优点是不需要输入繁多的参数,直接通过市场交易价格计算,因而更精确。

基于期权定价模型,可以得到 Delta 的解析式,如基于 BSM 模型的期权 Delta 的解析式如下:

$$\Delta_C = Delta_C = e^{-q\tau}\Phi(d_1), \quad \Delta_P = Delta_P = e^{-q\tau}[\Phi(d_1) - 1]$$

其中:$d_1 = \dfrac{\ln\dfrac{S_t}{K} + \left(r - q + \dfrac{1}{2}\sigma^2\right)\tau}{\sigma\sqrt{\tau}}$;$q$ 表示连续的股息率;$\Phi(x)$ 表示正态分布的累计概率;$\tau = T - t$。

假定腾讯股票价格 $S_t = 713$ 港元,2021 年 3 月 30 日到期,剩余期限天数为 35 个自然日,合 0.096 年,无风险利率采用 1 个月的香港同业拆借利率(HIBOR)$r = 0.12\%$,假定股息率 $q = 0.15\%$,权价为 720 的看涨期权的隐含波动率为 41.01%。

Delta 计算如下:

$$d_1 = \dfrac{\ln\dfrac{713}{720} + \left(0.12\% - 0.15\% + \dfrac{1}{2} \times 0.4101^2\right) \times 0.096}{0.4101 \times \sqrt{0.096}} = -0.0136$$

$$\Phi(-0.0136) = 0.494582$$

$$\Delta_C = e^{-q\tau}\Phi(d_1) = e^{-0.0015 \times 0.096} \times 0.494582 = 0.494525$$

Delta 的可加性

以腾讯控股的股票期权为例子,其一份期权合约对应 100 股股票,假设看涨期权的 Delta 为 0.520,看跌期权的 Delta 为 -0.479,则意味着分别买入 1 份看涨和看跌期权合约,则组合的总 $Delta=(0.520-0.479)\times 100=4.1$,即买入的那一刻近似于获得 4.1 股股票的 Delta 头寸,如果需要对冲掉 Delta 敞口,则需要做空 4.1 股的股票。在多数时候,交易员面临的并非单笔的期权交易,而是由多笔期权构成的组合,如表 1-8 所示,此时,需要从投资组合整体的 Delta 角度进行交易,即使所买入期权的到期日不同,仍然可以利用 Delta 的可加性管理整体的头寸风险。当然,对于外汇期权和期货期权,则需要更加精细地考虑 Delta 的期限结构问题。

表 1-8 期权投资组合风险敞口

	合约 1	合约 2	合约 3	合约 4	组合
交易方向	buy	sell	buy	sell	
类型	看涨期权	看涨期权	看跌期权	看跌期权	
到期日	2021-02-25	2021-02-25	2021-03-30	2021-03-30	
数量	1	1	2	2	
行权价	740	750	720	730	
开仓价格	23.65	18.42	28.04	32.63	
市场价格	17.82	13.80	41.01	47.14	
隐含波动率	42.04%	42.04%	41.43%	41.85%	
Delta	**0.52**	**−0.43**	**−0.30**	**0.39**	**26.91**
Gamma	0.01	−0.01	0.01	−0.01	2.38
Vega	0.41	−0.40	0.36	−0.39	−58.07
Theta	−1.24	1.22	−1.04	1.16	676.96
Rho	0.07	−0.06	−0.04	0.06	1.09

Delta 具有期限结构

Delta 具有期限结构,交易时必须关注期限结构风险。所谓的期限结构,指的是 Delta 在不同期限合约上可能的不同形态分布。在外汇市场,

Delta 的期限结构表现得非常显著,原因在于外汇市场涉及两个货币的利率之差,利差变化的预判将会导致外汇远期(掉期)价格发生变化,而且市场往往对于不同期限的利率有不同的预期,因而外汇期权的标的资产一般为远期价格,远期 Delta 自然产生期限结构。在实际的交易中,期限结构对期权 Delta 的影响非常大。类似地,以期货合约为标的的期货期权,也应该关心 Delta 的期限结构问题。一方面,在对 Delta 进行对冲的时候,对于不同期限合约组成的 Delta 组合,交易员既要考虑整体头寸的有效对冲,也要考虑不同期限上的精细化对冲效果,当然还需要尽可能减少交易成本;另一方面,期货期权市场的波动率同样具有显著的期限结构,隐含波动率的期限结构也将影响 Delta 在不同期限合约上的表现。总体而言,股票期权的 Delta 期限结构相对简单,主要考虑不同波动率期限结构的影响(见表 1-9 和 1-10)。

表 1-9　期权组合希腊参数的期限结构

到期日	方向	类型	数量	行权价	Delta	Gamma	Vega	Theta	Rho	隐含波动率
2 月 25 日	买入	看跌	5	730	−376.77	6.59	83.22	−942.02	−15.28	45.32%
3 月 30 日	卖出	看跌	3	730	163.99	−1.29	−262.44	156.51	125.46	41.86%
4 月 29 日	买入	看涨	2	730	95.36	0.67	239.66	−73.06	106.83	39.52%
5 月 28 日	卖出	看涨	2	750	−87.69	−0.56	−285.26	59.72	−139.67	39.24%
6 月 29 日	卖出	看跌	4	720	189.91	−1.03	−667.16	97.42	557.75	37.00%
9 月 29 日	卖出	看跌	2	730	95.99	−0.41	−439.10	35.42	512.79	35.45%
12 月 30 日	卖出	看涨	6	760	−292.65	−1.02	−1 572.10	90.96	−1 391.54	35.66%
总计					−211.86	2.96	−2 903.16	−575.04	−243.66	2.7405

表 1-10　Delta 的符号与范围

头寸	Delta 符号	资产价格上涨 Delta 变化	对冲操作
买入看涨期权	+	0→1	卖出资产
买入看跌期权	−	−1→0	买入资产
卖出看涨期权	−	0→−1	买入资产
卖出看跌期权	+	1→0	卖出资产

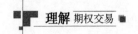

Delta 金额

为了进一步理解 *Delta* 的实质，需要分解期权价格变化的影响因素，分析 *Delta* 所扮演的角色。假设，期权的价格 P 是标的证券资产价格 S，剩余期限 $\tau=T-t$，隐含波动率 σ，无风险利率 r，以及行权价 K，可以写成函数的形式 $P=P(S,\tau,\sigma,K,r)$，将这个函数做一个泰勒展开（Taylor expansion），如下：

$$P(S,\tau,\sigma,K,r) = P_0 + \frac{dP}{dS}dS + \frac{dP}{d\sigma}d\sigma + \frac{dP}{d\tau}d\tau + \frac{dP}{dr}dr + \frac{1}{2}\frac{d^2P}{dS^2}(dS)^2 + \cdots$$

可以表示成微分的形式：

$$dP = \frac{dP}{dS}dS + \frac{dP}{d\sigma}d\sigma + \frac{dP}{d\tau}d\tau + \frac{dP}{dr}dr + \frac{1}{2}\frac{d^2P}{dS^2}(dS)^2 + \cdots \quad (1\text{-}3)$$

显然地，根据希腊字母的定义和表示符号：

$$Delta = \Delta = \frac{dP}{dS}$$

$$Vega = \nu = \frac{dP}{d\sigma}$$

$$Gamma = \Gamma = \frac{d^2P}{dS^2} = \frac{d\Delta}{dS}$$

$$Theta = \Theta = \frac{dP}{d\tau}$$

$$rho = \rho = \frac{dP}{d\tau}$$

式(1-3)可以表示如下：

$$dP = \Delta dS + \nu d\sigma + \Theta d\tau + \rho dr + \frac{1}{2}\Gamma(dS)^2 + \cdots \quad (1\text{-}4)$$

实际上，式(1-4)也可以表示为近似式：

$$dP \approx \Delta dS + \frac{1}{2}\Gamma(dS)^2 \tag{1-5}$$

到这里,就很清楚 Delta 以及其他参数如 Gamma 的意义,即期权价格的变动,可以分解为 Delta、Gamma 和 Vega 等因素的影响。资产价格变化,Delta 对于期权价格变化的贡献是 ΔdS,Gamma 的贡献是 $\frac{1}{2}\Gamma(dS)^2$。

实际上,Delta、Gamma 和 Vega 是影响期权价格变化的三个最重要变量,但此时的指标还不能直观地展示真实的风险敞口。例如,投资者如果买入一手苹果的看涨期权,同事买入苹果和亚马逊公司的股价分别为 125 和 3 223 美元一股,同时卖出一手亚马逊的看涨期权,即便两份看涨期权的 Delta 绝对值都是 0.5,苹果股票期权 Delta 为 0.5,亚马逊股票期权 Delta 为 -0.5,但这个投资者面临的 Delta 风险敞口并不能简单地加总为 0,原因就在于两家公司的股票并不会同步上涨或下跌同样的金额,如同步上涨 1 美金或者同步下跌 1 美金的概率很小,更大的概率是两只股票涨跌不一,幅度各不相同,所以在度量投资组合的 Delta 风险敞口时,往往关注的是 Delta 金额(Delta Dollar)。

Delta 金额往往用 Δ_d 表示,其含义指的是期权等价于标的证券的敞口金额,即期权折算成标的证券的名义金额。例如,一个期权的面值是 100 万人民币,其静态 Delta 为 0.6,那么持有该期权所面临的风险敞口相当于持有 60 万元(0.6×100)市值的股票,用公式表示如下:

$$\Delta_d = \Delta \times S = \frac{S \times dP}{dS}$$

Delta 中性

什么是 Delta 中性呢?所谓 Delta 中性,指的是期权及其投资组合头寸不受或很少受到资产价格变化的直接影响,在数学表现上,投资组合的 Delta 加总静态为 0,或者动态地调整使其保持在非常低的水平上。例如,交易员买入名义金额为 1 000 000 元的看涨期权,如果其 Delta 为 +0.4,则相当于其承受 400 000 元(0.4×1 000 000)金额大小的 Delta 头寸风险暴露,为使整个投资组合不受或只受最低程度 Delta 头寸风险暴露,可以卖出 400 000 元的标的资产进行对冲,此时可以使得组合的 Delta 在时点为 0,即动态实现 Delta 中性。

汇总的 Delta 反映的是投资者组合整体的 Delta 头寸,但汇总需要满足几个前提条件:① 相同标的资产的期权 Delta 才能汇总,当组合中包含股票、商品和外汇等期权时,只能按照各个资产类别汇总 Delta 总头寸。② 相同期限的 Delta 才能加总,即便是相同资产,也要注意到 Delta 实际上有期限维度的风险,原因在于期权将在未来到期,当期的 Delta 实际上对应的是未来到期时的不确定性,因而面对的是远期的 Delta 风险敞口。这也是为什么在外汇期权等领域,更长远的 Delta 是远期 Delta(forward Delta)的原因,而只要给 Delta 加上期限,那么简单的汇总就难以完整体现投资组合的 Delta 风险,必须区分总量之下的期限结构。例如,投资组合中,持有期限为 1 个月的 100 万元名义金额的看涨期权多头,其远期 Delta 为 45%,同时持有 2 个月期限,名义金额为 200 万元的看涨期权空头,其远期 Delta 为 25%,直接汇总的远期 Delta=1 000 000×0.45+2 000 000×(−0.25)=−50 000。但从风险控制的角度,交易员的投资者组合显然并非仅仅是 −50 000 的 Delta,从期权角度是做了 1×2 的日历价差,从远期 Delta 角度,实际上做了一笔 1×2 的近端买、远端卖的 B/S 掉期(swap),如果 1 月的远期价格下跌,2 月的远期价格同样下跌,并且基本观察到市场的现货价格明明在下跌,但持有这样的投资组合仍然可能出现亏损(见图 1-12)。

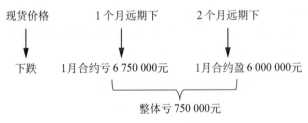

图 1-12　Delta 期限结构的示意图

动态对冲与 Gamma 交易

第一,理解什么是动态对冲(dynamic hedging),指的是通过一笔特定的交易将投资组合中某一个特征的风险降低到合意的水平,这笔特定的交易,一般而言其风险暴露方向与需要对冲目标方向相反。例如,在将一揽子股票纳入投资组合时,如果既定的策略是获取阿尔法(alpha)收益,则可以通过估值期货或期权等特定的交易对冲市场风险。

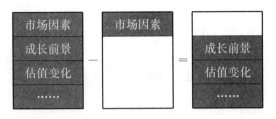

第二,期权的 Delta 对冲必须考虑期限与凸性。一方面,如前面的分析,必须考虑总体的 Delta 对冲,如果有必要还需要考虑对冲其期限结构,否则仍有期限结构上的"掉期"风险;另一方面,期权价格是标的资产的凸函数,$Gamma = \frac{\partial^2 V}{\partial S^2} = \frac{\partial \Delta}{\partial S}$ 反映的正是期权价格的凸度,凸性的存在使得期权 Delta 对冲必然是一个动态的过程,原因就在于随着资产价格的变化,Gamma 的存在将产生出新的 Delta。如图 1-13 所示,当资产价格从 P_0 变换为 P_1 时,Delta 随之变化,并且需要考虑 Gamma 的存在所带来的影响。

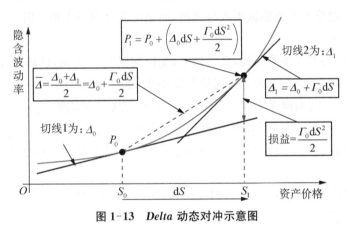

图 1-13 Delta 动态对冲示意图

(1) 资产价格初始为 S_0,期权初始价格为 P_0,Delta 和 Gamma 的初始值为 Δ_0 和 Γ_0;

(2) 资产价格上升至 S_1,价格变化幅度 $\mathrm{d}S$;

(3) Delta 上升至 Δ_1,$\Delta_1 = \Delta_0 + \Gamma_0 \times \mathrm{d}S$;

(4) 在上升过程中,平均的 Delta 可以表示为 $\bar{\Delta} = \Delta_0 + \dfrac{\Gamma_0 \times \mathrm{d}S}{2}$;

(5) 期权的新价格为 $P_1 = P_0 + \bar{\Delta} \times \mathrm{d}S$;

(6) $P_1 = P_0 + \Delta_0 \times \mathrm{d}S + \dfrac{\Gamma_0 \mathrm{d}S^2}{2}$；

(7) 期权多头的损益 $= \Delta_0 \times \mathrm{d}S + \dfrac{\Gamma_0 \mathrm{d}S^2}{2}$；

(8) 资产空头的损益 $= -\Delta_0 \times \mathrm{d}S$；

(9) 总的损益是 $\dfrac{\Gamma_0 \mathrm{d}S^2}{2}$。

Delta 直接对冲流程

以交易员买入一笔看涨期权并进行持续的对冲为例子，以此介绍 Delta 对冲的流程。假设交易员买入股票期权 1 份，而且一份期权对应 1 张股票，行权价为 100 元，波动率为 20%，股息率简便假设为 0，股票的现价为 100 元，到期时间为 1 年，而且时间变化的步长为 0.1 年。此外，最重要的一个假设是股票不需要整数买入与卖出，而是可以分割买入和卖出。

第 1 期

期权：买入 1 年的期权，要素如上，支付期权费 9.93 元，计算所知看涨期权的 Delta 为 0.62（四舍五入保留两位小数，原数为 0.6179）。

对冲头寸：为确保 Delta 为中性，需要卖空 0.62 张股票。

现金流：获得现金 61.79 元（0.6179×100）。

对冲收益：为卖空股票现金减去买入期权支出 51.86 元（61.79 − 9.93）[1]。

投资组合总价值：9.93 + 61.79 − 61.79 − 9.93 = 0

第 2 期

期权：剩余期限为 0.9 年，资产价格从 100 元下跌至 97.40 元，Delta 自 0.62 下降为 0.56，期权估值为 7.80 元。

对冲头寸：需要买回 0.06 张股票。

现金流：支出 97.40×(0.62 − 0.56) = 5.84（元），上期的 61.79 计息后为 $61.79 \times \mathrm{e}^{0.1 \times 0.04} = 62.04$，减去支出的 5.84 元后，总的现金为 56.20 元。

对冲收益：上期对冲收益计息 + 当期现金流，即 46.23 元（$51.87 \times \mathrm{e}^{0.1 \times 0.04}$ − 5.84）。

---

[1] 表 1-11 中的数据因四舍五入与之有细微差异。

投资组合总价值：
7.80＋56.20－97.40×0.56－9.93×$e^{0.1×0.04}$＝－0.31(元)
如此下去，直到最后一期。
第10期
期权：期权到期，因为资产价格为102元，看涨期权进入实值状态，价值为2元[Max(102－100，0)]，同时 Delta 从上一期的0.21变化为1。
对冲头寸：需要卖出股票0.89张。
现金流：102×(1－0.21)＝80.95(元)。
考虑上期现金流计息后：26.41＋80.95＝107.36(元)
对冲收益：16.02×$e^{0.1×0.04}$＋80.95＝97.03(元)
投资组合总价值：期权现在价值＋对冲现金流－对冲头寸－期权费支出，即2＋107.36－102.00－9.93×$e^{1×0.04}$，计算结果为－2.98元。具体如表1-11所示。

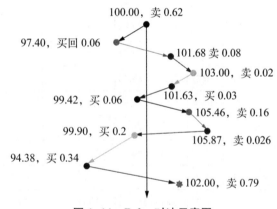

图1-14 Delta 对冲示意图

在上述的对冲过程中，所用到的公式如下：
现金流＝当期股价×(当期 Delta －上期 Delta)
利息＝卖出股票×($e^{利率×时间}$－1)
卖股收入＝上期卖股×$e^{利率×时间}$－现金流
组合价值变化＝当期股价×当期股票数－上期股价×上期股票－(当期空股票－上期空股票)－(当期期权价值－上期期权价值)
对冲组合价值＝组合价值变化－当期期权价值
对冲误差＝(当期期权价格＋对冲组合价值)/初始期权价格×100%

组合价值＝持有期权价值＋持有期权 Delta 价值－对冲头寸价值
现金流＝对冲 Delta 头寸变化×股价
当期收入＝当期对冲持股变化×股价＋上一期利息
计息收入＝当期收入×exp(利息×时间)
利息＝当期收入×($e^{利率×时间}-1$)
Delta 份额＝Delta×股价

具体的 Delta 结果如表 1-11 和表 1-12 所示。

表 1-11 Delta 对冲

期限	股价	D1	Delta	现金流	利息	卖出股票	组合价值变化	期权价值	对冲组合价值	对冲误差	对冲收益
1	100.00	0.30	0.62	—	—	61.79	—	9.93	−9.93	—	51.87
0.9	97.40	0.15	0.56	5.84	0.25	56.20	0.27	7.80	−7.54	2.69%	46.23
0.8	101.68	0.36	0.64	−8.45	0.23	64.87	0.22	9.75	−9.53	2.20%	54.87
0.7	103.00	0.43	0.67	−2.53	0.26	67.66	0.39	9.95	−9.56	3.91%	57.61
0.6	101.63	0.34	0.63	3.42	0.27	64.51	0.41	8.36	−7.95	4.09%	54.42
0.5	99.42	0.17	0.57	6.37	0.26	58.40	0.41	6.29	−5.88	4.12%	48.27
0.4	105.46	0.61	0.73	−17.00	0.23	75.64	0.08	9.41	−9.34	0.77%	65.47
0.3	105.87	0.69	0.75	−2.58	0.30	78.51	0.55	8.86	−8.31	5.53%	68.31
0.2	99.90	0.12	0.55	20.42	0.31	58.40	0.14	3.91	−3.77	1.38%	48.16
0.1	94.38	−0.82	0.21	32.33	0.23	26.31	−0.03	0.67	−0.70	−0.25%	16.02
0	102.00	0.00	1.00	−80.95	0.11	107.36	0.14	2.00	−1.86	1.41%	97.03
对冲损益	复制头寸损益＋买入期权到期价值－卖出股票价值＝97.03＋Max(102−100,0)−107.36＝−2.98											

Delta 对冲的效果

表 1-12 展示的是 Delta 对冲之后的效果。隐含波动率、行权价格以及无风险利率等参数与前面一致，在初始情况下，资产价格为 100 元时，Delta 为 0.62，这就意味着如果买入一手看涨期权，对应股票为 100 股，则需要卖出 62 份股票(0.62×100)，针对表 1-11 中的几种情景，分别考虑当股票价格上升至 106 元和下跌至 96 元两种情景。

表 1-12　期权对冲的效果

价格	92	94	96	98	**100**	102	104	**106**	108
期权价格	2.95	6.45	7.79	8.52	**9.93**	10.59	11.29	**14.03**	15.83
Delta	0.21	0.34	0.45	0.53	**0.62**	0.65	0.69	**0.73**	0.77

当股票价格上涨至 106 元时，假设其他条件不变，买入看涨期权的损益如下：

- 期权的损益＝100×(14.03－9.93)＝410(元)
- 所卖出的股票损益＝62×(100－106)＝－372(元)
- 合计损益＝38(元)

当股票价格下跌至 94 元时，假设其他条件不变，买入看涨期权的损益如下：

- 买入看涨期权的损益＝100×(6.45－9.93)＝－348(元)
- 卖出股票的损益＝62×(100－96)＝372(元)
- 合计损益＝24(元)

1.5　*Gamma* 是加速器和减震器

Gamma 的定义

Gamma 是期权价值对标的资产价格的二阶导数，数学表达式为 $\Gamma = \dfrac{\partial^2 V(S_t, \sigma_i, t)}{\partial S^2}$，*Gamma* 的凸性使其具有"加速器"和"减震器"的经济含义。当交易员买入期权，则获得正数的 *Gamma* 值；当资产价格运动方向有利于期权买入方时，正数的 *Gamma* 能够放大收益；而当资产价格运动方向不利于期权买入方时，正数的 *Gamma* 还能够减少损失。这就是 *Gamma* 凸性给期权多头带来的优势。以买入看涨期权为例子：在隐含波动率不变的情况下，当资产价格上涨时，正数 *Gamma* 与资产价格上涨共同作用使得 *Delta* 正头寸越来越多，而 *Delta* 与上涨的资产价格将使得看涨期权的获利加速；反之，买入看涨期权而遇到资产价格下跌时，正数的 *Gamma* 与下跌的资产价格共同作用，使得 *Delta* 正头寸减少，从而使得损失的加速度为负数。也就是说有如下 *Delta-Gamma* 的关系式：

$$Delta_{t+1} \approx Delta_t + \frac{1}{2} \times (Gamma_t + Gamma_{t+1}) \times \Delta S$$

$$P\&L \approx Delta_t \times \Delta S + \frac{1}{2} \times (Gamma_t + Gamma_{t+1}) \times \Delta S^2$$

在表 1-13 中,近似计算资产价格变化之后的期权价值变化(损益),当交易员买入看涨期权,其 $Delta$ 为 0.59,资产价格上涨 50 元时,其损益大约如下:

$$P\&L \approx Delta_t \times \Delta S + \frac{1}{2} \times (Gamma_t + Gamma_{t+1}) \times \Delta S^2$$

$$\approx 0.59 \times 50 + \frac{1}{2} \times (0.0013 + 0.0011) \times 50^2 = 32.36$$

表 1-13　$Gamma$ 的加速器作用

资产	Delta	Gamma	期权价值	损益估算
650	0.45	0.0015	−51.86	—
700	0.52	0.0014	−27.68	$\approx 0.59 \times (-50) + 0.5 \times (0.0014 + 0.0011) \times (-50)^2 = -25.98$
750	0.59	0.0013	0.00	0.00
800	0.65	0.0011	30.88	$\approx 0.59 \times 50 + 0.5 \times (0.0013 + 0.0011) \times 50^2 = 32.36$
850	0.70	0.0010	64.61	—

$Gamma$ 的巨大作用体现在加速 $Delta$ 上涨,从而带来额外的 $\frac{1}{2} \times (0.0013 + 0.0011) \times 50^2$ 的收益,反之,当资产价格下跌,$Gamma$ 能够贡献 $\frac{1}{2} \times (0.0013 + 0.0011) \times (-50)^2$ 的正向贡献,从而降低损失。反之,如果交易员卖出期权,无论是卖出看涨期权还是看跌期权,当资产价格运动方向对其不利时,卖出去的负 $Gamma$ 都会加速放大损失。

$Gamma$ 金额

$Gamma$ 金额($Gamma$ dollar)的含义是等价于标的证券的敞口金额,也

是许多交易员关心的指标,那么 Gamma 金额又该如何确定呢?实际上:

$$\Gamma_d = \frac{\mathrm{d}^2 P}{(\mathrm{d}S/S)^2} = \Gamma S^2 \qquad (1-6)$$

在一些研究文献中,也采用 $\Gamma_d = \frac{1}{2}\Gamma S^2$ 表示 Gamma 金额。有了式(1-6),可以将期权价格变化做一个变换,公式右边除以 S 就获得:

$$\mathrm{d}P \approx \Delta_d \frac{\mathrm{d}S}{S} + \frac{1}{2}\Gamma_d \left(\frac{\mathrm{d}S}{S}\right)^2$$

也有一些文献将 Gamma 金额定义称为证券价格变化 1% 所带来的 Delta 金额的变化,那么在数学上 $\Gamma_d = \Gamma S^2/100$。

Gamma 的基本特征

正是因为 Gamma 的巨大作用,所以交易期权时,必须要非常关注其基本特征。如图 1-15 所示,欧式期权的 Gamma 值在平值的行权价附近达到极值,而深度实值和虚值的 Gamma 值都较小,但资产价格出现较大幅度的变化。当期权向平值过渡时,Gamma 绝对值将出现剧烈的上升,尤其是当市场出现大量卖空期权,负 Gamma 头寸极其大时,一旦资产价格方向不利,Gamma 空头轧空(short squeeze)风险非常之大,而且在资产价格剧烈下跌或

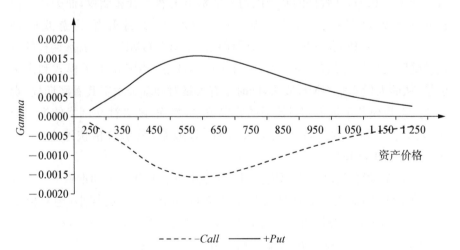

图 1-15 普通欧式期权的 Gamma 曲线

快速上涨之时，隐含波动率也可能高涨；Gamma 高涨，基于 Delta-Gamma 关系，也会带来 Delta 的剧烈变化，而 Delta 的剧烈变化叠加资产价格的变化，最终将呈现在投资者的损益之中（见图 1-16）。

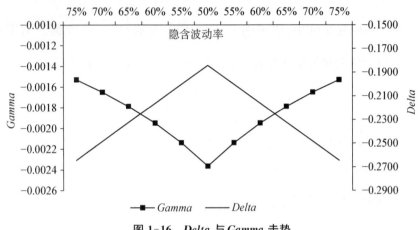

图 1-16　Delta 与 Gamma 走势

重视 Gamma 轧空的风险

Gamma 轧空（squeeze）是卖空期权最大的风险，曾经撰写《期权出售完全指南》(The Complete Guide to Option Selling)一书的詹姆斯·科迪尔（James Cordier），其管理的基金因为大量卖出天然气看涨期权，而天然气价格暴涨导致巨额损失而关闭基金；而 2021 年 1 月开始的游戏驿站（gamestop，GME）股票价格大涨，同样让许多卖空 GME 股票看涨期权的机构遭受巨大损失，其演变路径为，主流机构不认可 GME 的业务模式和未来前景，从而大量卖空 GME 股票，同时也有大量对冲基金卖空其看涨期权，卖空的股票规模甚至远远超过流通的股票数量，然而，随着社交网络的推波助澜，大量散户和机构投资者大量买入 GME 股票，股票价格快速上涨（见图 1-17 和图 1-18）。

一方面，隐含波动率大幅度上升，隐含波动率上升又带动期权 Gamma 绝对值上涨，因而卖空看涨期权带来的负 Gamma 变得更加小（绝对值更大），而负 Gamma 叠加股票价格上涨，又导致卖空看涨期权的负 Delta 值更小（绝对值更大），因而卖出看涨期权一方需要买回更多的股票回补不断增加的 Delta 空头。

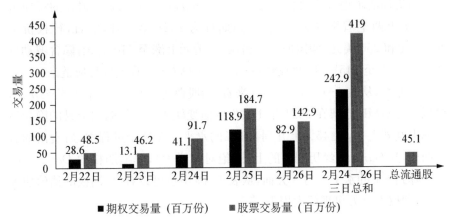

图 1-17　GME 股票交易量

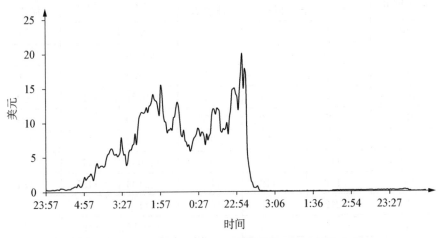

图 1-18　2 月 22—26 日 GME 看涨期权@180 价格走势

另一方面，看涨期权空头大量回补股票导致股票价格上涨，原来卖空的虚值期权快速进入平值状态，Gamma 极值往往又在平值状态附近出现，不断增加的负 Gamma 又导致 Delta 负值继续扩大，为了对冲 Delta 负敞口需要买回更多的股票。此时，期权卖空方只有两个选择，要么继续大量买入 GME 股票对冲 Delta 负值越来越大产生的敞口，要么大量买回看涨期权，而这些买入需求往往又导致市场流动性枯竭，进一步拉升 GME 股票和期权的隐含波动率价格，如此反馈，最终将导致卖空方不得不认亏出局。在期权交易史上，许多卖空期权的机构正是倒在这样的 Gamma 轧空之中。

为更加清晰地说明股价—波动率—Gamma — Delta —损益的反应链条，以卖出两笔看涨期权为例子，到期日为 2021 年 3 月 26 日，行权价为 200 美元和 250 美元，假定股票价格从 10 美元上涨至 510 美元，隐含波动率从 45% 上涨至 145%，以此观察 Gamma — Delta —损益的反应链条。

一方面，从表 1-14 和图 1-19 来看，当股票价格从 10 元上涨至 510 元，模拟的是 GME 股票在 2021 年 1 月份的演变轨迹，同时，期权交易的隐含波动率也剧烈上升，从 45% 上升到 145% 的水平。在这个过程中，所卖出的看涨期权，其 Gamma 经历剧烈的上升（绝对值增大），单笔期权的 Delta 也随之下降到 −1 的水平。另一方面，从表 1-14 中也可以看出，期权的估值快速上涨，期权卖空方出现巨大损失。

表 1-14 Gamma 和 Delta 与期权损益

股票价格	Call@200 损益	Call@250 损益	隐含波动率	Gamma	Delta	整体损益
10	0	0	45%	0.0000	0	0
60	0	0	55%	0.0000	0	0
110	0	0	65%	−0.0339	0	0
160	−4	−1	75%	−0.9721	−24	−4
210	−27	−9	85%	−1.2990	−93	−37
260	−67	−36	95%	−0.7963	−146	−103
310	−114	−74	105%	−0.4063	−173	−188
360	−162	−119	115%	−0.2103	−185	−281
410	−212	−166	125%	−0.1173	−191	−378
460	−261	−215	135%	−0.0713	−194	−476
510	−311	−264	145%	−0.0469	−195	−575

上面的案例很好地说明了 Gamma 交易的盈亏同源，卖空期权就是卖空 Gamma，博取的是负 Gamma 带来的正 Theta 盈利，如果没有负 Gamma 的风险暴露，就没有 Gamma 上的收益。盈亏同源，交易员要获得负 Gamma 的收益，就需要善于管理 Gamma 的风险敞口，必须认识到即使一次卖空期权获得了收益，也极有可能在一次大的市场波动中将累积的盈利化为乌有。遗憾的是绝大多数的投机交易者不会尝到甜头后见好就收，人性使然，卖空 Gamma 获取 Theta 永远都是有诱惑力的策略，而且这条路往往一旦开始就会越走越远。卖出看涨期权的 Gamma 与 Delta 变化如图 1-19 所示。

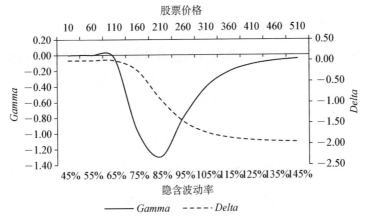

图 1-19 卖出看涨期权的 *Gamma* 与 *Delta* 变化

1.6 *Theta* 背后的涓涓细流

Theta 的定义

Theta 的定义为期权价格对时间变化的敏感度,数学表达式为 $\theta(S_t, t, \sigma_i) = \dfrac{\partial V(S_t, \sigma_i, t)}{\partial t}$,买入期权时 *Theta* 值为负数,卖出期权时则为正数。公式中 t 的单位是年,实际的交易中,每日维度的 *Theta* 更有意义,即 $\theta(S_t, t, 1\text{天}, \sigma_i) = V(t+1\text{天}) - V(t)$。

Theta 与时间价值

在期权的交易中,评估期权时间价值与 *Theta* 的关系也非常重要。根据期权价值与时间价值之间的关系,时间价值=期权价值-内在价值,即

$$\begin{aligned}\Theta_{TV}(S_t, t, \varepsilon, \sigma_i) &= V - V_{IV} \\ &= V(S_t, t, \sigma_i) - V(S_t, T) \\ &= -\int_t^T \theta(S_t, s, \sigma_i) \mathrm{d}s\end{aligned} \quad (1\text{-}7)$$

这就意味着 t 时刻,期权剩余的时间价值实际上是剩余期限 $T-t$ 内的 *Theta* 的时间积分,也就是 *Theta* × 时间的累加值。

Theta 的分布形态

许多交易员喜欢交易一些深度虚值或实值的期权，这些期权的 Theta 和时间价值有何特征呢？继续沿用式(1-7)一般化的表达式来分析，假定深度实值的看涨期权，那么其时间价值应该如下：

$$\begin{aligned}
\int_t^T \theta(S_t, s, \sigma_i) \mathrm{d}s &= V(S_t, T) - V(S_t, t, \sigma_i) \\
&= \mathrm{Max}(S_t - K, 0) - E_t[\mathrm{Max}(S_T - K, 0)] \\
&= \mathrm{Max}(S_t - K, 0) - \int_{-\infty}^{\infty} \mathrm{Max}(x - K, 0) f_{S_T}(x) \mathrm{d}x \\
&= (S_t - K) - \int_K^{\infty} (x - K) f_{S_T}(x) \mathrm{d}x \\
&= (S_t - K) - [E_t(S_T) - K] \\
&= (S_t - K) - (S_t - K) \\
&= 0
\end{aligned}$$

(1-8)

在这里，实际上用到了期权的无风险定价原理 $V(S_t, t, \sigma_i) = E_t[\mathrm{Max}(S_T - K, 0)]$，以及资产价格遵循鞅过程 $S_t = E[S_T | \mathfrak{J}_t] = E_t[S_T]$ 的假定。当然，从式(1-8)的结论可以看出，无论深度实值还是深度虚值期权，其时间价值均为 0，自然地，Theta 亦为 0。实际上，期权的 Theta 绝对值的极值出现在平价水平附近（见图 1-20）。以上分析并不依赖于具体的期权定价模型。

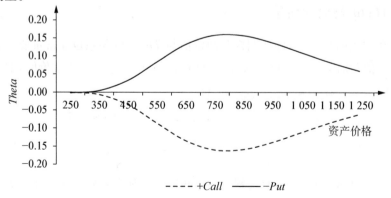

图 1-20　期权的 Theta 走势

BSM 框架下的 Theta

在 BSM 框架下,期权价格的解析式如下:

$$C_t = S_t N(d_1) - K e^{-r\tau} N(d_2)$$
$$P_t = K e^{-r\tau} N(-d_2) - S_t N(-d_1)$$

其中:$d_1 = \dfrac{\ln\dfrac{S_t}{K} + \left(r + \dfrac{\sigma^2}{2}\right)\tau}{\sigma\sqrt{\tau}}$;$d_2 = d_1 - \sigma\sqrt{\tau}$;$\tau = T - t$。所以,BSM 框架下的 Theta 表达式如下:

$$\theta_C = \frac{\partial C}{\partial \tau} = S_t n(d_1)\frac{\partial d_1}{\partial \tau} - K e^{-r\tau} n(d_2)\frac{\partial d_2}{\partial \tau} + rKe^{-r\tau}N(d_2)$$

$$= S_t n(d_1)\frac{\partial(d_1 - d_2)}{\partial \tau} + rKe^{-r\tau}N(d_2)$$

$$= S_t n(d_1)\frac{\partial(\sigma\sqrt{t})}{\partial \tau} + rKe^{-r\tau}N(d_2)$$

$$= \frac{1}{2\sqrt{\tau}}S_t n(d_1) + rKe^{-r\tau}N(d_2)$$

$$\theta_P = \frac{\partial P}{\partial \tau} = \frac{\partial(C + Ke^{-r\tau} - S_t)}{\partial \tau} = \theta_C - rKe^{-r\tau}$$

其中:$N(d_1) = \dfrac{1}{\sqrt{2\pi}}\displaystyle\int_{-\infty}^{d_1} \exp\left(-\dfrac{x^2}{2}\right)\mathrm{d}x$;$n(d_1) = \dfrac{1}{\sqrt{2\pi}}\exp\left(-\dfrac{d_1^2}{2}\right)$,而且容易得到关系式 $\theta_P + \theta_C = rKe^{-r\tau}$。BSM 框架下的 Theta 有许多有意思的性质,例如:

$S_t \to 0$ 时,$\theta_C \to 0$;$S_t \to \infty$ 时,$\theta_C \to rKe^{-r\tau}$;

$S_t \to 0$ 时,$\theta_P \to -rKe^{-r\tau}$;$S_t \to \infty$ 时,$\theta_P \to 0$。

并且 θ_C 和 θ_P 的极值点都在 $S^* = K\exp\left(r\tau + \dfrac{\sigma^2}{2}\tau\right)$ 这一点上。

Theta 与时间价值

Theta 是期权交易者普遍容易忽视的指标,但对于期权买方而言,一旦买定离手，负 Theta 就已经开始，每一刻的时间流逝都意味着买入期权获利的概率下降，因此，买入期权必须精准把握时机，最重要的是避免时间价值不断"失血"，而导致期权头寸不得不终止，通过一个买入鞍式组合（straddle）的例子说明。

假设股票价格为 200 元，买入行权价为 200 元的鞍式组合，隐含波动率为 45%，期限为 1 个月，鞍式组合的两笔期权费分别为 10.3 和 10.2 元，并设定几个情景，以分析鞍式组合的损益。

情景①，股票价格和隐含波动率均不变，只有期限自然衰减；
情景②，期限自然衰减，股价在 175～225 元波动，隐含波动率不变；
情景③，期限自然衰减，股价不变，隐含波动率从 45% 上升至 65%。

从表 1-15 可以看到：情景①，因为资产价格并没有变化，隐含波动率也没有给期权带来增值效果，所以买入鞍式组合只能被动地损失时间价值，随着期限逐渐归零，期权最终损失所有期权费；情景②，只有股票价格运动到非常低或非常高的位置，期权组合才能迎来盈利；情景③，因为股票价格和隐含波动率都出现有利的变化，所以即使时间价值流失，期权最终也能盈利。因此，对于交易员而言，买入期权必须有两个维度的思考：一方面，是不是正确的时机，显然从表 1-15 已经看出，必须找到股票价格将要迎来拐点或者市场情绪将要爆发的良好时机，买入期权才可能获得盈利；另一方面，买入之期权是否价值合理，最为直观的划断方式是通过期权的隐含波动率进行衡量，在波动率一章将有更详细的阐述。

表 1-15　不同情景下的损益

期限①	Theta①	损益①	股价②	隐含波动率③	损益①+②	损益①+②+③
0.08	−0.34	0.00	175	45%	8.09	8.09
0.07	−0.36	−1.02	180	47%	4.38	5.86
0.07	−0.38	−2.11	185	49%	1.03	4.31
0.06	−0.41	−3.26	190	51%	−1.87	3.30
0.05	−0.44	−4.49	195	53%	−4.21	2.69
0.04	−0.48	−5.82	200	55%	−5.82	2.35
0.03	−0.53	−7.29	205	57%	−6.53	2.18
0.03	−0.61	−8.95	210	59%	−6.06	2.09

(续表)

期限①	Theta①	损益①	股价②	隐含波动率③	损益①+②	损益①+②+③
0.02	−0.73	−10.88	215	61%	−4.11	2.06
0.01	−0.97	−13.32	220	63%	−0.43	2.33
0.00	−2.10	−17.20	225	65%	4.44	4.46

1.7 Vega 是波动率头寸

Vega 的定义

Vega 是期权价值对隐含波动率的导数，它是期权价格对隐含波动率的敏感性指标，一般用希腊字母 ν 表示，$\nu_t = \dfrac{\partial V(S_t, t, \sigma_i)}{\partial \sigma_i}$。如果期权的名义金额乘以 ν，便可以得到交易头寸的 Vega 风险敞口，这个敞口代表的是隐含波动率变化 1%，将引起期权投资组合价值的变化。对于专业交易员而言，Vega 是最重要的指标之一。

其中，Vega 有一个特征对交易较为重要，即 Vega 极值往往出现在股票价格等于行权价附近。实际上，这个结论并不依赖于具体的期权定价模型。可以简单地证明这一结论，根据 Vega 的定义，实际上有：

$$V(S, t, \sigma_2) - V(S, t, \sigma_1) = \int_{\sigma_1}^{\sigma_2} \nu(S, t, \sigma_i) d\sigma_i \quad (1-9)$$

因此，式(1-9)对股票 S 进行求导，有：

$$\frac{\partial}{\partial S} \int_{\sigma_1}^{\sigma_2} \nu(S, t, \sigma_i) d\sigma_i = \frac{\partial}{\partial S}[V(S, t, \sigma_2) - V(S, t, \sigma_1)]$$
$$= \Delta(S, t, \sigma_2) - \Delta(S, t, \sigma_1)$$

而我们知道当 $S = K$ 时，$\Delta(S_t, t, \sigma_i) = 0.5$，因此：

$$\frac{\partial}{\partial S} \int_{\sigma_1}^{\sigma_2} \nu(S, t, \sigma_i) d\sigma_i = \Delta(S, t, \sigma_2) - \Delta(S, t, \sigma_1) = 0$$

进一步地，再次对股票 S 进行求导，并且同样假定 $S = K$ 时，有：

$$\frac{\partial^2}{\partial S^2}\int_{\sigma_1}^{\sigma_2}\nu(S,t,\sigma_i)\mathrm{d}\sigma_i = \frac{\partial}{\partial S}\Delta(S,t,\sigma_2) - \frac{\partial}{\partial S}\Delta(S,t,\sigma_1)$$
$$= \Gamma(S,t,\sigma_2) - \Gamma(S,t,\sigma_1) < 0$$

利用高等数学的知识,便可以得到 Vega 确实在 $S=K$ 位置时出现极值,而且从上面的推论来看,这个结论并不依赖于具体的期权定价模型,自然在 BSM 框架下这个结论也必须成立。当交易员清楚 Vega 极值出现在平值区域,交易期权时便可以很好地在脑海中演绎当资产价格变化之后,期权组合的 Vega 头寸将如何变化,由 Vega 头寸引起的损益将如何变化。当然,如果期权组合比较复杂,需要更多的专业系统辅助分析,比较好的习惯是高频率地进行各种情景模拟。

情景模拟还能发现更多有意思的特征。例如,Vega 值是对隐含波动率 σ 的单调递减函数,在 BSM 框架下,从式(1-10)可以看出,σ 越大,$n(d_1) = \mathrm{e}^{-\frac{d_1^2}{2}}$ 就会越小,因而 ν 也就越小。这个结论的意义在于,如果希望通过 Vega 头寸获利,则需要 σ 有较大幅度的变化。以买入期权为例子,$\mathrm{dP\&L} \propto \mathrm{Vega}\times\mathrm{d}\sigma$,只有当 σ 上升幅度较大,才能够弥补 Vega 递减,并最终通过 Vega 头寸带来收益。

Vega 的计算

BSM 框架下,ν 的计算如下:

$$\begin{aligned}\nu &= \frac{\partial C}{\partial \sigma} = \frac{\partial P}{\partial \sigma} \\ &= \frac{\partial[S_t N(d_1) - K\mathrm{e}^{-r\tau}N(d_2)]}{\partial \sigma} \\ &= S_t n(d_1)\frac{\partial d_1}{\partial \sigma} - K\mathrm{e}^{-r\tau}n(d_2)\frac{\partial d_2}{\partial \sigma} \\ &= S_t n(d_1)\frac{\partial d_1}{\partial \sigma} - K\mathrm{e}^{-r\tau}n(d_2)\left[\frac{\partial d_1}{\partial \sigma} - \sqrt{\tau}\right] \\ &= [S_t n(d_1) - K\mathrm{e}^{-r\tau}n(d_2)]\frac{\partial d_1}{\partial \sigma} + \sqrt{\tau}K\mathrm{e}^{-r\tau}n(d_2) \\ &= S_t n(d_1)\sqrt{\tau}\end{aligned} \quad (1\text{-}10)$$

假设股票价格 $S_t=100$，$\sigma=50\%$，$\tau=0.5$，$K=100$，$r=2\%$；那么：

$$\nu = S_t n(d_1)\sqrt{\tau}$$

$$= 100 \times \frac{1}{\sqrt{2\pi}} e^{-\frac{\left(\ln\frac{100}{100}+\left(0.02+\frac{0.5^2}{2}\right)\times 0.5\right)^2}{0.5^2 \times 0.5 \times 2}} \times \sqrt{0.5}$$

$$= 0.2762$$

Vega 头寸与损益

ν 表示隐含波动率变化 1% 时期权价值变化的幅度，而期权交易的本质便是波动率交易，因而某种程度上，交易期权要么交易实际波动率的 Gamma 头寸，要么交易隐含波动率的 Vega 头寸。因此，在交易中，Vega 头寸的管理至关重要，但遗憾的是，许多个人投资者忽略复杂的 Vega 头寸管理。实际上，当期权交易头寸建立，即使其他要素并没有发生改变，一旦隐含波动率发生变化，期权的估值也将发生巨大的变化。如表 1-16 所示，对于建仓时隐含波动率为 45% 的交易，当隐含波动率下降到 25%，期权的估值可能仅仅为期初的 47.05%，而波动率上升到 65%，期权组合的估值为期初的 212.55%，隐含波动率的影响巨大。但读者也会发现，这种影响不是线性的，而是通过 Vega 等因素的非线性影响，因此，仔细研究 Vega 的特征，对开展期权交易非常重要。当然，在实际的交易场合，尤其是交易账户中的期权合约较多时，期权的 Vega 头寸将变得更加复杂，如图 1-21 所示，不同在值程度的期权，其 Vega 值随着隐含波动率改变，并呈现出极大的差异化特征。

表 1-16 波动率与 Vega 头寸对估值的影响

波动率	Call@200	Put@180	总 Vega	估值 1	估值 2	总估值
25%	0.2285	0.0726	0.3011	5.7815	0.4175	6.1990
35%	0.2284	0.1240	0.3524	8.0660	1.4209	9.4870
45%	0.2282	0.1544	0.3826	10.3489	2.8268	13.1757
55%	0.2280	0.1725	0.4005	12.6297	4.4691	17.0988
65%	0.2277	0.1837	0.4114	14.9080	6.2544	21.1624

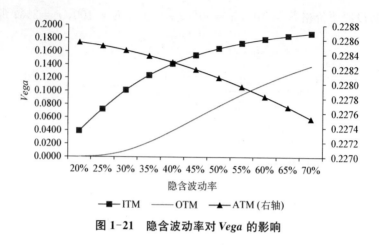

图 1-21　隐含波动率对 Vega 的影响

其他风险参数

除了前述重要的风险参数,在实际的工作中,还有其他重要的参数需要准确理解、合理使用。表 1-17 总结了最常用的一些风险参数,其中,Vanna 和 Volga 可能是 Gamma 之外最重要的二阶参数,Vanna 对于交易隐含波动率曲线的偏斜变化非常有帮助,而 Volga 对于交易隐含波动率曲线的凸性有重要的意义。除了理解这些参数的数学公式和意义,也应该对这些参数的基本图形了然于胸。当持有单笔期权头寸时,不仅需要熟悉这些风险参数的符号,对于不同资产价格情景下参数如何演变,应该在脑海中像条件反射一般显现出来,也应该很好地理解隐含波动率的偏斜和凸性形态变化之后这些风险参数应该如何变化,还应该理解如何基于这些风险参数管理期权投资组合的敞口。当然,要实现这些并不容易,但至少有一点,期权交易的组合非常灵活,交易员至少应该非常熟悉不同组合下的到期损益图,以及不同策略组合背后所代表的资产价格和隐含波动率交易观点,如图 1-22 所示,这样的图形也应该烙印在脑海之中。

表 1-17　主要的希腊字母参数汇总

期权交易	$+Call$	$-Call$	$+Put$	$-Put$
波动率观点	看涨	看跌	看涨	看跌
资产价格观点	看涨	看跌	看跌	看涨

(续表)

期权交易		+Call	−Call	+Put	−Put
Delta Δ	符号	0→1	0→−1	−1→0	1→0
	数值				
Gamma Γ	符号	+	−	+	−
	数值				
Vega ν	符号	+	−	+	−
	数值				
Theta Θ	符号	−	+	−	+
	数值				
Vanna	符号	+−	−+	+−	−+
	数值				
Volga	符号	+	−	+	−
	数值				

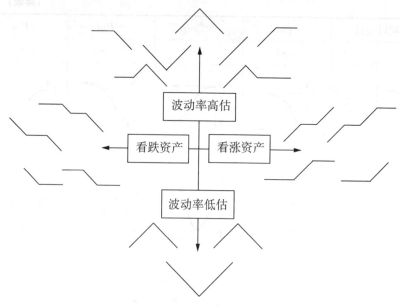

图 1-22 期权到期损益图与交易方向

常用的希腊字母

最后,表 1-18 列出基于 BSM 框架的主要希腊字母的公式。多数时候,期权交易员并不需要知道这些公式,但如果希望自主建立分析模型,这些公式则很有必要掌握。同时,在实际的建模过程中,也必须选择合适的数据进行输入,否则所建立之量化分析框架也会有较大误差。例如:对于期货期权,S_t 就应该是所对应期货合约的价格;对于外汇期权,S_t 则应该是远期价格。另外,对于公式,也必须认识到其适用范围以及可能存在的问题。例如,基于 BSM 的 Delta 和 Gamma 虽然有解析式,非常便于计算,但是在实际的交易过程中,Delta 度量的是资产价格 $S_1 \to S_2$ 时期权价值的变化,Gamma 度量的是 $S_1 \to S_2$ 时 Delta 所发生的变化,但要注意的是,$S_1 \to S_2$ 时,实际上隐含波动率也会发生变化 $\sigma_1 \to \sigma_2$,但在 BSM 模型的解析式中并不会反映这样的变化。现实世界是:$\sigma_1 \to \sigma_2$ 时,Gamma 在某些节点上可能会出现大幅度的跳跃,而 Gamma 又严重影响 Delta 的动态对冲。因此,在建立量化分析框架时,必须慎重选择适用的模型,至少应知道模型可能存在的问题。

表 1-18　基于 BSM 模型主要的希腊字母及公式

希腊字母	符号	看涨	看跌
Delta	Δ	$\dfrac{\partial C}{\partial S} = e^{-q\tau} N(d_1)$	$\dfrac{\partial P}{\partial S} = e^{-q\tau} \times [N(d_1) - 1]$
Gamma	Γ	\multicolumn{2}{c}{$\dfrac{\partial^2 C}{\partial S^2} = \dfrac{e^{-q\tau} N'(d_1)}{S\sigma \sqrt{T-t}} = \dfrac{\partial^2 P}{\partial S^2}$}
Theta	Θ	\multicolumn{2}{c}{$\dfrac{\partial C}{\partial \tau} = -\dfrac{1}{365} \times \left[\dfrac{e^{-q\tau} N'(d_1)\sigma}{2\sqrt{\tau}} - qe^{-q\tau} SN(d_1) + rKe^{-r\tau} N(d_2) \right]$ $\dfrac{\partial P}{\partial \tau} = -\dfrac{1}{365} \left[\dfrac{e^{-q\tau} N'(d_1)\sigma}{2\sqrt{\tau}} - qe^{-q\tau} SN(-d_1) - rKe^{-r\tau} N(-d_2) \right]$}
Vega	ν	\multicolumn{2}{c}{$\dfrac{\partial C}{\partial \sigma} = e^{-q\tau} S\sqrt{\tau} N'(d_1) = \dfrac{\partial P}{\partial \sigma}$}
Rho	ρ	$\dfrac{\partial C}{\partial r} = K\tau e^{-r\tau} N(d_2)$	$\dfrac{\partial P}{\partial r} = -K\tau e^{-r\tau} N(-d_2)$
Volga		\multicolumn{2}{c}{$Volga = e^{-q\tau} \sqrt{\tau} N'(d_1) \left(\dfrac{d_1 d_2}{\sigma} \right)$}
Vanna		\multicolumn{2}{c}{$Vanna = N'(d_1) d_2 \dfrac{-e^{q\tau}}{\sigma}$}

表 1-19 和表 1-20 则总结了期权及组合希腊字母的基本符号,以及希腊字母符号与波动率头寸的关系。在实际的交易中,持仓的期权合约可能会比较多,往往也就弱化了单笔期权的符号关系,更多时候会将持仓作为一个整体管控,但是即使交易再多,也不能忘记初心,需要时刻清楚当初该笔期权交易的目的,以及它进入持仓之后的持续影响。

表 1-19　重要期权组合与希腊字母符号

策略	Delta	Gamma	Vega	Theta
看涨期权多头	+	+	+	-
看涨期权空头	-	-	-	+
看跌期权多头	-	+	+	-
看跌期权空头	+	-	-	+
鞍式组合多头	中性	+	+	-
鞍式组合空头	中性	-	-	+

(续表)

策略	Delta	Gamma	Vega	Theta
勒式组合多头	中性	+	+	−
勒式组合空头	中性	−	−	+
看跌价差组合多头	−	+	+	−
看跌价差组合空头	+	−	−	+
看涨价差组合多头	+	+	+	−
看涨价差组合空头	−	−	−	+
看涨比率价差组合	−	−	−	+
看跌比率价差组合	+	−	−	+
日历价差多头	中性	+	+	−
日历价差空头	中性	−	−	+
备兑看涨	+	−	−	+
备兑看跌	+	−	−	+

表 1-20 希腊字母与交易方向

风险头寸	负值	正值
Delta	做空标的资产	做多标的资产
Vega	做空波动率	做多波动率
Gamma	做空期权	做多期权
Theta	时间价值衰减	获利时间价值
Rho	利率上升看跌期权价格下跌	利率上升看涨期权价格上涨

1.8 常见的期权

为简单起见，本书所讲述的期权，默认为普通欧式期权（vanilla European option）。实际上，除了普通欧式期权，市场上还有许多更复杂一些的期权，如第一代奇异期权（exotic option）、第二代奇异期权和复杂期权等。

其中：普通期权包括普通欧式期权、欧式数字期权、欧式敲出、敲入期权和美式期权等；第一代奇异期权包括美式敲出、敲入期权、美式数字期权、碰触式，又包含单触期权、不触期权、两边单触期权、两边不触期权，以及两边双触期权；第二代奇异期权包括百慕大敲出、敲入的普通期权和数字期权，方差互换、波动率互换以及路径依赖型期权。这些期权的定价模型和风险管理模式与普通欧式期权有所不同,但波动率交易的基本逻辑一致。鉴于此,本书对于期权的所有表述均默认为普通欧式期权,读者可以通过其他更专门化的文献了解其他复杂期权的交易。

1.9 期权的到期损益特征

普通期权的到期损益特征

期权的到期损益图指的是到期时根据标的资产市场价格不同而呈现的期权收益情况,本质上呈现的是看涨期权 $\text{Max}(S_t - K, 0)$ 和看跌期权 $\text{Max}(K - S_t, 0)$ 收益函数的图形。在实际的期权交易中,期权到期损益图并无非常大的实际用途,但对于了解期权到期时可能的收益结构、理解期权组合之后的收益结构,或者解释所关联的结构性期权产品的收益特征,均有积极作用(见图 1-23)。

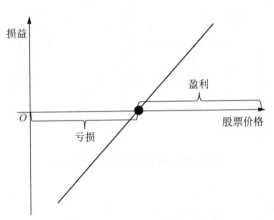

图 1-23 标的资产多头的损益图

对于看涨期权多头而言,欧式看涨期权的买方有权利在期权到期时以行权价买入标的资产,因而期权买方的收益 $Payoff = \text{Max}(S_T - K, 0)$,其期待的是未来标的资产价格大幅度上升,最终在到期时超过行权价,期权买方因而可以用行权价 K 买入,从而获利。相关损益如图 1-24—图 1-27 所示,在区域 1,看涨期权为虚值期权,当标的资产价格运行至 2 的位置,期权为平价期权,而在区域 3 期权进入实值状态。

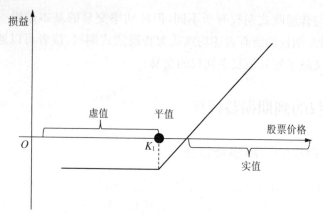

图 1-24　看涨期权多头的到期损益

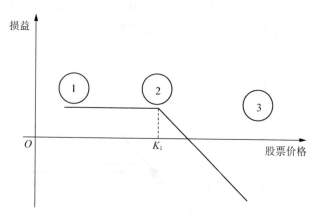

图 1-25　看涨期权空头到期损益

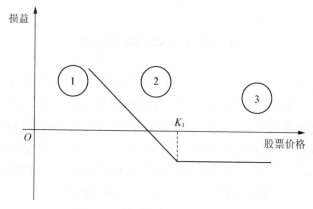

图 1-26　看跌期权多头到期损益

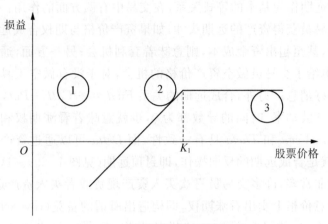

图 1-27 看跌期权空头到期损益

合成远期

合成远期是最常用的期权组合之一,其数学关系非常简单,买入一笔看涨期权,同时卖出一笔期权,二者的行权价相同,则两笔期权可以合成为一笔远期。用符号可以表示如下:

$$Long Forward@K = Long Call@K + Short Put@K$$

合成远期的到期损益如图 1-28 所示。

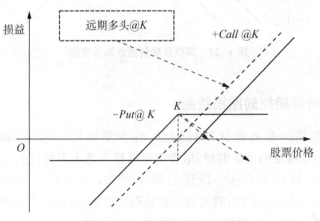

图 1-28 期权合成远期示意图

合成远期作为基本的等式关系，在交易中有两方面的作用：一方面，可以帮助交易员获得资产的远期头寸，如果资产价格与期权合成远期价格有明显差异，甚至超出资金成本，则意味着套利机会；另一方面，通过期权合成远期，也给了交易员做空资产价格的机会，对于没有做空工具的资产而言是一个好消息。另外，合成远期的关系 $Fwd = +Call - Put$，由于资产价格对隐含波动率、时间的导数都为 0，也就意味着看涨期权和看跌期权的 $Gamma$、$Vega$ 和 $Theta$ 具有一致性，而 $Delta$ 可以通过资产价格进行调节，这就是合成远期的反向操作，即封顶远期（见图 1-29）。这个在交易中应用也非常多，许多交易员喜欢买入资产现货或者买入资产远期合约，同时在合意价格上卖出看涨期权，即构造出所谓的备兑（covered call）或封顶远期组合（capped forward），这样的操作，可以获得卖出看涨期权的收益。

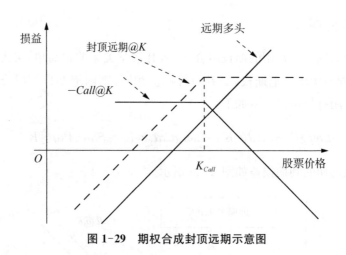

图 1-29　期权合成封顶远期示意图

简单奇异期权到期损益图

除了常见的普通欧式期权组合，数字类期权（digital）和障碍期权（barrier）也是常见的奇异期权，尽管奇异期权不是本书探讨的主要内容，但这里一并进行简单介绍。所谓的数字期权，也称为二元期权（binary option），分为欧式与美式，欧式数字看涨期权设定行权价，当到期时，标的资产价格高于行权价，则期权卖方向期权持有者支付约定现金，其损益图如图 1-30 所示。

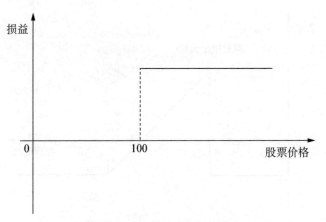

图 1-30　数字期权损益示意图

如图 1-31 和图 1-32 所示分别为向上敲出看涨期权（knock-out call option，KO call）和向下敲出看跌期权（knock-out put option，KO put）。KO 看涨期权的特征是，当资产价格向上碰触障碍价格，则普通看涨期权合约失效；类似地，对于 KO 看跌期权，当资产价格向上碰触障碍价格，则普通看跌期权合约失效。

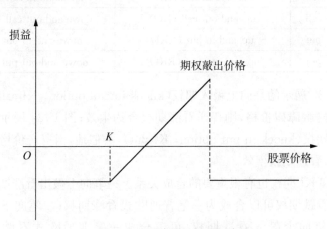

图 1-31　KO 看涨期权损益示意图

障碍期权是指当标的资产的价格触及某个界限时会生效或失效的期权，也就意味着障碍期权内嵌一个期权合约，只有当标的资产的价格满足一定条件，该笔期权方能生效或失效。一个更加基本也更直接的表述是，当标的资产上涨（或下跌）触及某个设定的价格水平，看涨或看跌期权生效（或失

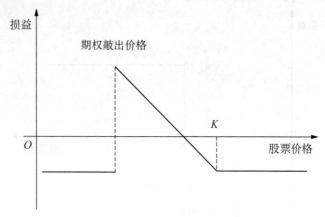

图 1-32　KO 看跌期权损益示意图

效)。因此,典型的障碍期权包含几个重要的元素:设定的障碍水平(barrier),状态的变化(生效或失效),生效或失效的期权类型(call/put)。

表 1-21　主要障碍期权

	类型	障碍水平高于当前资产价格	障碍水平低于当前资产价格
生效	call	up-and-in call（KI）	down-and-in call（RKI）
失效	call	up-and-out call（KO）	down-and-out call（RKO）
生效	put	up-and-in put（RKI）	down-and-in put（KI）
失效	put	up-and-out put（RKO）	down-and-out put（KO）

图 1-33 展示的是向上敲入期权(knock-in call option, KI call),当资产价格向上碰触障碍价格,则普通看涨期权合约生效;图 1-34 展示的是向下敲入看跌期权(knock-in put option, KI put),类似地,当资产价格下跌触碰障碍价格,看跌期权生效。

KO 和 KI 期权也有很重要的合成关系。一笔向上敲出看涨期权和一笔向上敲入看跌期权可以合成为一笔普通欧式看涨期权;一笔向下敲出看跌期权和一笔向上敲入看涨期权,可以合成一笔普通欧式看跌期权。如图 1-35 所示,带圆的终端线表示 KO put 损益图,带正方形终端的线表示 KI put 损益图,粗虚线为普通看跌期权损益图。从数量关系来看,普通看跌期权具有更高的期权费,但当资产价格下跌,能够获得完整的收益曲线。

$$KO\ Call@K + KI\ Call@K = 欧式\ Call@K$$
$$KO\ Put@K + KI\ Put@K = 欧式\ Put@K$$

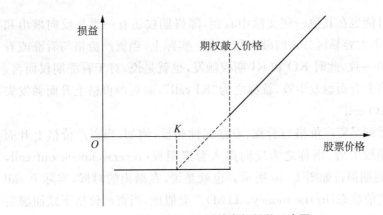

图1-33 KI看涨期权损益示意图

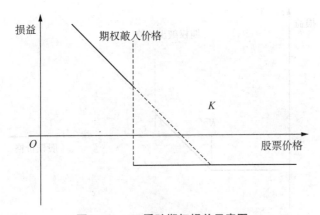

图1-34 KI看跌期权损益示意图

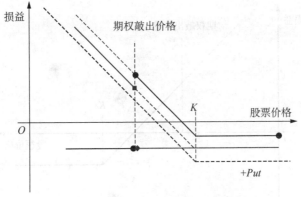

图1-35 KI+KO put 合成普通看跌期权示意图

读者可能也在其他一些文献中看到,障碍期权还有一类是反向敲出和敲入,并且不大容易区分正向敲入和敲出。实际上,当资产价格与看涨或看跌期权方向一致,此时 KO 和 KI 期权触发,也就是说,对于看涨期权而言,当资产价格上升而触发生效,就称之为"KI call",而资产价格上升而触发失效,则为"KO call"。

另一类则是资产价格与看涨、看跌属性相反,例如,当资产价格上升而触发看涨期权失效,则称之为反向敲入看涨期权(reverse knock out call,RKO),其到期损益如图 1-36 所示。也就是说,在敲出的时候,实际上 call 已经进入实值状态(in the money,ITM)。类似地,当资产价格下跌而触发看跌期权合约失效,则称为"RKO put",如图 1-37 所示。

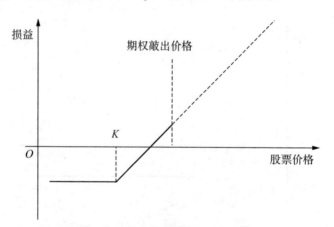

图 1-36　RKO 看涨期权损益示意图

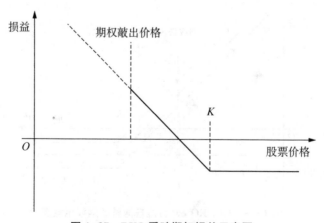

图 1-37　RKO 看跌期权损益示意图

最后,表 1-22 给出了期权的基本组合及合成关系的总结,在实际的交易中,这些组合可能都会涉及,在期权组合章节将有进一步的说明。

表 1-22 期权组合关系

合成与策略	关系
远期	$+Forward(K) = Call(K) - Put(K)$
鞍式	$+Straddle(K) = Call(K) + Put(K)$
勒式	$+Straddle = Call(K_+) + Put(K_-)$
风险逆转	$\xi \cdot RR = \xi \cdot [Call(K_+) - Put(K_-)]$
蝶式	$\xi \cdot BF = \xi \cdot [Call(K_+) + Put(K_-) - Call(ATM) - Put(ATM)]$
垂直价差	$\xi \cdot Spread = \xi \cdot Call(K) - Call(K + \xi \cdot Spread)$
领子	$Asset + Put - Call$
二元	$\lim_{n \to \infty} n [Call(K) - Call(K + \delta/n)]$ $\lim_{n \to \infty} n [Put(K) - Put(K + \delta/n)]$
敲入	$Call - KO\text{-}Call$ $Put - KO\text{-}Put$
鲨鱼远期	$Asset + RKO$

1.10 本章小结

本章介绍期权的基本概念、期权合约和交易基本逻辑,以及期权交易相关希腊字母参数,主要目的在于帮助读者初步了解真正的期权市场。建议读者在真正开展期权交易之前,一定要全面掌握期权的基本概念和期权具体合约的具体条款,精通期权的交易规则和期权的基础性质应该是交易的第一步。读者可以通过各个交易所的网站获得免费的资源,也可以通过专业文献获得这方面的知识。

CHAPTER 2 第❷章

BSM 框架及其争论

动荡时代最大的危险不是动荡本身,而是延续过去的逻辑。
——彼得·德鲁克(Peter Drucker)

BSM 模型是期权交易中绕不过去的一个话题,它指的是 Black-Scholes-Merton 模型,源自布莱克和舒尔斯合作的论文"The Pricing of Options and Corporate Liabilities"和默顿发表的论文"Theory of Rational Option Pricing"。虽然 BSM 模型源自两篇文献的贡献,但因为是各自独立研究得出一样的结论,因而期权交易领域往往统一地称之为 BSM 模型。因为 BSM 给出的并非简单的定价模型,而是一套具有理论和实践意义的复制、定价、对冲和风险交易①的体系,所以许多时候我更愿意称之为 BSM 框架,但为照顾习惯,本书称之为模型。

BSM 模型是许多投资者接触期权交易的第一步。但首先必须说明,期权的价格从来不是源于任何期权定价模型,期权的价格只有一个来源——交易,即市场上买卖双方讨价还价后所达成的交易,在交易所市场体现为买卖双方挂单的匹配,在场外市场体现为买卖双方的直接商议。这也就意味着,所谓的期权定价模型并不能真正地发挥定价作用。既然如此,为何学术界和实务界还孜孜不倦追求更完美的定价模型呢?一方面,BSM 模型在工具层面提供的是一个期权估值的基准(benchmark),买卖双方在挂单之前可能需要了解具体期权合约到底有多大价值;另一方面,BSM 模型在理论层面提供的是更好地理解期权价值的框架,同时在实践中提供动态对冲和风险管理的框架。在开始学习 BSM 公式之前,需要了解两个重要的思想:其一是自融资复制对冲策略,这个思想清楚地阐明,非线性的期权损益可以通过

---

① 这里用风险交易而非常见的风险管理,原因在于交易本质上是交易风险,BSM 框架能够帮助交易员算出不同维度的风险参数,交易员往往基于这些结果进行买卖,以实现风险的控制,并实现盈利。

线性的资产进行复制,能够复制自然就可以对冲;其二是期权的价值并不取决于标的证券的预期收益率,跟合标的证券的效用函数无关,这个问题曾经给学术界和业界的期权定价研究造成巨大的困扰。

最为重要的是应该认识到 BSM 更重要的意义。它是一个有关期权定价、动态对冲和风险交易的框架,是一个逻辑自洽的框架,虽然它不是一个完美的框架。因此,尽管关于 BSM 的争议不断,但无论对于期权理论的学习者还是市场上的交易者,它仍是最重要的理论工具。本章将围绕 BSM 的争议以及 BSM 框架的实质这两个主题展开。

在开始 BSM 之旅之前,先给读者一个基本的 BSM 定价模型的理论框架。实际上,BSM 模型基于两个粗线条:其一,在无套利原则之下,基于期权组合未来价值的折现即期权当前价格的逻辑,利用测度变换将定价的随机过程转化为鞅过程,鞅过程就满足未来的期权损益按照无风险收益率折现就等于期初期权的价格,最终获得期权价格;其二,同样基于无套利原则,构建复制期权损益的投资组合,在动态对冲假设下,期权与复制头寸构成的投资组合收益率应该等于无风险收益率,在该过程中,核心的理论是伊藤引理,从而可以推导出期权价格的随机偏微分方差,通过解方程最终可以获得期权价格。这两个粗线条如图 2-1 所示。

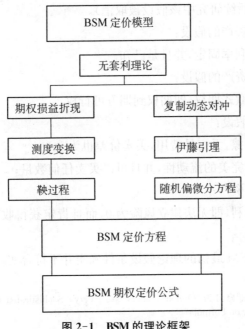

图 2-1　BSM 的理论框架

2.1 有关 BSM 的争议

关于 BSM 论战文献，最著名的莫过于埃斯彭·豪格(Espen Haug)和纳西姆·塔勒布(Nassin Taleb)的《我们为什么永远不会使用 BSM 期权定价公式》[1]和查尔斯·科拉多(Charles Corrado)的《我们为什么一直使用 BSM 期权定价公式》，从标题即可看出两篇文章针锋相对的观点，但无论争议如何，双方都有一个共识，即 BSM 框架的前提假设条件过于严格，一些假设也与市场的实际情况不相符，甚至布莱克自己在 1988 年也发表过文章，阐述 Black-Scholes 公式的一些不切合实际假设的问题。

关于 BSM 的前提假设

可以将 BSM 的整体假设分成四个部分。

(1) 针对风险资产的假设：

① 风险资产价格遵循随机游走；

② 波动率固定；

③ 资产价格收益率遵循正态分布；

④ 无分红(后续研究中该假设被取消)。

针对无风险资产的假设：

　　无风险利率固定，并且是已知。

针对无风险资产的假设：

　　假定为欧式期权，即期权到期方可行权。

针对市场的假设：

① 市场无摩擦，无交易费用，买卖价差也为 0；

② 市场具有完美的流动性，并且可以买卖任何数量；

③ 可以卖空资产；

④ 市场无套利，即无法建立风险为 0，而且肯定获得收益大于无风险资产收益率的头寸。

毫无疑问，BSM 最初的理论假设条件确实并不符合实际情况，即便在后

---

[1] 后作者亦将此文献修订为"Option Traders Use (Very) Sophisticated Heuristics, Never the Black-Scholes-Merton Formula"。

续的研究中,诸如无分红和欧式期权等假设条件都被放开,但完美流动性、可以交易任何数量等假设仍然与市场实际情况有巨大出入。但是,BSM在实际的交易中仍然作为重要的定价模型和风险管理框架,其原因就在于模型是固定模型,但具体的参数输入却可以按照实际情况进行调整,例如,被批评最多的固定隐含波动率假设,完全可以用动态的实时成交波动率进行计算,或者引入波动率的波动率概念。至于BSM基于高斯分布的框架,现实中资产价格收益率(即资产价格遵循对数正态分布)确实少有符合正态分布的情况,更为普遍的是呈现尖峰厚尾的分布特征,但这个问题并非无法解决。相比尖峰厚尾的分布特征,资产价格遵循对数正态分布的假设可能导致期权价格被低估,但这个低估可以通过尾部期权的流动性溢价调整。类似地,对于无交易成本和完美流动性假设,同样可以在BSM计算结果上加上流动性和交易成本溢价。此外,实际的市场中,期权的价格是交易出来的,隐含波动率亦是交易的结果,BSM用于期权定价的计算结果不会是交易的绝对依据,仅仅作为一个参考,甚至也正是因为每家机构和每个交易员对上述调整存在差异,预期差存在,才有交易机会。

BSM是否重复造轮子

BSM是在重复造轮子,这是豪格和塔勒布对BSM模型的另一个重要批判。无论期权定价公式是否早已经存在,以及买卖权平价关系(Put-Call Parity)是否早已经用于套利,本书都不纠缠豪格和塔勒布的观点。实际上,尽管相似,但BSM当今普遍使用的定价公式并不同于过往的模型公式,而且,BSM更重要的是提供了当今交易员普遍使用的复制和动态对冲的框架。

所谓的复制,指的是通过现金和股票可以完美复制期权的损益:

$$\Pi = \Delta \times S - V \tag{2-1}$$

其中:Π是股票与期权的组合,但因为是完美复制,所以Π只能获得无风险收益率。到这里,就能理解为何BSM的假设中涉及无风险收益率、市场无摩擦、无套利和可卖空资产,以及可以交易任何数量股票的一系列假设,因为完美对冲需要买入或卖出Δ份的股票,这可能是一个任意数字。实际上,根据动态变化的Δ不断买入和卖出股票的过程,也就是动态对冲操作。

那么BSM的风险管理框架意义又体现在哪里呢?利用$dS_t = \mu S_t dt + \sigma S_t dW_t$,当对式(2-1)进行泰勒展开,又可以得到:

$$d\Pi = \Delta \times dS - dV$$
$$= \Delta dS - \left[\frac{\partial V}{\partial S}dS + \frac{1}{2}\frac{\partial^2 V}{\partial S^2}(dS)^2 + \frac{\partial V}{\partial t}dt\right]$$
$$= \Delta dS - \left[\Delta dS + \frac{1}{2}\Gamma(dS)^2 + \theta dt\right] \quad (2-2)$$
$$= -\frac{1}{2}\Gamma(dS)^2 + \theta dt = r(\Delta S - V)dt$$

再利用 $dt\,dW_t = 0$ 和 $(dW_t)^2 = dt$，那么 $(dS)^2 = \sigma^2 S^2 dt$，式(2-2)的积分形式就可以得到：

$$\frac{1}{2}\Gamma\sigma^2 S^2 + \theta + \Delta rS = rV \quad (2-3)$$

式(2-3)非常明确地告诉交易员，对于期权价值 V，可以分解为几个希腊参数头寸，交易员可以将不喜欢的希腊字母对冲掉，但如果全部对冲掉，那只能获得无风险收益。如果把 Γ 和 θ 对冲掉，那么就会得到：

$$\underbrace{\frac{1}{2}\Gamma\sigma^2 S^2}_{\text{对冲}} + \overbrace{\theta}^{\text{对冲}} + \Delta rS = rV \rightarrow V = \Delta S$$

非常直接的结论是，如果完全对冲掉 Γ 和 θ，那么投资组合与股票头寸已经没有任何差异。总而言之，BSM 从理论层面清晰地告诉交易员应该管理什么样的头寸、应该如何对冲掉其不愿保留的头寸，也清晰地告诉交易员剩余的头寸的实质是什么，而这正是动态对冲和风险交易的框架。更重要的是 BSM 能够给出 V 的解析式，这就为交易员日常管理 Γ 和 θ 提供了极其便利的条件，而 BSM 之前诸多期权定价模型无法获得解析式，甚至有一些参数完全无法量化输入。正因为 BSM 有如此重要的意义，接下来看看它的前世今生。

2.2 历史上的期权定价公式

正如豪格和塔勒布在其文献中所说，早在 BSM 之前，确实有接近 BSM 期权定价公式的研究成果，但它们仍然与 BSM 提供的框架体系有本质区别。纵观期权发展历史，基本可以划分为几个粗的时间线。一是 1900 年之前，此前的期权交易可以理解为"史前"，大量隐含期权的商品被交易，但期权理论仍然处于混沌状态。1900 年有路易斯·巴施里耶（Louis

Bachelier)的博士论文横空出世,《投机理论》[1]不仅最早提出用布朗运动(或维纳过程)模拟资产价格,为后世代的期权定价模型奠定基础,而且还提出了公平博弈(fair game)的思想,以及画出期权到期损益图,更重要的是,它甚至还给出了期权定价的初代公式 $C = SN\left(\dfrac{S-X}{\sigma\sqrt{\tau}}\right) - KN\left(\dfrac{S-X}{\sigma\sqrt{\tau}}\right) + \sigma\sqrt{\tau}\left(\dfrac{S-X}{\sigma\sqrt{\tau}}\right)$。很显然,这个模型存在很多缺陷,最大的问题是其假设资产价格(而非后世代收益率)遵循正态分布,这就会导致价格可能出现负数的情况。此后的几十年里,虽然巴施里耶的论文被淹没在历史长河里,但到1960年代,许多学者自觉或不自觉地沿着巴施里耶的思路改进定价模型。

1960—1973便是期权理论大爆炸之前的中世代。这个年代里,主要的贡献是凯斯·斯普克林(Case Sprenkle)《权证价格作为预期和偏好的指标》[2]、詹姆斯·博尼斯(James Boness)的《股票期权定价理论的要素》以及萨缪尔森(Samuelson)的《合理的权证定价理论》[3],《股票期权定价理论的要素》于1964年发表在《政治经济学》(Journal of Political Economy)杂志[4]中。已经可以看到,早在20世纪60年代,当时的学者已经获得非常接近于BSM期权定价公式的成果,如下:

$$C = e^{-rt}(AB - BC)$$

$$= P_0 P\left[x \leqslant \dfrac{-\ln\left(\dfrac{E_0}{P_0}\right)}{sl^{\frac{1}{2}}} + \left(\dfrac{r}{s} + \dfrac{s}{2}\right) l^{\frac{1}{2}}\right]$$

$$- E_0 e^{-rt} P\left[x \leqslant \dfrac{-\ln\left(\dfrac{E_0}{P_0}\right)}{sl^{\frac{1}{2}}} + \left(\dfrac{r}{s} - \dfrac{s}{2}\right) l^{\frac{1}{2}}\right]$$

---

[1] Bachelier L. Theory of Speculation (*Théorie de la Spéculation*)[J]. Annales Scientifiques de l'École Normale Supérieure, 1900, 17(3): 21-86.
[2] Sprenkle C M. Warrant Prices as Indicators of Expectations and Preferences[J]. Yale Economic Essays, 1961, 1(2): 179-231.
[3] Samuelson P A. Rational Theory of Warrant Pricing[J]. Industrial Management Review, 1965, 6(2): 13-31.
[4] Boness A J. Elements of a Theory of Stock-Option Value. Journal of Political Economy, 1964, 72(2): 163-175.

到这里，博尼斯 1964 年的期权定价公式已经非常接近 BSM 期权定价公式，不够直观的地方仅仅在于表示符号的差别，下面将解释其中的符号并且进行符号上的统一。在博尼斯的公式中：P_0 表示的是标的股票的当前价格，可以替换成 S_0，$P_0 \to S_0$，E_0 表示的是期权的行权价，可以替换成更为熟悉的 K，$E_0 \to K$；S 表示的是股票价格的标准差，博尼斯假设股票价格遵循对数正态分布，而非正态分布，这在那个年代也属于前瞻性假设；l 表示观测的时间区间，博尼斯是以周频率进行观测的。

最重要的必须放在最后讲，博尼斯公式中，r 表示的是股票价格的预期增长率，而在 BSM 公式中，r 代表的是无风险利率，股票价格的预期增长率是不可观测的，因而只能是一个主观变量，这个差异也就是一篇经典文献和一篇诺贝尔文献的差异。也正因为如此，20 世纪 60 年代期权定价理论虽然发展迅速，相比 1900 年的巴施里耶确有进步，但仍然没有产生质变，这段时间产生的模型都不可能应用于交易。

2.3　新时代的 BSM 定价公式

1973 年是布莱克和舒尔斯重要的一年，也是期权现代定价理论重要的一年，但在这一年来临之前，他们也经历了好事多磨的过程。无论是巴施里耶（1900）、斯普克林（1961），还是萨缪尔森（1965）的期权（权证）定价模型，都是基于特定的效用函数，这与 BSM 公式的框架截然不同，BSM 公式实际上是将资产定价定理 CAPM 运用于一个极短的时间，这让他们推导出看涨期权价格所遵循的偏微分方程（partial differential equation，PDE）：

$$C_t(S, t) + C_s(S, t)rS + \frac{1}{2}C_{ss}(S, t)\sigma^2 S^2 - rC(S, t) = 0 \quad (2\text{-}4)$$

同时，对于期权而言，到期时实值才会进入行权，期权才有实际价值，如果到期时期权仍然为虚值，那么期权的价值为 0。这样，实际上也就获得该 PDE 的边界条件：

$$C(S, t) = \text{Max}(S - K, 0) \quad (2\text{-}5)$$

实际上，布莱克在 1969 年甚至更早之前就已经获得了这个偏微分方程，但在当时他并不清楚如何解出该偏微分方程，甚至也不知道这个方程就是数学物理中的热传导方程（heat diffusion equation），但布莱克已经观察到在偏微分方程式(2-4)里并不包含有关描述股票预期回报率的参数 μ。这是一个非常惊人的发现,在布莱克之前的研究中,期权定价并不可缺股票的预期收益率,按照简单的经济学直觉,股票的预期收益率由股票的观察期内的最终价格和初始价格决定,预期收益率越高,意味着价格上涨的幅度更大,其对应的看涨期权价值越大,这看起来合乎简单的直觉,但是:一方面,布莱克推导出的偏微分方程式(2-4)否定了这点,说明无论股票的预期收益率高和低,甚至等于无风险利率,对期权的定价都没有影响;另一方面,方程式(2-4)还解决了预期收益率无法观测的问题,过去的期权定价公式里,因为预期收益率因为预期不同而各说各话,因而实际上是一个非可测参数,也就导致过往依赖于股票预期收益率的期权定价模型难以应用。

但此时,布莱克的问题仍然在于无法求解偏微分方程式(2-4),但这个方程仍然给了布莱克和舒尔斯很重要的启示,即期权价格遵循的偏微分方程并不包含股票的预期收益率。

同时,CAPM 的理论也给了布莱克和舒尔斯灵感,在 CAPM 中,资产收益率=无风险收益率+风险溢价×β。如果假设期权价格是股票价格的光滑函数①,按照 CAPM 的理论,我们构建一个期权的对冲组合,这个组合的收益率应该等于无风险收益率+风险溢价×β。如果在极短的时间区间里,假设期权价格是股票价格的光滑函数的前提假设,我们可以认为期权的风险溢价=0,也就意味着期权对冲组合在极短时间里的收益率等于无风险收益率。有了这样一个直觉,就可以回过头来审视期权自身预取收益率无法观察的问题,斯普克林(1961)的研究得到结果:

$$C(x, r, \mu, T, \sigma, K) \\ = x e^{(\mu-r)T} N[d(x, \mu, T)] - e^{-rT} K N[d(x, \mu, T) - \sigma\sqrt{T}] \quad (2\text{-}6)$$

我们如果根据上述的直觉,假设 $\mu=r$,就会惊奇地发现式(2-6)就是 BSM 框架下欧式看涨期权的定价公式,而且,它符合 BSM 公式的 PDE 方程,是它的解。

布莱克和舒尔斯在 1987 年撰文②回顾了当年投稿的过程,如何先将论

---

① 这里的光滑函数(smooth function)是数学中的概念,指的是在定义域内无穷阶数连续可导的函数,可导又是指函数在定义域内各点的导数存在,而连续函数,简单地说指的是在定义域内,各个点的左右极限均等于该点上的函数值。

② Black F S. How we Came up with the Option Formula[J]. The Journal of Portfolio Management Winter, 1989, 15(2): 4-8.

文提交给《政治经济学杂志》，然后又提交给《经济学与统计评论》的，但遭到了双方的拒绝。直到尤金·法玛（Eugene Fama）和默顿·米勒（Merton Miller）对该论文进行审稿并提出建议之后，《政治经济学杂志》最终决定在 1973 年 5 月或 6 月发表该论文。同时，布莱克和舒尔斯在《期权合约的价值评估和市场效率的检验》①一文中发表了该模型的经验检验。几乎与布莱克和舒尔斯同时，默顿在题为"理性期权定价理论"的论文中提出自己对期权定价模型的结论，这也是 BSM 模型的名称来源。BSM 模型的诞生是现代期权市场发展的重要事件，为交易员更好地量化期权交易提供了理论框架。

BSM 不仅为交易员提供了简单但又富含经济含义的定价公式，同时也深刻揭示了 Delta、Gamma 和 Vega 等参数与动态对冲的内在联系，交易员有了这个框架之后，期权交易隐含波动率以及实际波动率的逻辑变得更加清晰。因此，BSM 成为各种期权交易的理论框架。1976 年，布莱克发展出商品期权定价模型②；1983 年，马克·加曼（Mark Garman）和史蒂文·殊尔哈根（Steven Kohlhagen）发展出外汇期权定价模型③。

2.4 无套利与期权定价原理

BSM 定价理论中，无套利是非常重要的假设基础。在经济学里，当我们谈论价格如何形成，往往有一个基本的假设，便是"价格由供求关系决定"。通俗地说，对于一件商品，商品的供给方和需求方进行博弈，供给方提供一系列报价和愿意出售的数量，需求方同样提供一些系列报价和愿意购买的数量，当供给方愿意接受的最低价格与需求方愿意出的最高价格能够匹配，交易便有达成的可能性，最终商品的定价由供给方愿意提供的商品数量以及需求方愿意接受的商品数量所对应的价格所决定。这是经济学里非常理想的资产定价模型，这个定价模型具有非常直观的经济含义，而且并不依赖于资产价格信息。资产价格演变的路径并不会影响资产的定价，但是不针对资产价格本身进行建模，也导致这个均衡定价模型在实际开展业务时难

---

① Black F S, Scholes M S. The Valuation of Option Contracts and a Test of Market Efficiency[J]. Journal of Finance, 1972, 27(2): 399-417.
② Black F S. The Pricing of Commodity Contracts[J]. Journal of Financial Economics, 1976, 3 (1-2): 167-179.
③ Garman M B, Kohlhagen S W. Foreign Currency Option Values[J]. Journal of International Money and Finance, 1983, 2(3): 231-237.

以使用。例如,在市场上,买方与卖方不一定能够在一个信息透明的平台撮合双方的供需,同时也无法度量买卖双方的风险偏好。同时,期权这样的衍生产品定价需要考虑的因素变得更多,买卖双方所报出的价格是否合理、是否存在套利机会就变得不那么直观。

假设资产 a 当前的价格为 100 元,对应的行权价为 100 的看涨期权此时交易价格为 2.5 元,在未来的一个工作日,资产价格有两种可能性,第一种情况是上涨至 105 元,第二种情况是下跌至 95 元,并且上涨和下跌的概率是各 50%。因为看涨期权的行权价为 100 元,所以在资产价格上涨至 105 元后,期权的持有者可以用 100 元买入从而直接获利(105－100＝5);相反,如果资产价格下跌至 95 元,则看涨期权持有者不会行使其权利,期权不会产生现金流。

为了更进一步地简化,我们假设无风险利率为 0,也就是不考虑折现情况,那么就会产生两个问题:市场上所交易的期权价格为 2.5 元,这个价格是合理的吗?是不是存在套利机会呢?

为了回答这两个问题,第一步,可以进行一个简单的计算。假设构造一个组合复制期权的损益特征,初始时刻需要买入 X 份资产,借入 Y 资金,这就构成了一个由资产和现金组成的资产组合,那么在资产未来的两种状态下,资产组合的价值如下:

$$\begin{cases}105X-Y\\95X-Y\end{cases}$$

而在两种状态下,看涨期权的价值分别如下:

$$\begin{cases}\text{Max}(105-100,0)=5\\\text{Max}(95-100,0)=0\end{cases}$$

从而,可以得到简单的方程组:

$$\begin{cases}105X-Y=5\\95X-Y=0\end{cases}$$

这也就可以获得起初时刻两种资产和现金的数量,分别如下:

$$\begin{cases}X=0.5\\Y=47.5\end{cases}$$

有了资产和现金的数量，就知道了在初始时刻资产组合的总价值，如下：

$$100 \times 0.5 - 47.5 = 2.5$$

到这里，我们可以回答第一个问题，即期权的交易价格为 2.5 元是否合理的问题。显然，期权的交易价格 2.5 恰为无风险套利角度的定价，从无风险套利的角度并无套利机会。只有当期权的定价 $p \neq 2.5$ 时才存在套利机会。例如，当该看涨期权的交易价格 $p=4$ 时，交易员可以通过卖出看涨期权获得 4 元的期权费，同时买入 0.5 份的资产，借入 47.5 元。假设期权在下一个工作日到期，那么到期时，如果资产价格上涨至 105 元，期权行权需要按照 100 元的价格卖出 1 份资产，而起初对冲买入的资产已经有 0.5 份，而且价格也恰为 100 元，只需要再用 105 元的价格买入 0.5 份用于交割即可，而交易员借入的 47.5 元和卖空期权获得的 4 元期权费便可用来买入剩余的 0.5 份资产，从而现金流如下：

$$100 - (0.5 \times 100 + 0.5 \times 105) = -2.5$$

算上期初已经收获的 4 元期权费，总体来说，交易员仍然有 1.5 元(4−2.5)的收益。反之，如果资产价格下跌至 95 元，那么此时看涨期权的买入方不会行权以 100 元买入资产，从而看涨期权的卖出方获得 4 元的期权费收入，但是，持有的 0.5 份标的资产将因为价格下跌而遭受损失，因而现金流如下：

$$4 + (0.5 \times 95 + 0.5 \times 100) = 1.5 (元)$$

综合资产价格的两种可能情况，无论资产价格上涨和下跌，期权的卖出方都有 1.5 元的收益，这就是无风险套利。实际上，正是期权定价的研究范式从均衡模型转向无套利模型，从基于风险偏好的定价模型转向基于无套利的定价模型，如 BSM 模型，期权定价理论才真正迎来突破。

2.5　无套利框架与 BSM 公式

BSM 推导的基本逻辑基于无套利原理，只要构造期权和对冲头寸构成的组合，在无套利假设下，组合的收益应该等于无风险收益，否则就会出现套利机会。因此，先构造自融资投资组合 Π，其中包含一笔期权和数量为 Δ

的期权标的证券，假设经过极短的时间 dt 之后，组合 Π 的价值变化可以表示如下：

$$d\Pi = dV + \Delta \times dS$$
$$= \left(\frac{\partial V}{\partial t} + \mu S \frac{\partial V}{\partial S} + \frac{1}{2}\sigma^2 S^2 \frac{\partial^2 V}{\partial S^2} + \Delta \mu S\right)dt + \left(\sigma S \frac{\partial V}{\partial S} + \Delta \sigma S\right)dW$$

接下来，考虑 Π 组合情况，应该有两个性质。第一个性质是，在极短的时间里，组合可以视为无风险，这里的无风险在数学上可以理解为排除随机因素的干扰，即消去随机项 $\left(\sigma S \frac{\partial V}{\partial S} + \Delta \sigma S\right)dW$。为什么可以？原因就是极短的时间假设以及连续完美的对冲假设，使得对冲头寸 $\Delta = -\frac{\partial V}{\partial S}$，因而 $\left(\sigma S \frac{\partial V}{\partial S} + \Delta \sigma S\right)dW = 0$。当然，这在实际交易中是不现实的假设。

第二个性质是，在极短的时间里，组合 Π 的价值变化应该等于无风险收益，即

$$d\Pi = r\Pi dt = r(V + \Delta S)dt，从而，公式可以变化如下：$$

$$\left(\frac{\partial V}{\partial t} + \mu S \frac{\partial V}{\partial S} + \frac{1}{2}\sigma^2 S^2 \frac{\partial^2 V}{\partial S^2} + \Delta \mu S\right)dt = r(V + \Delta S)dt$$

稍做变换，可以获得：

$$\left(\frac{\partial V}{\partial t} + \frac{1}{2}\sigma^2 S^2 \frac{\partial^2 V}{\partial S^2}\right) = r\left(V - \frac{\partial V}{\partial S}S\right)$$

移项之后，即可以得到熟悉的 BSM 期权定价方程：

$$\frac{\partial V}{\partial t} + rS\frac{\partial V}{\partial S} + \frac{1}{2}\sigma^2 S^2 \frac{\partial^2 V}{\partial S^2} = rV \qquad (2-7)$$

获得期权定价方程式(2-7)之后，只需要求解偏微分方程便可以获得欧式期权价值 V_t 的 BSM 公式。对于欧式期权遵循的偏微分方程，如何求解当年困扰布莱克多年的 PDE？这块内容已经属于数学本科的内容，这里简单进行介绍。对于偏微分方程：

$$\frac{\partial V}{\partial t} + rS_t + \frac{1}{2}\sigma^2 S_t^2 \frac{\partial^2 V}{\partial S^2} = rV_t \qquad (2-8)$$

当然，第一步，我们需要确定偏微分方程式(2-8)的边界条件：

$$V|_{t=T} = \text{Max}[\delta \times (S_T - K), 0] = [\delta \times (S_T - K)]^+, 当 \delta = \begin{cases} 1 & Call \\ -1 & Put \end{cases}$$

(2-9)

有了边界条件之后，为了推导简便，使用替代变量，令 $x = \ln S_t$，以及 $\tau = T - t$，那么式(2-8)和边界条件式(2-9)可以转化如下：

$$\begin{cases} \dfrac{1}{2}\sigma^2 \dfrac{\partial^2 V}{\partial x^2} + \left(r - \dfrac{\sigma^2}{2}\right)\dfrac{\partial V}{\partial x} - \dfrac{\partial V}{\partial \tau} = rV \quad -\infty < x < \infty, 0 < \tau \leqslant T \\ V|_{\tau=0} = \begin{cases} (e^x - K)^+ & Call \\ (K - e^x) & Put \end{cases} \end{cases}$$

(2-10)

为了求解式(2-10)，我们下面以看涨期权为例子进行说明。在前文中，我们已经说过，欧式期权所遵循的偏微分方程实质上是一个热传导方程，而求解热传导方程在布莱克的时代已经有成熟的解法。为了获得期权价格的热传导方程真面目，我们做一个函数变换：

$$V = u e^{\alpha \tau + \beta x}$$

并且，分别对 τ, x 进行求导，根据微分的链式法则，可得：

$$\begin{cases} V_\tau = e^{\alpha\tau+\beta x}[u_\tau + \alpha u] \\ V_x = e^{\alpha\tau+\beta x}[u_x + \beta u] \\ V_{xx} = e^{\alpha\tau+\beta x}[u_{xx} + 2\beta u_x + \beta^2 u] \end{cases}$$

将上面的三个微分结果带入式(2-10)中，显然可以消去 $e^{\alpha\tau+\beta x}$，并且得到：

$$u_\tau - \dfrac{\sigma^2}{2}u_{xx} - \left[\beta\sigma^2 + r - \dfrac{\sigma^2}{2}\right]u_x + \left[r - \beta\left(r - \dfrac{\sigma^2}{2}\right) - \dfrac{\sigma^2}{2}\beta^2 + \alpha\right]u = 0$$

(2-11)

观察式(2-11)，只需要 $\left[\beta\sigma^2 + r - \dfrac{\sigma^2}{2}\right] = 0$，以及 $\left[r - \beta\left(r - \dfrac{\sigma^2}{2}\right) - \dfrac{\sigma^2}{2}\beta^2 + \alpha\right] = 0$，式(2-11)便有了热传导方程的影子，因此，也就意味着只要令 $\beta =$

$\frac{1}{2} - \frac{r}{\sigma^2}$，$\alpha = -r + \beta\left(r - \frac{\sigma^2}{2}\right) + \frac{\sigma^2}{2}\beta^2 = -r - \frac{1}{2\sigma^2}\left(r - \frac{\sigma^2}{2}\right)^2$，式(2-9)就变换得到：

$$\frac{\partial u}{\partial \tau} - \frac{\sigma^2}{2} \frac{\partial^2 u}{\partial x^2} = 0 \qquad (2\text{-}12)$$

根据边界条件和上面的变换，原来式(2-9)的边界条件也可以变换如下：

$$u\big|_{\tau=0} = \begin{cases} e^{-\beta x} V\big|_{\tau=0} = e^{-\beta x}(e^x - K)^+ \\ e^{-\beta x} V\big|_{\tau=0} = e^{-\beta x}(K - e^x)^+ \end{cases} \qquad (2\text{-}13)$$

对于热传导方程的柯西(Cauchy)问题，或者称之为初值问题，可以通过泊松(Poisson)公式表示，具有如下的形式：

$$u(x, \tau) = \int_{-\infty}^{+\infty} K(x - \xi, \tau) \varphi(\xi) d\xi$$

其中：$\varphi(\xi)$ 为初值；$K(x - \xi, \tau)$ 是式(2-12)的基本解。

$$K(x - \xi, \tau) = \frac{1}{\sigma\sqrt{2\pi\tau}} e^{-\frac{(x-\xi)^2}{2\sigma^2\tau}}$$

从而柯西问题式(2-12)和式(2-13)的解可以表示如下：

$$u(x, \tau) = \int_{-\infty}^{+\infty} \frac{1}{\sigma\sqrt{2\pi\tau}} e^{-\frac{(x-\xi)^2}{2\sigma^2\tau}} [e^{-\beta\xi}(e^\xi - K)^+] d\xi$$

$$= \int_{\ln K}^{+\infty} \frac{1}{\sigma\sqrt{2\pi\tau}} e^{-\frac{(x-\xi)^2}{2\sigma^2\tau}} [e^{(1-\beta)\xi} - K e^{-\beta\xi}] d\xi$$

这里的 $\beta = -\frac{1}{\sigma^2}\left(r - \frac{\sigma^2}{2}\right) = \frac{1 - r\sigma^2}{2}$，那么原来的期权定价函数 $V(x, \tau)$ 可以表示如下：

$$V(x, \tau) = e^{-r\tau - \frac{1}{2\sigma^2}\left(r - \frac{\sigma^2}{2}\right)^2 \tau - \frac{1}{\sigma^2}\left(r - \frac{\sigma^2}{2}\right) x} u(x, \tau) = I_1 + I_2$$

其中，

$$I_1 = e^{-r\tau} \int_{\ln K}^{+\infty} \frac{1}{\sigma\sqrt{\pi\tau}} e^{\frac{(x-\xi)^2 + 2(x-\xi)\left(r - \frac{\sigma^2}{2}\right)\tau + \left(r - \frac{\sigma^2}{2}\right)^2 \tau^2}{2\sigma^2\tau} + \xi} d\xi$$

$$= e^{-r\tau} \int_{\ln K}^{+\infty} \frac{1}{\sigma\sqrt{\pi\tau}} e^{-\frac{\left[x - \xi + \left(r - \frac{\sigma^2}{2}\right)\tau\right]^2}{2\sigma^2\tau} + \xi} d\xi$$

为了简化，引入新的表示符号 $\omega = x - \xi + \left(r - \dfrac{\sigma^2}{2}\right)\tau$，那么上面的 I_1 可以表示如下：

$$I_1 = \dfrac{e^x}{\sigma\sqrt{\pi\tau}} \int_{-\infty}^{x-\ln K + \left(r - \frac{\sigma^2}{2}\right)\tau} e^{-\frac{(\omega + \sigma^2\tau)^2}{2\sigma^2\tau}} d\omega$$

为了再进一步简化，引入新的表示符号 $\theta = \dfrac{\omega + \sigma^2\tau}{\sigma\sqrt{\tau}}$，再根据标准正态分布的累积分布函数表达式 $N(x) = \int_{-\infty}^{x} \dfrac{1}{\sqrt{2\pi}} e^{-\frac{y^2}{2}} dy$，那么上面的 I_1 可以表示如下：

$$I_1 = e^x N\left[\dfrac{x - \ln K + \left(r + \dfrac{\sigma^2}{2}\right)\tau}{\sigma\sqrt{\tau}}\right]$$

类似地，

$$I_2 = -e^{-r\tau} \int_{\ln K}^{+\infty} \dfrac{K}{\sigma\sqrt{2\pi\tau}} e^{-\frac{\left[x-\xi+\left(r-\frac{\sigma^2}{2}\right)\tau\right]^2}{2\sigma^2\tau}} d\xi$$

$$= -\dfrac{e^{-r\tau}K}{\sigma\sqrt{2\pi\tau}} \int_{-\infty}^{x-\ln K + \left(r-\frac{\sigma^2}{2}\right)\tau} e^{-\frac{y^2}{2\sigma^2\tau}} dy$$

$$= -Ke^{-r\tau} N\left[\dfrac{x - \ln K + \left(r - \dfrac{\sigma^2}{2}\right)\tau}{\sigma\sqrt{\tau}}\right]$$

也就意味着：

$$V(S, \tau) = SN\left[\dfrac{\ln S - \ln K + \left(r + \dfrac{\sigma^2}{2}\right)(T-T)}{\sigma\sqrt{T-t}}\right]$$

$$- Ke^{-r(T-t)} N\left[\dfrac{\ln S - \ln K + \left(r - \dfrac{\sigma^2}{2}\right)(T-t)}{\sigma\sqrt{T-t}}\right]$$

到这里，欧式期权的定价公式已经出现，只需要再做简单的变量替换，令：

$$d_1 = \frac{\ln\frac{S}{K} + \left(r + \frac{\sigma^2}{2}\right)\tau}{\sigma\sqrt{\tau}}, \quad d_2 = \frac{\ln\frac{S}{K} + \left(r - \frac{\sigma^2}{2}\right)\tau}{\sigma\sqrt{\tau}} = d_1 - \sigma\sqrt{\tau}, \quad \tau = T - t$$

那么可以得到欧式看涨期权的定价公式：

$$V(S, t) = S \times N(d_1) - K \times e^{-r(T-t)} \times N(d_2)$$

有了欧式看涨期权定价公式，欧式看跌期权自然容易通过平价公式获得。对于期权所遵循的 PDE 的求解，实际上通过傅里叶变换也可以求解，读者感兴趣可以阅读相关的文献。

总结一下期权定价方程的最终结果。对于欧式看涨期权的边界条件是：

$$V_{C,t} = \text{Max}(S_t - K, 0)$$

欧式看跌期权的边界条件如下：

$$V_{P,t} = \text{Max}(K - S_t, 0)$$

那么对于无分红的期权，具有解析解如下：

$$C = S_t N(d_1) - K e^{-r(T-t)} N(d_2)$$
$$P = K e^{-r(T-t)} N(-d_2) - S_t N(-d_1)$$

其中：$d_1 = \dfrac{\ln\frac{S_t}{K} + \left(r + \frac{\sigma^2}{2}\right)\tau}{\sigma\sqrt{T-t}}$；$d_2 = \dfrac{\ln\frac{S_t}{K} + \left(r - \frac{\sigma^2}{2}\right)\tau}{\sigma\sqrt{T-t}} = d_1 - \sigma\sqrt{T-t}$。

而对于外汇期权，则有如下的 BSM 公式：

$$\frac{\partial V}{\partial t} + \frac{\partial V}{\partial S}(r_d - r_f)S_t + \frac{1}{2}\frac{\partial^2 V}{\partial S^2}\sigma^2 S_t^2 = r_d V_t$$

$V_{C,t} = \text{Max}(S_t - K, 0)$ 看涨期权边界条件

$V_{P,t} = \text{Max}(K - S_t, 0)$ 看跌期权边界条件

通过求解上述的方程，可以获得普通欧式外汇期权价值的解析式如下：

$$C = e^{-r_f(T-t)} S_t N(d_1) - K e^{-r_d(T-t)} N(d_2)$$
$$P = K e^{-r_d(T-t)} N(-d_2) - e^{-r_f(T-t)} S_t N(-d_1)$$

上面使用即期价格来表达期权价值，其中：

$$d_1 = \frac{\ln \frac{S_t}{K} + \left(r_d - r_f + \frac{\sigma^2}{2}\right)(T-t)}{\sigma \sqrt{T-t}};$$

$$d_2 = \frac{\ln \frac{S_t}{K} + \left(r_d - r_f - \frac{\sigma^2}{2}\right)(T-t)}{\sigma \sqrt{T-t}} = d_1 - \sigma \sqrt{T-t}。$$

当然，还可以利用利率平价关系（interest rate parity theory），根据远期价格与即期价格和利率的关系式 $F_{t,T} = S_t e^{(r_d - r_f)(T-t)}$，可以将即期表示形式转化为远期价格的表示形式：

$$C = e^{-r_d(T-t)} [F_{t,T} N(d_1) - K N(d_2)]$$
$$P = K e^{-r_d(T-t)} [N(-d_2) - F_{t,T} N(-d_1)]$$

其中：$d_1 = \dfrac{\ln \dfrac{F_{t,T}}{K} + \dfrac{\sigma^2}{2}(T-t)}{\sigma \sqrt{T-t}}; d_2 = \dfrac{\ln \dfrac{F_{t,T}}{K} + \dfrac{\sigma^2}{2}(T-t)}{\sigma \sqrt{T-t}} = d_1 - \sigma \sqrt{T-t}$。

2.6 无套利二叉树与BSM公式

二叉树期权定价

二叉树对于理解期权的无套利定价理论有非常直观的作用。二叉树的思想不仅可以应用到欧式期权的定价中，同时也是理解美式期权定价的重要工具。简单地说，二叉树的思想有两条主线。一是通过二叉树模拟股票价格的涨跌，只要模拟步数足够多，可以近似遍历真实价格的路径。当然，不同的涨跌幅度设置实际上决定股票价格的概率分布，例如，假设上涨和下跌的幅度因子分别为 $u = e^{\sigma \sqrt{dt}}$ 和 $d = e^{-\sigma \sqrt{dt}}$，那么实际上隐含假设股票价格收益率服从正态分布。二是所有终端节点的期权或有损益按照无风险利率折现，所得之数值即为无套利原则下的理论期权定价。

假设在 t 时刻,期权标的证券的价格为 S_t,令 $u=e^{\sigma\sqrt{dt}}$,$d=e^{-\sigma\sqrt{dt}}$ 分别表示标的证券上涨与下跌的乘数因子,两者分别减去 1 就是上涨和下跌的幅度。基于这些假设,dt 时间过去之后的 $t+dt$,证券价格上涨至 $S_{t+dt}^u=uS_t$ 的概率为 $p=\dfrac{e^{rdt}-d}{u-d}$,而价格下跌至 $S_{t+dt}^d=dS_t$ 的概率为 $1-p$,概率来自无套利原理所需要满足的等式:

$$S_t e^{rdt} = pS_t u + (1-p)S_t d$$

$$e^{rdt} = pu + (1-p)d \Rightarrow p(u-d) = e^{rdt}-d \Rightarrow p=\dfrac{e^{rdt}-d}{u-d}$$

继续利用无套利原理,标的证券价格上涨和下跌两种情景下的期望等于初期价值的无风险复利:

$$V_t e^{rdt} = pV_{t+dt}^u + (1-p)V_{t+dt}^d = p(V_{t+dt}^u - V_{t+dt}^d) + V_{t+dt}^d$$

其中,$V_t=V(S_t)$,$V_{t+dt}^u=V(S_{t+dt}^u)$,以及 $V_{t+dt}^d=V(S_{t+dt}^d)$。并且利用泰勒展开,可以得到:

$$V^u \approx V + \dfrac{\partial V}{\partial S}(S_{t+d}^u - S_t) + \dfrac{1}{2}\dfrac{\partial^2 V}{\partial S^2}(S_{t+dt}^u - S_t)^2 + \dfrac{\partial V}{\partial t}dt$$

$$= V + \dfrac{\partial V}{\partial S}S_t(u-1) + \dfrac{1}{2}\dfrac{\partial^2 V}{\partial S^2}S_t^2(u-1)^2 + \dfrac{\partial V}{\partial t}dt$$

类似地,可以得到:

$$V^d \approx V + \dfrac{\partial V}{\partial S}S_t(d-1) + \dfrac{1}{2}\dfrac{\partial^2 V}{\partial S^2}S_t^2(d-1)^2 + \dfrac{\partial V}{\partial t}dt$$

此外,其他的各项也可以进行泰勒展开,得到:

$$e^{rdt} \approx 1 + rdt$$

$$u \approx 1 + \sigma\sqrt{dt} + \dfrac{1}{2}\sigma^2 dt$$

$$d \approx 1 - \sigma\sqrt{dt} + \dfrac{1}{2}\sigma^2 dt$$

而根据上述 u 和 d 的展开表达式,有 $(u-1)^2=(d-1)^2=\sigma^2 dt$,这意味着:

$$p(V_{t+dt}^u - V_{t+dt}^d) = p(u-d)\dfrac{\partial V}{\partial S}S_t = \left(rdt + \sigma\sqrt{dt} - \dfrac{1}{2}\sigma^2 dt\right)\dfrac{\partial V}{\partial S}S_t$$

可以得到：

$$V_t(1+r\mathrm{d}t) = V_t + rS_t\frac{\partial V}{\partial S}\mathrm{d}t + \frac{\partial V}{\partial t}\mathrm{d}t + \frac{1}{2}\sigma^2 S_t^2 \frac{\partial^2 V}{\partial S^2}\mathrm{d}t$$

对上面的公式稍做变换，即可以获得 BSM 期权定价公式的偏微分方程。

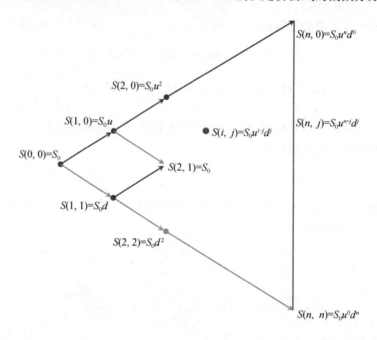

对于上面构建的二叉树模型，有 $S(i,j) = S_0 u^{i-j}d^j$，其中 $0 \leqslant j \leqslant i \leqslant n$，$\Delta t \equiv T/n$，如果用 $C(n,j)$ 表示到期时期权的价值，此时期权标的证券价格为 $S_0 u^{n-j}d^j$，对于未到期的节点，期权的价格如下：

$$C(i,j) = \mathrm{e}^{-r\Delta t}[p \cdot C(i+1,j) + (1-p) \cdot C(i+1,j+1)]$$

对于欧式看涨期权，到期时在 j 点期权的损益如下：

$$C(n,j) = \mathrm{Max}(0, S_0 u^{n-j}d^j)$$

遍历到期时所有可能的点，并将相应的期权损益加总，最终以无风险利率折现，将可获得：

$$C = \mathrm{e}^{-rT}\sum_{j=0}^{n} B(j \mid n, p) \times \mathrm{Max}(0, S_0 u^{n-j}d^j - K) \qquad (2\text{-}14)$$

$$P = e^{-rT} \sum_{j=0}^{n} B(j \mid n, p) \times \text{Max}(0, K - S_0 u^{n-j} d^j) \qquad (2-15)$$

其中：n 表示总的时间区间数；j 表示下跌的次数；$n-j$ 表示上涨的次数；而 $B(j \mid n, p) = \dfrac{n!}{(n-j)!j!} p^{n-j} (1-p)^j$ 表示二项分布(binomial distribution)的概率。

从式(2-14)和式(2-15)可以看出，到期时如果期权处于虚值状态，则期权的价值为 0，只有实值状态期权本身才有价值，如果用 δ 表示 $n-j$ 足够大之后期权进入实值状态的阈值，看涨期权的式(2-14)亦可以写成：

$$C = e^{-rT} \sum_{j=0}^{n-\delta} B(j \mid n, p) \times (S_0 u^{n-j} d^j - K)$$

类似地，看跌期权价格的表达式可以表示如下：

$$P = e^{-rT} \sum_{j=n-\delta}^{n} B(j \mid n, p) \times (K - S_0 u^{n-j} d^j)$$

下面以欧式看涨期权为例进一步说明。经过分拆之后，看涨期权的价格表达式可以写成：

$$C = e^{-rT} \sum_{j=0}^{n-\delta} B(j \leqslant n-\delta \mid n, p) \times S_0 u^{n-j} d^j$$
$$- e^{-rT} \sum_{j=0}^{n-\delta} B(j \leqslant n-\delta \mid n, p) \times K$$

做一个变换，令 $p' = e^{-r} \cdot u \cdot p$，根据二项式分布的公式可以有：

$$e^{-rT} \dfrac{n!}{(n-j)!j!} p^{n-j} (1-p)^j u^{n-j} d^j$$
$$= \dfrac{n!}{(n-j)!j!} (e^{-r} u p)^{n-j} \cdot [e^{-r} d(1-p)]^j$$
$$= \dfrac{n!}{(n-j)!j!} (p')^{n-j} (1-p')^j$$

其中用到几个结论：

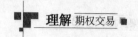

$$p = \frac{e^r - d}{u - d}$$

$$e^{-r}d(1-p) = e^{-r}d\left(1 - \frac{e^r - d}{u - d}\right) = e^{-r}d\frac{u - e^r}{u - d} = e^{-r}\frac{ud - de^r}{u - d}$$

$$1 - p' = 1 - e^{-r}u\frac{e^r - d}{u - d} = \frac{u - d - u + ude^{-r}}{u - d} = e^{-r}\frac{ud - de^r}{u - d}$$

所以看涨期权价格公式可以变换如下：

$$C = S_0 B(j \leqslant n - \delta \mid n, p') - Ke^{-rn}B(j \leqslant n - \delta \mid n, p)$$

到这里，传统BSM模型的期权定价雏形已经显现。实际上，在约翰·考克斯(John Cox)，斯蒂芬·罗斯(Steven Ross)和马克·鲁宾斯坦(Mark Rubinstein)1979年的文献中，还给出了几个结论，只需要设定 $u = e^{\sigma\sqrt{\Delta t}}$，$d = e^{-\sigma\sqrt{\Delta t}}$，当 $\Delta t \to 0$，$n \to \infty$ 时，二项式分布的极限收敛为正态分布：

$$B(j \leqslant n - \delta \mid n, p') \sim N(d_1)$$
$$B(j \leqslant n - \delta \mid n, p) \sim N(d_2)$$

其中：$N(x) = \frac{1}{\sqrt{2\pi}} \int_{-\infty}^{+\infty} e^{-\frac{x^2}{2}} dx$ 是标准正态分布的累计概率。因此，不失一般性，并且将 T 代替节点 n，看涨期权的价格表达式如下：

$$C = S_t N(d_1) - Ke^{-r(T-t)} N(d_2)$$

至此，欧式期权定价的解析式已经获得，通过计算机编程也能够获得期权定价的二叉树算法，但二叉树给我们的启示不限于此。

二叉树的内涵

再次回到二叉树的无套利基本逻辑，在前面的推导中，假设资产价格在每个节点有两种状态，即 $S_0 u$ 和 $S_0 d$，自然地，到期时期权也会有两种状态。那么，如何才能把二叉树纳入BSM的对冲架构呢？

$$C \begin{cases} C_u = \text{Max}(S_0 u - K, 0) \\ C_d = \text{Max}(S_0 d - K, 0) \end{cases}$$

仍然回到无套利原理的基本逻辑，在两种状态下，仍然假设构建股票与

现金构成的资产组合,用于复制期权的损益。其中,应该有:

$$S_0 u \Delta + e^{rt} B = C_u$$

$$S_0 d \Delta + e^{rt} B = C_d$$

通过这两个方程,容易得到股票和现金的数量公式:

$$\Delta = \frac{C_u - C_d}{S_0(u - d)}$$

$$B = \frac{C_u d - C_d u}{(u - d) e^{rt}}$$

很显然,有了股票和现金的数量,则可以得到期权的期初价格:

$$C = e^{-rt} \left\{ C_u \left[\frac{e^{rt} - d}{u - d} \right] + \left\{ \frac{u - e^{rt}}{u - d} \right\} C_d \right\}$$

到这里,已经可以发现前面出现的 $p = \frac{e^{rt} - d}{u - d}$ 既是股票上涨的概率,更证明了风险中性下概率测度的存在,即无套利如果成立则等价于存在等价鞅测度,而且可以发现,在二叉树期权的定价公式中,并不包含主观的期权上涨的预期概率,只有客观的股票价格上涨的 u 和 d,以及其他的 S_0、K 和无风险利率,也就意味着无风险套利摆脱了个人的风险偏好。这对于更好地理解期权定价有巨大的帮助。

2.7 看跌-看涨平价公式

看跌-看涨平价公式

豪格和塔勒布在对 BSM 框架的批判中,有一条"罪状"便是看跌-看涨公式早在 BSM 之前就已经存在,并且早在 1908 年布隆津(Bronzin)的书中就给出了文件的无套利原则,其原理便是看跌-看涨平价公式,1961 年莱纳克(Reinach)也详细描述过期权平价公式,并描述了当时纽约的股票交易员,甚至产生了专门利用平价公式进行套利的转换者(converters)。

欧式期权的看跌-看涨期权平价公式,如式(2-16)所示,有即期和远期两种情景,一般的教科书,甚至约翰·赫尔(John Hull)的《期权、期货和其他衍生品》中,平价公式中均用现货(即期)S_t 作为标的资产的变量,使用 S_t 在大多数场合并不会造成问题,如果需要考虑期货或远期价格,只需要在期货期权中以期货价格替代,在汇率市场中采用远期替代,就能将平价公式转换为远期形态:

$$\begin{cases} C+\mathrm{e}^{-r(T-t)}K=P+S & \text{即期形式} \\ C+\mathrm{e}^{-r(T-t)}K=P+F & \text{远期形式} \end{cases} \quad (2\text{-}16)$$

其中:$T-t$=期权的剩余期限;r=无风险利率。

$$\underbrace{C-P}_{\text{期权组合的价值}}=\underbrace{S-\mathrm{e}^{-r(T-t)}K}_{\text{现货即债券组合的价值}}$$

欧式期权平价公式实际上描述的是,在市场中,可以构造两个组合:其中一个组合 A 由一笔欧式看涨期权多头和一笔欧式看跌期权空头组成,两笔期权具有相同的到期日和行权价,在当前时刻,这个组合的价值为 $C-P$;另外一个组合 B 是,一笔股票多头,同时卖出一笔无风险的零息债券,到期日为 T,到期时该债券获得金额为 K,在当前时刻,这个组合的价值为 $S-\mathrm{e}^{-r(T-t)}K$。时间推移到 T 时刻,组合 A 的价值如下:

$$\begin{cases} \underbrace{\mathrm{Max}(S_T-K,0)}_{S_T-K}-\underbrace{\mathrm{Max}(K-S_T,0)}_{0}=S_T-K & S_T>K \\ \underbrace{\mathrm{Max}(S_T-K,0)}_{0}-\underbrace{\mathrm{Max}(K-S_T,0)}_{K-S_T}=S_T-K & S_T<K \end{cases}$$

这意味着,无论何种情景,组合 A 的到期价值均为 S_T-K;而显然,组合 B 的到期价值也是 S_T-K,这样就论证了欧式期权的看跌-看涨平价公式。当然,也可以对平价公式进行变换。

投资组合 A:买入一笔看涨期权+一笔现金;

投资组合 B:买入一份看跌期权+持有一份标的证券资产。

因为两笔期权的到期日和行权价一样,到期时的收益图如图 2-2 所示,同样可以发现两个投资组合到期时具有相同的收益结构,平价公式也可以表示如下:

$$\text{看涨期权}+\text{现金}=\text{看跌期权}+\text{标的资产}$$

看涨看跌平价实际上也是一种期权定价概念,它要求看涨期权和看跌期权的价值处于均衡状态,以防止套利(套利是指同时买卖资产,以从差价

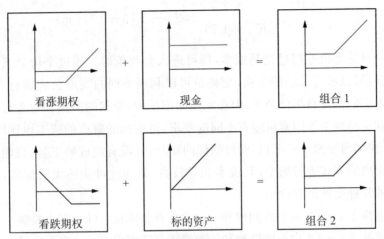

图 2-2 到期时组合的收益图

中获利)机会产生。这意味着在一个执行价格处,看涨期权的价值暗含相应看跌期权的公允价值,反之亦然。对于这种定价关系,一旦相同行权价和到期日的看涨期权和看跌期权的价值之间的关系式被打破,便产生套利机会,套利者会介入获得无风险收益,直到消除了看跌-看涨期权平价关系。实际上,这种关系不局限于欧式期权,该概念也适用于美式期权。

看跌-看涨平价公式的经济意义

(1) 可用于套利的公式。平价公式直观地指示如何在市场中进行套利,当公式的两端等号不成立,市场报价的天平出现严重倾斜时,交易员可以通过平价公式进行套利。一个简单的算例如下:

$$C = 15 \text{元}$$
$$P = 12.5 \text{元}$$
$$S = 100 \text{元}$$
$$K = 100 \text{元}$$
$$T - t = 0.5 \text{年}$$
$$r = 3.5\%$$

看到市场上的上述报价,交易员可以通过系统实时监控两个组合之间的价差:

$$\left.\begin{array}{ll} C-P & =2.5 \\ S-\mathrm{e}^{-r(T-t)}K & =1.73 \end{array}\right\} \Rightarrow 2.5-1.73=0.77(元)$$

一旦这个价差超过交易成本,即可进入套利策略。通过平价公式的不同变换,可以进行灵活的变换,交易员可以利用不同的变形公式进行交易。理论上它们都源自平价公式,但在实际的市场中,期权的多头和空头对于保证金和交易成本等因素可能有不同的要求,做空标的资产的成本也比较高。例如,在国内要做空50ETF期权的标的资产,并没有现成的工具,只能通过融券卖出的方式进行做空,其成本相对较高,流动性可能还无法保障,因而下面的几种变换仍有意义:

变换1:(+)买入看涨期权和(-)卖出看跌期权=(+)多头股票
变换2:(-)卖出看涨期权和(+)买入看跌期权=(-)空头股票
变换3:(+)购买股票和(+)购买看跌期权=(+)购买看涨期权
变换4:(-)空头股票和(-)卖出看跌期权=(-)卖出看涨期权
变换5:(-)空头股票和(+)买入看涨期权=(+)买入看跌期权
变换6:(+)买入股票和(-)卖出看涨期权=(+)卖出看跌期权

当然,基于看跌-看涨平价的套利策略是否能够实现,还需要解决流动性等几个问题。

(2)流动性问题。无论场内市场还是场外市场,期权交易的流动性都是必须要重点考虑的问题,流动性是影响平价公式能否在真实的市场中成立的重要因素。这里有两个层面的意思。一方面,即便流动性基本得到保障,期权在买卖过程中,也还会受到买价与卖价之间的价差的影响。如果流动性不佳,做市商或报价商往往会拉宽买价与卖价之间的价差;如果价差过大,则可能影响平价公式的成立。另一方面,如果流动性出现枯竭,甚至可能导致组合中的某些交易无法达成。因此,平价公式本身蕴含的假设是市场流动性充足,并且能够按照资产公平的价值来成交,这个经济含义对利用平价公式进行套利高频交易的策略来说就非常重要。

(3)平价公式隐含允许借贷及卖空交易。能否借贷卖空证券资产影响平价公式的可实现性。这同样有几层含义。首先,平价公式的组合中,既有买入期权和证券资产,也有卖出期权,还可能有卖空零息债券,而在这个过程中,隐含的是自融资,即买入期权和证券资产的资金来源于卖空期权和卖空零息债券。其次,平价公式还隐含了交易员能够借入金额刚好能够匹配,这意味着像零息债券这样的资产能够比较灵活地切割,这在实际的市场中的可行性是一定要考虑的问题。最后,当交易员尝试运用平价公式进行套利时,还需要确认市场的做空机制,并且做空的成本不至于过高。例如,在前面提到的例子中,在实际的交易中,有如下的步骤:①卖空看涨期权,获得15元期权费;②买入看跌期权,消耗成本12.5元,还剩余2.5元;③卖空零息债券,获得98.27元收入,剩余资金100.77元;④买入股票,付出成本100元,剩余资金0.77元。

(4) 平价公式可作为转换工具。期权交易所尚未出现,平价公式就在场外市场的做市商中扮演重要的角色。当时的一些做市商利用平价公式的原理,为市场提供看涨期权和看跌期权的流动性,他们也被称为转换者。实际上,早在20世纪初,Put-Call 平价公式就在期权市场发展早期扮演了重要作用,1908 年,布隆津就在其出版的书中提供了类似当今 BSM 公式的期权定价公式,后来学者将布隆津的期权定价公式整理为 $P_1 = B\sigma N\{z_2\} - MN\{z_2\}$,且 $z_2 = \dfrac{\ln\dfrac{B}{K} - \dfrac{\sigma^2}{2}}{\sigma}$,同样也将 BSM 公式根据布隆津的符号和表述方式改写为 $P_1 = BN\{z_2 + \sigma\sqrt{T-t}\} - KN\{z_2\}$,其中 $z_2 = \dfrac{\ln\dfrac{B}{K} - \dfrac{\sigma^2}{2}}{\sigma}$。尽管布隆津最终得到的模型与现代 BSM 模型仍有差异,但其推导过程中使用的方法论比巴施里耶 1900 年的博士论文更接近当今的理论发展,如风险中性定价、无套利和完美对冲的定价条件、看跌-看涨期权平价以及不同分配假设对期权定价的影响等,现代期权定价模型所涉及的基本假设都已经出现在布隆津的书中。同时,看跌-看涨期权平价公式也给出非常精准的描述:$P[K = B + M] = C[K = B + M] + M$。从现代角度回望,只需要代入 $M = Ke^{-r(T-t)} - S_t$,便可以获得平价公式的现代模样。

更为重要的是,平价公式的发现为市场的做市商提供便利的对冲工具。从前面归纳的 6 条变换规则来看,看涨期权加现金和股票可以模拟出看跌期权;同样地,看跌期权加现金及股票可以模拟出看涨期权。显然,灵活的合成操作给予做市商更大的灵活性,能更加便利地对冲风险,也能够获得更多的套利机会。实际上,期权交易员莱约克 1961 年在他的书中就很详细地描述了现代的平价公式,并且指出大量纽约证券交易所的交易员熟练地使用平价公式进行转换,这样的交易员也被他称为转换者:"尽管我不能用数字证实我的判断,但是我估计看涨期权当中有60%是由转换者完成的。"[1]当转换者发现市场的报价与转换之后的价格有足够的价差空间时,可以进行套利;做市商在看涨期权或看跌期权上持有过多的风险敞口时,可以通过平价公式揭示的合成效果进行静态对冲。

2.8 BSM 再进一步

在前面推导期权的 BSM 定价公式时,使用了三种主流的推导方法。

第一种方法,实际上是构造期权的动态对冲组合,使得 Delta 保持中性,然后利用无风险套利的原理,得到期权价格遵循的偏微分方程,并最终通过变换成为热传导方程,继而求解得到期权价格的解析式。

第二种方法,背后的思想是遍历价格的所有可能性,用二叉树模拟价格路径,在此基础上获得期权的或有收益并折现。在所得到的表达式上令二叉树的观察时间间隔趋近于 0,通过数学上的求极限即可获得期权价格的解析式。

第三种方法,直接从期权价格等于未来或有收益折现这个经济含义出发,建立风险环境下的未来或有收益的数学期望,并按照无风险利率进行折现。这个数学期望的求解也有两种方式。一是根据标的证券所遵循的几何布朗运动,可以推导出价格的分布函数,利用这个分布函数对期权价格的数学期望公式进行积分求解获得解析式。二是利用金融数学的两个基本原理的思想,即当市场无套利时,存在等价鞅测度[2],而当市场是完备时,这个等价鞅测度唯一。利用这两个原理的思想,可以将市场风险测度下的期权价格之数学期望,变换为等价的风险中性下的数学期望,并且在风险中性下期权价格过程是一个鞅。

为了进一步理解 BSM 公式的意义,再以鞅定价方法做进一步的解释,仍以看涨期权为例子:

$$\begin{aligned}C_t &= e^{-r\tau} E_t^Q[\text{Max}(0, S_T - K)] \\ &= e^{-r\tau} E_t^Q[S_T \cdot 1_{(S_T > K)}] - K e^{-r\tau} E_t^Q[1_{(S_T > K)}]\end{aligned} \quad (2\text{-}17)$$

---

[1] Reinach A M. The Nature of Puts & Calls[M]. New York: The Book-mailer, 1961.
[2] 金融数学里的第一基本定理可以表述为,市场是无套利的,当且仅当存在等价于概率测度 P 的概率测度 Q,且资产价格折现后关于概率测度 Q 是鞅,即 $E^Q[e^{-rt}S_t | 0 \leqslant t \leqslant T] = S_0$。第二基本定理,市场是完备的当且仅当第一定理中的等价鞅测度是唯一的。

其中：$\tau = T-t$，而我们已经知道 $E_t^Q[1_{(S_T>K)}]$ 就是 BSM 公式中的 $N(d_2)$，然而，在鞅方法推导 $E_t^Q[S_T \cdot 1_{(S_T>K)}]$ 时，就需要使用测度变换。简单总结，测度 Q 代表的是风险中性环境下的测度，利用 $\dfrac{\mathrm{d}P}{\mathrm{d}Q} = \dfrac{S_T/S_t}{B_T/B_t}$，将风险中性测度下的数学期望转换为 P 测度下的数学期望：

$$\mathrm{e}^{-rT}E_t^Q[S_T \cdot 1_{(S_T>K)}] = S_t E_t^Q\left[\dfrac{S_T}{S_t}\mathrm{e}^{-rT} \cdot 1_{(S_T>K)}\right]$$

$$= S_t E_t^Q\left[\dfrac{S_T/S_t}{B_T/B_t} \cdot 1_{(S_T>K)}\right]$$

$$= S_t E_t^P[1_{(S_T>K)}]$$

而 $E_t^P[1_{(S_T>K)}] = N(d_1)$，因此，这里，

$$C = S_t N(d_1) - K\mathrm{e}^{-rT}N(d_2)$$
$$P = K\mathrm{e}^{-rT}N(-d_2) - S_t N(-d_1)$$

BSM 模型所得到的欧式期权的定价公式的经济含义已经清晰。

重要启示 1：欧式期权是或有一份资产和 K 份或有现金两个看涨期权的组合。

从期权定价的鞅方法推导过程可以看出，欧式看涨期权的理论价格 $C_t = \mathrm{e}^{-rT}E_t^Q[S_T \cdot 1_{(S_T>K)}] - K\mathrm{e}^{-rT}E_t^Q[1_{(S_T>K)}]$ 经过推导之后得到：

$$C = \underbrace{S_t N(d_1)}_{\text{或有资产}} - \underbrace{K\mathrm{e}^{-rT}N(d_2)}_{\text{或有现金}}$$

类似地，欧式看跌期权可以得到：

$$P = \underbrace{K\mathrm{e}^{-rT}N(-d_2)}_{\text{或有现金}} - \underbrace{S_t N(-d_1)}_{\text{或有资产}}$$

从式(2-15)可以看出，只有当 $1_{(S_T>K)} \neq 0$，$E_t^Q[S_T \cdot 1_{(S_T>K)}]$ 项才不会等于 0，而且会得到期权的标的证券 S_T 在上述不为 0 的概率下的期望，因此，该项目的实际含义是一个或有资产期权(asset-or-nothing option)。进一步地，$1_{(S_T>K)}$ 则表明不为 0 的条件是 $S_T > K$，因而该或有资产期权是一个看涨期权，行权价为 K。

同时，对于 $K\mathrm{e}^{-rT}E_t^Q[1_{(S_T>K)}]$，只要 $1_{(S_T>K)} \neq 0$，这一项就可以获得现金

K 的折现 Ke^{-rT}，可以视为 K 份或有现金期权（cash-or-nothing option），行权价自然也是 K。

$C=$一份或有股票期权 $-K$ 份或有现金期权

$P=K$ 份或有现金期权 $-$ 一份或有股票期权

普通欧式期权分解为或有资产和或有现金两份期权，对于交易至少有两点启示。第一，欧式期权的风险敞口除了波动率，还有标的证券＋或有现金的风险敞口。对于看涨期权，随着标的证券的价格上升，标的证券的风险敞口也逐步增加。当然，标的证券计价的风险敞口变换还与隐含波动率相关。第二，交易头寸中，必须清晰认识到，两个期权可以组合成一个或有资产的期权，也可以合成一个或有现金期权。这样的特征有可能造成潜在的误判。例如，买入一份行权价为 100 元的看涨期权，同时卖出行权价为 100.01 元的看涨期权，此时这两份看涨期权构成的期权组合，因为期限一样，行权价也非常接近，因而期权费相近，并且一买一卖整体的期权费接近于 0。

重要启示 2：$N(d_2)$ 为风险中性测度下期权实值的概率，$N(d_1)$ 是以标的资产价格计价的测度下期权实值的概率。

仍然以看涨期权为例子，可以将式(2-17)修改如下：

$$C = e^{-rT} \int_0^\infty \underbrace{\text{Max}(S_T - X, 0)}_{T\text{时刻收益}} \underbrace{\hat{f}(S_T)}_{S_T\text{的风险中性密度函数}} dS_T$$

$$= \underbrace{0}_{\text{当}S_T \leq X\text{时收益为}0} + \underbrace{e^{-rT}\int_X^\infty (S_T - X)\hat{f}(S_T)dS_T}_{S_T > X\text{部分的预期收益折现}}$$

$$= \left[e^{-rT}\int_X^\infty S_T \hat{f}(S_T)dS_T\right] - e^{-rT}X\left[\int_X^\infty \hat{f}(S_T)dS_T\right]$$

$$= \underbrace{\left[e^{-rT}\int_X^\infty S_T \hat{f}(S_T)dS_T\right]}_{\text{行权后的收益折现}} - \underbrace{PV(X) \times Prob_{RN}(S \geq X)}_{\text{行权成本折现}}$$

继续变化，又可以得到：

$$C = \underbrace{\overbrace{S_t N(d_1)}^{\text{行权后风险中性预期收益值的折现}}}_{\text{当}S_T>X\text{时风险中性下预期收益折现}} - \underbrace{\overbrace{Ke^{-r(T-t)}}^{\text{风险中性预期下行权成本的折现值}}}_{\text{按照行权价支付债券的现价}} \times \underbrace{N(d_2)}_{\text{风险中性测度下行权概率}}$$

(2-18)

从而,可以得到结论,根据前面的推导,$N(d_1)$ 是 P 测度下欧式看涨期权进入实值状态的概率,而 P 测度表示的是资产价格计价测度。同时,根据式(2-18),$S_tN(d_1)$ 还是行权后风险中性预期下期望收益的折现。类似地,$N(d_2)$ 则表示 Q 测度下进入实值的概率,因而 $Ke^{-r(T-t)}N(d_2)$ 表示行权成本的折现。

2.9 应该如何正确使用 BSM

本章已经回答了为何 BSM 模型的争议如此之多,而交易员仍然继续使用 BSM 框架的问题。简单而言,BSM 模型虽然有诸多不切实际的假设,但 BSM 模型提供了定价、复制、动态对冲和风险管理的框架,BSM 模型能够提供足够简单而又富含经济含义的定价公式。同时,虽然它的假设有这样那样的问题,但也恰因为简单,交易员清楚知道它的局限性,也能够采用有效措施修正模型的问题。因此,使用 BSM 模型远比其他更复杂和更不知道问题所在的模型更为可靠,而且作为交易员的共同语言,它显然能够让交易员获得更有效的对话频道,这也是双方能完成交易的基础。那么,交易员应该如何正确使用 BSM 框架呢?

其一,使用 BSM 的动态对冲框架,而不是使用其定价进行交易。期权价格只有一种形成方式,即交易双方的讨价还价。再精妙的定价模型也只能作为辅助之用,BSM 模型亦不例外,但 BSM 能够提供解析式,并且能够倒算出期权价格背后的隐含波动率曲线,而波动率曲线是交易员判断期权价格贵贱的重要依据,因而 BSM 在定价领域仍然能够发挥重要的参考作用。此外,更为重要的是交易员必须理解 BSM 所提供的动态对冲框架,如何对冲、应该对冲什么样的参数、对冲多少、对冲的成本如何、对冲之后的损益分布应该是什么样,这些都是 BSM 所隐含的动态对冲框架能够回答的问题,而这些问题也恰恰是交易员最应该关心的问题。很多场景中,甚至可以模拟动态对冲的成本,作为期权报价的依据。

其二,理性认识 BSM 公式的前提假设,合理选择更加切近实际的处理方式,则 BSM 在一定范围内仍具有实用价值。例如,在 BSM 的诸多假设当中,可以连续时间的对冲和不变的波动率,这两个是最不合理且与现实相差最大的假设。

连续时间对冲的不切实际假设,本质上增加了对冲交易的可行性,将会高估期权的实际价值。实际上,没有交易成本的假设也会高估期权的实际价值,因为在真实交易当中,不可能连续地动态对冲,并且交易成本和冲击成本等是绝对不可以忽略的,而且离散时间价格当中还存在价格的跳跃,这是连续时间动态对冲所无法处理的。现实交易当中进行静态对冲也是很不错的选择,因此,交易员必须清楚理性化的假设会高估期权的实际价值。

BSM另外一个需要解决的重大问题则是隐含波动率应该如何建模。一方面,固定隐含波动率的假设可以通过灵活调整,避免固定波动率假设的偏差,同时也可以对不同期限的隐含波动率进行差异化报价;另一方面,可以通过对隐含波动率建模,进而获得更贴近实际的隐含波动率曲面。市场上对隐含波动率曲面进行建模的方法论已经非常成熟,SABR 模型和 $Vanna$-$Volga$ 模型等都已经很成熟,更为复杂一些的随机波动率模型也在不断发展。因此,交易员实际上可以拟合隐含波动率的分布,以使其更加贴近市场实际。

2.10　本章小结

尽管受到诸如塔勒布这样业内资深人士的质疑,但 BSM 在交易圈中仍然发挥重要作用。BSM 富含经济含义,基于 BSM 所获得的理论价格、隐含波动率和希腊字母等,实际上为交易员复制、动态对冲和风险管理的一体化框架,基于 BSM 计算所得之理论价格,只要交易员清楚其前提假设条件的局限,理论价格仍然有参考意义。基于 BSM 的 $Delta$ 和 $Gamma$ 计算结果,可以为交易员提供动态对冲的依据;基于 $Vega$ 和 $Theta$ 等参数的计算,可以为交易员执行交易策略和风险管理策略提供依据。

CHAPTER 3

第 3 章

计价变换与期权定价

生产率并非一切，但从长远来看，它几乎就是一切。

——保罗·克鲁格曼（Paul Krugman）

本章内容与期权交易并没有直接联系，读者可以选择直接跳过，完全不影响后续的阅读。但为了理解衍生品定价的底层逻辑，笔者希望通过本章的简单介绍，实现两个目的：其一，更进一步理解 BSM 期权定价的理论基础，无套利定价原理是金融资产定价中最重要的基础性理论，其背后正是测度变换，而测度变换的底层逻辑是计价物的变换，当期权这种特殊金融资产和基础资产经过概率空间"平移"之后，能够得到未来相同的收益分布，那么理论上折现之后也应该相同；其二，将期权定价与概率世界联系起来，实际上，期权这种风险资产，与其他资产构建出投资组合，如果能够证明所构建的投资组合已经变成无风险资产，这个构建过程就完成了从风险测度到无风险测度的转换。虽然有很多方式可以更加直接地将期权与概率世界联系在一起，但回到最底层的计价物变换可能更符合认识的规律。

3.1 计价物的简单理解

为一个物品或商品寻找定价方法，伴随人类文明的不断演变，甚至在某种程度上成为人类文明发展的动力之一。在以物易物的年代，难以找到定价方法而使得分工生产发展缓慢，随后人类不断寻找各个部落都能接受的"一般计价物（等价物）"，或为贝壳，或为金银等，这些一般计价物的发展也在不断推动交易和贸易的发展，后来纸币和信用货币的发展也逃不开这个底层需求。衍生品定价更加复杂，因为衍生品之下的基础资产可能蕴含截然不同的风险偏好和预期，衍生品作为第二层的交易工具，可能也有不同的风险偏好和预期。底层资产的预期在前面推导 BSM 的过程中，已经得到结论，基础资产的预期并不影响期权的定价，原因是 BSM 定价模型中压根没有反映基础资产增长率的参数，那么问题就在于衍生品自身的风险偏好如何统一和变换。先来看看简单的情景。

在人类的物品交易历史里，有两种常见的方法对一件商品进行定价，一种是将该商品与其他某件商品进行对价，另一种是将所有的商品与某一样特殊的物品进行对价。比如：

(1) 20 斤米可以换 1 只山羊，10 斤苹果可以换一只鸡，这时山羊和鸡作为等价物(numeraire)存在；

(2) 20 斤米等于 10 块银子，一只鸡等于 8 块银子，这时候，银子是一般等价物。

通过等价物作为桥梁，不同商品之间找到了直接的价格关系，如一只鸡就可以等价于 16 斤米，这是很容易理解的，银子这类一般等价物也被认为是信用货币出现之前的原始货币形态。这个理论与期权定价有什么关系呢？期权我们视为一个相对复杂的衍生品，认为它的定价并不直观，但在直觉上，如果能够通过一系列变换，找到复杂期权和简单金融产品之间的关系，那么对于复杂的期权的定价，就可以先找到简单金融产品的定价，然后再通过彼此之间的关系得到期权的定价。

在数学处理上，也有不同的思维。例如：在众多的商品中，对于如何计量总价，一种直接的方式是拿起一个商品，加入一个价格，按照分拣商品的顺序加总，最终得到的总数便是这一堆商品的报价；另一种方式是，先将商品按照不同类型进行分类，然后计算每一类的总价，最后再进行相加而得到总价。第一种思维也是黎曼(Riemann)积分的思维，而第二种思维是勒贝格(Lebesgue)积分思想。比如，一堆商品，分别价值 1、6、10、25、25、10、8、10、1、6 元，黎曼积分思想求和便是 $1+6+8+25+25+10+8+10+1+6=100$；如果计算采用 $1\times2+6\times2+8\times2+10\times2+25\times2=100$，便是勒贝格积分的思想。将勒贝格思想和前面所说的等价物转换的思想结合，正是现代金融市场中普遍使用的定价逻辑。

数学期望本质上也是勒贝格积分思想的应用，简单地说，概率是要衡量某个"事件发生之可能性"的大小，而某个事件出现的情况可以抽象为一个集合。例如，在猜大小游戏中，L 表示开出"大"，S 表示开出"小"，如果猜三次，定义事件为"第一次出现大"，那么这个事件就是一个集合，且包含多个元素，即"第一次出现大"$=\{LSS，LSL，LLL，LLS\}$，概率是对这个事件出现可能性的度量，本质上也是将"第一次出现大"的各种可能性做了分类，并通过概率函数测度其可能性对应的数值。类似地，也可以定义事件"第二次出现大" = $\{SLS, SLL, LLL, LLS\}$，那么同样可以通过概率函数测度该事件出现的可能性。如果需要计算"第一次出现大"或"第二次出现大"两个事件的可能性，只需要分别将两个事件对应概率函数测度得到的结果加总，再减去其中重叠的部分，即可得到想要的结果。

例如，在三次猜大小的游戏中，总共有 $\{SSS, SSL, SLL, SLS, LLL, LLS, LSS, LSL\}$ 八种可能性，那么"第一次出现大"或"第二次出现大"这个事件出现之可能性的测度，就可以通过下面的公式计算：

$$P\{A \bigcup B\} = P\{A\} + P\{B\} - P\{A \bigcap B\} = \frac{1}{2} + \frac{1}{2} - \frac{1}{4} = \frac{3}{4}$$

那么，数学期望又是如何与计价单位变换结合的呢？

3.2 资产定价中的计价单位变换

首先，当期的资产价格应该等于未来各种状态之数学期望的折现。用数学公式表示资产：

$$P_A(0) = \varphi_1 P_{A,1}(T) + \varphi_2 P_{A,2}(T) + \varphi_3 P_{A,3}(T) + \cdots + \varphi_K P_{A,K}(T)$$
$$= \sum_{i=1}^{K} \varphi_i P_{A,i}(T)$$
$$P_B(0) = \varphi_1 P_{B,1}(T) + \varphi_2 P_{B,2}(T) + \varphi_3 P_{B,3}(T) + \cdots + \varphi_K P_{B,K}(T)$$
$$= \sum_{j=1}^{K} \varphi_j P_{B,j}(T)$$

对于资产 A，怎么样能够将资产 B 作为其等价物呢？在上面的公式中做一些变换：

$$\frac{P_A(0)}{P_B(0)} = \frac{\sum_{i=1}^{K} \varphi_i P_{A,i}(T)}{\sum_{i=1}^{K} \varphi_i P_{B,i}(T)} = \sum_{i=1}^{K} \frac{\varphi_i}{\sum_{i=1}^{K} \varphi_i P_{B,i}(T)} \times P_{A,i}(T)$$

$$= \sum_{i=1}^{K} \frac{\varphi_i P_{B,i}(T)}{\sum_{i=1}^{K} \varphi_i P_{B,i}(T)} \times \frac{P_{A,i}(T)}{P_{B,i}(T)}$$

$$= \sum_{i=1}^{K} \omega_i \times \frac{P_{A,i}(T)}{P_{B,i}(T)}$$

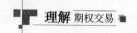

其中：$\omega_i = \dfrac{\varphi_i P_{B,i}(T)}{\sum_{i=1}^{K} \varphi_i P_{B,i}(T)}$，并且 ω_i 的值介于 $0 \sim 1$，并且加总为 1，因而可以作为一个概率测度。而且更重要的是，ω_i 的值只涉及资产 B 的信息，因而可以视为 B 产生的等价物。再次整理资产 A 和 B 的关系式：

$$\frac{P_A(0)}{P_B(0)} = \frac{\sum_{i=1}^{K}\varphi_i P_{A,i}(T)}{\sum_{i=1}^{K}\varphi_i P_{B,i}(T)} = \frac{E^A[P_A(T)]}{E^B[P_B(T)]}$$

$$= \sum_{i=1}^{K} \omega_i \times \frac{P_{A,i}(T)}{P_{B,i}(T)} = E^B\left[\frac{P_A(T)}{P_B(T)}\right]$$

也就意味着：

$$P_A(0) = P_B(0) \times E^B\left[\frac{P_A(T)}{P_B(T)}\right]$$

在上面的推导过程中，E^A 和 E^B 分别表示"反映其等价信息的概率测度"下的数学期望，资产价格 $P_A(0)$ 最终被表示为 E^B，也就意味着资产价格 A 由反映等价物 B 的信息形成的概率测度的数学期望，简单地说，B 就是 A 的等价物。

3.3 风险中性测度的经济含义

测度变换与风险中性测度（risk neutral measure）是期权定价中非常重要的理论基础，那么应该如何理解风险中性测度的真实含义呢？

首先，不妨回顾，在推导 BSM 期权定价公式的过程中，对于欧式看涨期权的定价，一个重要的动作是构造一个由股票和现金构成的投资组合，这个组合便是针对看涨期权的对冲组合，而这个组合的价值总是与看涨期权的到期损益相同。然后，利用无套利原则，这个对冲组合的价值应该等于看涨期权的价格，因此，对冲组合价值的折现值就是期权的当前价格。简而言之，只要能够找到一个未来损益能替代看涨期权的资产组合，便能得到看涨期权的价格，这也就是期权动态对冲的真正含义——复制（replicate）。这也就是衍生品定价的基础理论，即寻找能够复制期权的投资组合。

那么，动态复制又和风险中性测度有何关系呢？首先，让我们回顾资产定价两大基本定理。第一定理描述的是,如果市场没有无风险套利的机会,那么存在至少一个等价鞅测度(equivalent martingale measure,EMM)使得资产价格折现过程是一个鞅,简单地说,就是在等价鞅测度下,投资组合的价值的未来价值等于当前价值;第二定理描述的是,如果市场是完备的,即市场信息是充分的,风险可以完美对冲,则等价鞅测度是唯一的。

简单地说,资产定价第一定理表明,只要市场没有套利机会,那么期权定价过程中可以得到一个没有套利机会的公平价格,并且可以通过等价鞅测度下求期权未来损益折现值的期望来实现。资产定价第二定理则表明,如果市场是完备的,那么这个等价鞅测度就是唯一的,也就意味着期权的公平价格是唯一的。到这里,再联系前面章节中关于期权定价的推导过程,可以发现风险中性测度本质上就是一个等价鞅测度。

风险中性测度实际上隐含着期权的复制策略,期权定价本质上都是在寻找复制期权投资组合的当前价值,通过在风险中性测度下求解投资组合的数学期望,便可以直接地得到这个复制期权的投资组合的当前价格,而这也就是期权的价格。进一步地,在一个完备市场,因为只有一个价格,也就意味着只有一种对冲组合,所以,如果要说风险中性测度的本质,实际上其代表期权的对冲策略。

风险中性测度

一般而言,描述一件事情发生的概率称为真实世界的概率测度 P,例如,股票价格有可能上涨,亦存在下跌的概率,在没有更多信息时,可以认为未来上涨的概率 $p=\frac{1}{2}$。当需要计算金融资产在 $t=0$ 时刻的价格时,需要将资产的未来现金流进行折现,金融资产理论的价格应等于现金流折现的期望值,或者加上一定的溢价或折价,问题就变成对于不同风险偏好的投资者而言,其折现利率存在一定程度的差异,而不同投资者的风险偏好是个主观的概念,难以量化度量。

因此,假设一个概率测度 $\mathbb{Q}$,一方面它等价于真实世界的概率测度 P,另一方面,在概率测度 $\mathbb{Q}$ 下,投资者对风险不敏感。所谓的不敏感,通俗地说就是投资者能够接受无风险的收益率,也就意味着在折现未来现金流时无须考虑风险溢价,因而折现时可以直接使用无风险利率 r。在数学上,可以表述如下:

$$P(0,t)X_t = E_Q[P(0,T)X_T \mid \mathfrak{I}_t]$$

其中：在概率测度 Q 下，$P(0,t) = \dfrac{1}{(1+r)^t}$。因此，$T$ 时刻的现金流折现的期望值可以调整如下：

$$(1+r)^{T-t} = E_Q\left[\dfrac{X_T}{X_t} \mid \mathfrak{I}_t\right]$$

也就是说，从时刻 t 到 T，资产 X 回报的期望值等于无风险利率 r 在相应期间的复利。

我们如何刻画风险中性测度呢？

假设初期的股票价格为 S_0，采用二叉树的分析框架，经过一个时间间隔之后，价格或上涨为 $S_1 = S_0 u$，上涨的概率为 p，或下跌为 $S_1 = S_0 d$，下跌的概率为 $1-p$，一般而言 $d < 1+r < u$，那么在所谓的风险中性下的概率如何获得呢？根据风险中性原理，资产未来的期望收益率应等于无风险利率：

$$\dfrac{1}{(1+r)^0} S_0 = E^P\left[\dfrac{S_1}{(1+r)^1} \mid \mathfrak{I}_0\right] = \dfrac{1}{1+r}[S_0 u p + S_0 d(1-p)]$$
$$\Rightarrow 1+r = up + d(1-p) = up + d - pd = d + p(u-d)$$
$$\Rightarrow p = \dfrac{1+r-d}{u-d}$$

所以，这意味着已经找到了一个资产价格 S 的风险中性测度 P，使得：

$$P(S_1 = S_0 u) = p, \ P(S_1 = S_0 d) = 1-p$$

那么，如何使用风险中性测度呢？例如，假设投资者买入一个或有权益（contingent claim）的衍生品，衍生品的收益结构如下，当资产价格上升幅度大于等于 u 时可以获得 1 元收益，否则，其他情况的回报为 0。这时候，利用风险中性定价原理可以获得这个或有权益的定价 X：

$$X_0 = E^P\left[\dfrac{X_1}{(1+r)^1} \mid \mathfrak{I}_0\right]$$
$$= \dfrac{1}{1+r} E^P(1_{\{S_1 = uS_0\}}) + \dfrac{1}{1+r} E^P(0)$$
$$= \dfrac{1}{1+r} P(S_1 \geqslant uS_0)$$

这个过程演示了如何用风险中性测度或有权益,当找到概率测度之后,就可以基于无套利定价原理对衍生品进行定价,而无须考虑投资者的风险偏好。实际上,这里用的或有收益产品就是一个看涨期权,所演示的风险中性定价原理也是期权定价的基本原理。

3.4 数学期望中的测度转换

用一个更为直观的例子说明上述过程,继续使用猜大小游戏,L 表示开出大数,S 表示开出小数,其中一个是公平局,开出大小的概率各为 50%,另一局并不公平,开大小的概率分别为 60% 和 40%,表示如下:

$$P(L) = P(S) = 0.5$$
$$Q(L) = 0.6, Q(S) = 0.4$$

这明显是两个概率测度,那么这两个测度如何能够关联起来呢?

要继续下面的内容,还需要引入一个"等价鞅测度"的概念:

$$E^P(X) = p_1 X_1 + p_2 X_2$$
$$= \frac{p_1}{q_1} \times q_1 \times X_1 + \frac{p_2}{q_2} \times q_2 \times X_2$$
$$= E^Q[Z \cdot X]$$

其中:$Z_i = \dfrac{p_i}{q_i}$,即 $Z = \dfrac{P}{Q}$。如果把前面的数字代入这个新的表达式,有:

$$Z(L) = \frac{P(L)}{Q(L)} = \frac{0.5}{0.6} = \frac{5}{6}, \quad Z(S) = \frac{P(S)}{Q(S)} = \frac{0.5}{0.4} = 1.25$$

从而:

$$E^Q(Z) = q_1 \times Z(L) + q_2 \times Z(S)$$
$$= 0.6 \times \frac{5}{6} + 0.4 \times 1.25$$
$$= 1$$

这个结果在吉萨诺夫(Girsanov)定理中仍然成立。

RN 导数与测度转换

实际上,上面提到的 $Z = \dfrac{P}{Q}$ 就是所谓的 RN(Radon-Nikodym,RN)导数,在实际的期权定价中,往往使用的是连续模型。下面先用一个简单的模型说明连续情况如何理解 RN 导数与测度变换的关系。

首先,假设初始资产价格 $P(0)$,且有风险环境下的折现因子 $R(t)$,如果资产价格过程 $\dfrac{P(t)}{R(t)}$ 为鞅,那么有:

$$\frac{P(0)}{R(0)} = E^R\left[\frac{P(T)}{R(T)}\right] \tag{3-1}$$

同时,这个资产在风险中性环境下,假设有折现因子 $Z(t)$,并且假设价格过程风险中性环境下仍然为鞅过程,因而有:

$$\frac{P(0)}{Z(0)} = E^Z\left[\frac{P(T)}{Z(T)}\right]$$

对式(3-1)做一个变换:

$$\begin{aligned}
\frac{P(0)}{R(0)} &= E^R\left[\frac{P(T)}{R(T)}\right] \\
&= E\left[\mathrm{d}Q^R \cdot \frac{P(T)}{R(T)}\right] \\
&= E\left[\frac{\mathrm{d}Q^R}{\mathrm{d}Q^Z} \cdot \frac{P(T)}{R(T)} \cdot \mathrm{d}Q^Z\right] \\
&= E^Z\left[\frac{\mathrm{d}Q^R}{\mathrm{d}Q^Z} \cdot \frac{P(T)}{R(T)}\right]
\end{aligned} \tag{3-2}$$

同时:

$$\begin{aligned}
\frac{P(0)}{R(0)} &= \frac{P(0)}{Z(0)} \cdot \frac{Z(0)}{R(0)} \\
&= E^Z\left[\frac{P(T)}{Z(T)}\right] \cdot \frac{Z(0)}{R(0)}
\end{aligned}$$

所以,根据上面的两个等式,可以得到:

$$\frac{P(T)}{Z(T)} \cdot \frac{Z(0)}{R(0)} = \frac{\mathrm{d}Q^R}{\mathrm{d}Q^Z} \cdot \frac{P(T)}{R(T)}$$

又可以得到 $\dfrac{\mathrm{d}Q^R}{\mathrm{d}Q^Z}$ 表达式：

$$\frac{\mathrm{d}Q^R}{\mathrm{d}Q^Z} = \frac{R(T)}{Z(T)} \cdot \frac{Z(0)}{R(0)} \tag{3-3}$$

上面得到的式(3-2)便是 RN 导数，而通过 RN 导数，在式(3-3)里得以将风险测度 R 环境下资产价格的定价 $\dfrac{P(0)}{R(0)}$ 转换为另一个风险测度 Z 下的定价 $E^Z\left[\dfrac{\mathrm{d}Q^R}{\mathrm{d}Q^Z} \cdot \dfrac{P(T)}{R(T)}\right]$。

3.5 测度转换与期权定价

那么，测度转换如何与期权的风险中性定价相结合呢？以欧式看涨期权为例子，期权的定价为未来或有权益的折现，假设此时的测度为 P，在期权到期的时刻 T，欧式看涨期权的收益函数为 $[S_T - K]^+$，按照风险中性定价，期权的价格如下：

$$\begin{aligned}
C_t &= \mathrm{e}^{-r(T-t)} E_t^P [S_T - K]^+ \\
&= \mathrm{e}^{-r(T-t)} E_t^P [1_{(S_T > K)} \cdot (S_T - K)] \\
&= \mathrm{e}^{-r(T-t)} E_t^P [1_{(S_T > K)} \cdot S_T] - \mathrm{e}^{-r(T-t)} E_t^P [1_{(S_T > K)} \cdot K] \\
&= \mathrm{e}^{-r(T-t)} E_t^P [1_{(S_T > K)} \cdot S_T] - K \mathrm{e}^{-r(T-t)} E_t^P [1_{(S_T > K)}]
\end{aligned} \tag{3-4}$$

在进一步展开上面的公式之前，先回到 BSM 模型中资产价格遵循的几何布朗运动，即 $\mathrm{d}S_t = \mu S_t \mathrm{d}t + \sigma S_t \mathrm{d}W_t$，在该假设下，通过伊藤(ITO)引理，可以求得资产价格的表达式：

$$S_T = S_t \mathrm{e}^{\left(r - \frac{1}{2}\sigma^2\right)(T-t) + \sigma\sqrt{T-t}\, z},\ z \sim N(0, 1) \tag{3-5}$$

如果读者考虑股票资产的股息，或者外汇期权涉及两种货币的利息，可以将资产价格的几何布朗运动随机过程修改如下：

$$\mathrm{d}S_t = (r - q) S_t \mathrm{d}t + \sigma S_t \mathrm{d}W_t \text{ 或 } \mathrm{d}S_t = (r_d - r_f) S_t \mathrm{d}t + \sigma S_t \mathrm{d}W_t$$

资产价格的表达式也随之变换如下：

$$S_T = S_t e^{(r-q-\frac{1}{2}\sigma^2)(T-t)+\sigma\sqrt{T-t}z} \text{ 或 } S_T = S_t e^{(r_d-r_f-\frac{1}{2}\sigma^2)(T-t)+\sigma\sqrt{T-t}z}$$

上述改变并不影响后续的推导，实际上，很多的期权定价系统直接将 $r-q$ 或 r_d-r_f 作为参数，往往用息差(carry)表示，在这样的定价系统中，收益率参数就变成 r 和息差。继续回到式(3-4)的推导，有了式(3-5)之后，便可以先对式(3-4)的第二项进行推导：

$$\begin{aligned} Ke^{-r(T-t)}E_t^P[1_{(S_T>K)}] &= Ke^{-r(T-t)}P\{S_t e^{(\mu-\frac{1}{2}\sigma^2)(T-t)+\sigma\sqrt{T-t}z} > K\} \\ &= Ke^{-r(T-t)}P\left\{z < \frac{1}{\sigma\sqrt{T-t}}\left[\ln\left(\frac{S_t}{K}\right)+\left(\mu-\frac{1}{2}\sigma^2\right)(T-t)\right]\right\} \\ &= Ke^{-r(T-t)}N(d_2) \end{aligned}$$

(3-6)

对于式(3-4)的第一项，就需要用到测度转换，具体如下：

$$\begin{aligned} e^{-r(T-t)}E_t^P[1_{(S_T>K)} \cdot S_T] &= e^{-r(T-t)}E_t^Q\left[\frac{dP}{dQ} \cdot dQ \cdot 1_{(S_T>K)} \cdot S_T\right] \\ &= e^{-r(T-t)}E_t^Q\left[\frac{D(T)}{D(t)} \cdot \frac{S_t}{S_T} 1_{(S_T>K)} \cdot S_T\right] \\ &= e^{-r(T-t)}E_t^Q\left[e^{r(T-t)} \cdot \frac{S_t}{S_T} 1_{(S_T>K)} S_T\right] \\ &= S_t E_t^Q[1_{(S_T>K)}] \\ &= S_t Q\{S_t e^{(\mu-\frac{1}{2}\sigma^2)(T-t)+\sigma\sqrt{T-t}z} > K\} \\ &= S_t N(d_1) \end{aligned}$$

3.6 计价变换与计价货币变换

在外汇期权领域，因为涉及两种货币，对应不同的国情、不同的经济基本面、不同的货币政策、对应不同的利率，因而在定价外汇期权时也可能出现需要用两种货币计价的情景。那么不同货币计价，结果有何不同呢？开始之前，先约定相关的表示符号，令 R_T 表示两种货币之间的汇率，r_d 和 r_f 分别表示报价货币和基准货币①。普遍而言,在一国内,往往用本国货币作为报价货币,而将外币作为基准货币,如 USD/CNY,CNY 是报价货币也是本国货币,对应 r_d,USD 为基准货币,对应 r_f。直接报价法下,USD/CNY 报价 7.1525,表示要用 7.1525CNY 买 1 美元;间接报价法下,CNY/USD 则为 1/7.1525=0.1398。但如果要将汇率作为一个随机变量放入外汇期权的定价模型,并非如此简单。

汇率具有西格尔悖论(Siegel paradox)效应,即直接标价法下的汇率预期和间接标价法下的汇率预期并非直接的倒数关系,这个结论用数学表示就是:

$$\frac{1}{E_t(R_T)} \neq E_t\left(\frac{1}{R_T}\right)$$

杰里米·西格尔(Jeremy Siegel)1972 年提出的观点②,实质上,西格尔悖论源自汇率作为资产价格与货币测度的重合,直接报价和间接报价的差异并非导致这个现象的本质原因,两种货币的货币市场测度(money measure)转换才是产生差异的根源。例如:中国的交易员用直接标价法,意味着外汇交易或外汇期权的收益以人民币计价,$(USD/CNY^* - USD/CNY) \times$ 金额=人民币收益,结算后收益不再受到汇率市场影响;对于用美元计价的交易员,结算时还需要将人民币收益转化为美元收益,才能计量其交易盈利,此时其面临美元货币市场测度的转换。因此,以直接标价法计量,收益以本国货币计量,隐含以本国货币作为基本测度,而以间接标价法,隐含以外国货币作为基本测度。

那么,基准货币和报价货币报价的期权定价有何不同呢?

报价货币下的期权定价

约定 R_t 为直接标价法的汇率,遵循几何布朗运动:

$$dR_t = \mu R_t dt + \sigma R_t dW_t \tag{3-7}$$

其中:W_t 为测度 P 测度下的标准布朗运动;$\mu = r_d - r_f$ 是两种货币无风

---

① 基准货币是指汇率报价中作为基础的货币,汇率即每一个单位的货币可以兑换多少另一种货币。
② Siegel, J. Risk, interest rates and the forward exchange [J]. The Quarterly Journal of Economics, 1972, 86(2): 303-309.

险利率之差，即息差（carry），也就意味着汇率遵循随机过程 $dR_t = (r_d - r_f)R_t dt + \sigma R_t dW_t$。在进入外汇期权的分析之前，还需要解决一个问题：直接标价法汇率遵循几何布朗运动式（3-7），那么间接标价法 $1/R_t$ 汇率遵循何种随机过程？

运用伊藤引理：

$$d\left(\frac{1}{R_t}\right) = -\frac{1}{R_t^2}(\mu R_t dt + \sigma R_t dW_t) + \frac{1}{R_t^3}\sigma^2 R_t^2 dt$$

$$= -\frac{\mu - \sigma^2}{R_t}dt - \frac{\sigma}{R_t}dW_t$$

$$= -\frac{\mu}{R_t}dt - \frac{\sigma}{R_t}d\hat{W}_t$$

$$= -\frac{r_d - r_f}{R_t}dt - \frac{\sigma}{R_t}d\hat{W}_t$$

其中：$d\hat{W}_t = dW_t - \sigma dt$ 是 $\mathbb{Q}$ 测度下的标准布朗运动，也就意味着间接标价法下的汇率 $1/R_t$ 遵循几何布朗运动 $d\left(\frac{1}{R_t}\right) = -\frac{r_d - r_f}{R_t}dt - \frac{\sigma}{R_t}d\hat{W}_t$。到这里，已经可以发现间接标价法和直接标价法在期权定价中必然有更复杂的表达形式，而非简单的倒数关系。那么到底有何区别呢？

基准货币下的期权定价

仍然假设直接标价法汇率遵循几何布朗运动 $dR_t = \mu R_t dt + \sigma R_t dW_t$，以欧式看涨期权为例，那么到期时做多欧式看涨汇率期权的收益为 $(R_T - K)^+$。其中的隐含假设是名义金额为 1 元的基准货币，如 USD/CNY 期权，那么名义金额为 1 USD。

令 $N_t = R_t e^{r_f t}$，根据风险中性定价原理，t 时刻该汇率期权的价值如下：

$$\begin{aligned}
&e^{-(T-t)r_d}E^*[(R_T - K)^+ | \mathfrak{J}_t] \\
&= e^{-(T-t)r_d}E^*[(e^{-r_f T}N_T - K)^+ | \mathfrak{J}_t] \\
&= e^{-(T-t)r_d}e^{-r_f T}E^*[(N_T - e^{r_f T}K)^+ | \mathfrak{J}_t] \\
&= e^{-r_f T}\left\{N_t \Phi\left[\frac{\log\left(\frac{N_t e^{-r_f T}}{K}\right) - \left(r_d + \frac{\sigma^2}{2}\right)(T-t)}{\sigma\sqrt{T-t}}\right]\right.
\end{aligned}$$

$$-Ke^{r_fT-(T-t)r_d}\Phi\left[\frac{\log\left(\frac{N_te^{-r_fT}}{K}\right)+\left(r_d-\frac{\sigma^2}{2}\right)(T-t)}{\sigma\sqrt{T-t}}\right]\Bigg\}$$

$$=e^{-r_fT}\Bigg\{N_t\Phi\left[\frac{\log\left(\frac{R_t}{K}\right)+\left(r_d-r_f+\frac{\sigma^2}{2}\right)(T-t)}{\sigma\sqrt{T-t}}\right]$$

$$-Ke^{r_fT-(T-t)r_d}\Phi\left[\frac{\log\left(\frac{R_t}{K}\right)+\left(r_d-r_f-\frac{\sigma^2}{2}\right)(T-t)}{\sigma\sqrt{T-t}}\right]\Bigg\}$$

$$=e^{-r_f(T-t)}R_t\Phi(d_1)-Ke^{-r_d(T-t)}\Phi(d_2) \tag{3-8}$$

其中：$d_1=\dfrac{\log\left(\dfrac{R_t}{K}\right)+\left(r_d-r_f+\dfrac{\sigma^2}{2}\right)(T-t)}{\sigma\sqrt{T-t}}$；$d_2=d_1-\sigma\sqrt{T-t}$。

由此便得到直接标价法下的外汇看涨期权定价公式，此时得到的期权费（价值）以本币计价，如 USD/CNY 期权，通过式(3-8)计算得到的期权费为人民币金额。

报价货币下的期权定价

报价货币下的期权定价有何不同呢？仍然以 USD/CNY 为例子。对于中国交易员而言，美元名义金额×($USD/CNY_2-USD/CNY_1$)＝人民币收益；但对于美元计价的交易员而言，间接报价法下收益计量就变成人民币名义金额×$\left(\dfrac{1}{USD/CNY_2}-\dfrac{1}{USD/CNY_1}\right)$＝美元收益。因此，对于间接标价法下的欧式看涨期权，其定价如下：

$$\begin{aligned}
&e^{-(T-t)r_f}\hat{E}\left[\left(\frac{1}{K}-\frac{1}{R_T}\right)^+\mid\mathscr{R}_t\right]\\
&=e^{-(T-t)r_f}e^{-r_dT}\hat{E}\left[\left(\frac{e^{rT}}{K}-\frac{e^{rT}}{R_T}\right)^+\mid\mathscr{R}_t\right]\\
&=\frac{1}{K}e^{-(T-t)r_f}\Phi(d_1)-\frac{e^{-r_d(T-t)}}{R_t}\Phi(d_2)
\end{aligned} \tag{3-9}$$

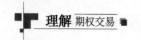

其中：

$$d_1 = \frac{\log\frac{R_t}{K} + \left(r_d - r_f + \frac{\sigma^2}{2}\right)(T-t)}{\sigma\sqrt{T-t}}$$

$$d_2 = \frac{\log\frac{R_t}{K} + \left(r_d - r_f - \frac{\sigma^2}{2}\right)(T-t)}{\sigma\sqrt{T-t}}$$

对比式(3-8)和式(3-9)，可以发现二者形态相似，但有巨大差异，并且定价公式的差异必然也影响后续的风险敞口计量，也就提醒交易员，在不同的计价货币下计算汇率期权时，需要格外注意何时使用基准货币、何时使用报价货币，并仔细审视其中的差异。

不同货币测度下汇率期权的关系

直观上，比较式(3-8)和式(3-9)，已经可以得到二者之间的内在联系，以 V_B 和 V_R 分别表示基准货币和报价货币下的期权价①。

$$V_B = e^{-r_d(T-t)} E^*\left[(R_T - K)^+ \mid \mathfrak{I}_t\right] = KR_t e^{-r_f(T-t)} \hat{E}\left[\left(\frac{1}{K} - \frac{1}{R_T}\right)^+ \bigg| \mathcal{R}_t\right]$$

但直观结果背后，等式从何而来呢？实际上，根据远期测度转换原理：

$$\frac{d\hat{P}}{dP^*} = e^{-\int_t^T r_s ds} \frac{N_T}{N_t}$$

假设 $N_t = e^{r_f t} R_t$，那么可以进行一系列展开：

$$V_B = e^{-r_d(T-t)} E^*\left[d(R_T - K)^+ \mid \mathfrak{I}_t\right] = e^{-r_d(T-t)} E\left[dP^*(R_T - K)^+ \mid \mathfrak{I}_t\right]$$

$$= e^{-r_d(T-t)} E\left[\frac{dP^*}{d\hat{P}} d\hat{P}(R_T - K)^+ \mid \mathfrak{I}_t\right] = e^{-r_d(T-t)} \hat{E}\left[\frac{dP^*}{d\hat{P}}(R_T - K)^+ \mid \mathfrak{I}_t\right]$$

$$= e^{-r_d(T-t)} \hat{E}\left[\frac{e^{-r_f(T-t)} R_t}{e^{-r_d(T-t)} R_T}(R_T - K)^+ \mid \mathfrak{I}_t\right]$$

$$= e^{r_f t} R_t \hat{E}\left[\frac{1}{e^{-r_f T} R_T}(R_T - K)^+ \mid \mathfrak{I}_t\right]$$

---

① B 表示基准货币（base currency），R 表示报价货币（reference currency）。

即可以得到：

$$\hat{E}\left[\frac{1}{e^{r_f T}R_T}(R_T-K)^+\mid \mathfrak{I}_t\right]=\frac{1}{N_t}e^{-r_d(T-t)}E^*\left[(R_T-K)^+\mid \mathfrak{I}_t\right]$$

因此，

$$V_R=e^{-r_f(T-t)}\hat{E}\left[\left(\frac{1}{K}-\frac{1}{R_T}\right)^+\middle|\mathfrak{I}_t\right]=e^{-r_f(T-t)}\hat{E}\left[\frac{1}{KR_T}(R_T-K)^+\mid \mathfrak{I}_t\right]$$

$$=\frac{1}{K}e^{r_f t}\hat{E}\left[\frac{1}{e^{r_f T}R_T}(R_T-K)^+\mid \mathfrak{I}_t\right]$$

$$=\frac{1}{KN_t}e^{r_f t-(T-t)r_d}E^*\left[(R_T-K)^+\mid \mathfrak{I}_t\right]$$

$$=\frac{1}{KR_t}e^{-r_d(T-t)}E^*\left[(R_T-K)^+\mid \mathfrak{I}_t\right]$$

即 $V_B=KR_tV_R$，也意味着，以基准货币报价的汇率期权，与报价货币计价的汇率期权并非简单的汇率乘法关系，也非简单地除以行权价，而是与二者皆有关系。交易员在给客户报价时，尤其要注意其中的差异。

等价物变换下有关 $\Phi(d_1)$ 和 $\Phi(d_2)$ 之含义

在前面一系列的推导公式中，其实已经表明概率测度和等价物之间的关系。选择不同的概率测度，如本书中经常出现的 P 和 Q 测度，并在这两个测度下对期权进行定价，实际上就意味着每个概率测度对应不同的等价物，这个等价物可以是特定的风险标的资产，也可以是无风险标的资产。换句话说，概率测度转换，其实就是选择不同的度量尺度（这就是 numeraire 的来历和意义）。实际上，所谓的风险中性测度，所对应的风险标的资产就是一些文献中提到的货币市场账户（money market account），下面将通过货币市场账户，进一步展示等价物变换发挥的作用。一般定义货币市场账户为 $B(t)=e^{rt}$，其中 r 表示无风险利率，因而货币市场账户也成为风险中性测度等价物。

根据风险中性定价理论，如果资产价格 $X(t)$ 为鞅（martingale），那么在货币市场账户测度下，$\dfrac{X(t)}{B(t)}$ 仍为鞅：

$$E^B\left[\frac{X(t)}{B(t)}\middle| B_0\right]=\frac{X(0)}{B(0)}$$

这个结论有趣的地方就在于，即使不使用货币市场账户作为等价物而是使用其他等价物，如 $N(t)$，也完全不影响结论：

$$E^N\left[\frac{X(t)}{N(t)}\bigg|N_0\right]=\frac{X(0)}{N(0)}$$

背后的经济含义在于，对于同样一个商品定价，可以通过 A 等价物进行定价，也可以通过 B 等价物进行定价，而等价物 A 和等价物 B 分别对应的测度，可以通过拉东-尼科迪姆（Radon-Nikodym）定理与吉萨诺夫定理连接起来。

到这里，我们可以进一步对式（3-4）进行解释。欧式看涨期权：

$$C_t=\mathrm{e}^{-r(T-t)}E_t^P[1_{(S_T>K)}\cdot S_T]-K\mathrm{e}^{-r(T-t)}E_t^P[1_{(S_T>K)}]$$

在式（3-4）的推导中，$K\mathrm{e}^{-r(T-t)}E_t^P[1_{(S_T>K)}]=K\mathrm{e}^{-r(T-t)}\Phi(d_2)$，直接说明 $\Phi(d_2)=P^P(1_{(S_T>K)})$ 就是风险中性测度 P 下，期权进入实值状态的概率。$K\mathrm{e}^{-r(T-t)}\Phi(d_2)$ 这部分价值对应的等价物是风险中性测度对应之风险标的资产，实际上往往就是货币市场账户。

而对于第一部分：

$$\mathrm{e}^{-r(T-t)}E_t^P[1_{(S_T>K)}\cdot S_T]=\mathrm{e}^{-r(T-t)}E^Q{}_t\left[\frac{\mathrm{d}P}{\mathrm{d}Q}\cdot \mathrm{d}Q\cdot 1_{(S_T>K)}\cdot S_T\right]$$
$$=S_tE^Q{}_t[1_{(S_T>K)}]=S_tP^Q(1_{(S_T>K)})=S_t\Phi(d_1)$$

这说明，$\Phi(d_2)$ 已经转换为测度 Q 下期权进入实值状态的概率，此时这部分资产对应风险标的资产等价物。所以，在期权定价过程中，实际上将期权的价值分成了两部分：第一部分是 $\mathrm{e}^{-r(T-t)}E_t^P[1_{(S_T>K)}\cdot S_T]$，这是一个标的资产或有期权，对其定价时使用的是测度 Q 对应的风险资产等价物；第二部分 $K\mathrm{e}^{-r(T-t)}\Phi(d_2)$ 使用的是风险中性测度 P 对应的货币市场账户作为等价物：

$$C_t=\underbrace{\mathrm{e}^{-r(T-t)}E_t^P[1_{(S_T>K)}\cdot S_T]}_{\text{或有资产}}-\underbrace{K\mathrm{e}^{-r(T-t)}E_t^P[1_{(S_T>K)}]}_{\text{或有现金}}$$

$$=\underbrace{S_t\Phi(d_1)}_{\text{风险资产等价物}}-\underbrace{K\mathrm{e}^{-r(T-t)}\Phi(d_2)}_{\text{货币市场等价物}}$$

3.7 本章小结

测度转换与等价物转换在期权定价中的应用是本章的核心内容。实际上，一个测度对应一个等价物，而期权定价可以拆分成若干个部分，分别用不同的等价物进行定价，这是很重要的经济学思想，并且能够极大地简化定价的推导过程。虽然这部分内容和交易没有直接的联系，但交易员深刻理解等价物转换仍有意义，如同外汇期权定价中，不同的计价货币下的汇率可以是简单的倒数关系，但由于不同货币计价背后的等价物已经不同，这就导致不同计价货币下的期权价格并非简单的倒数关系，相关联的动态对冲自然也就截然不同。

基础的单期权交易

> 要么做，要么不做，没有所谓的试一试。
> ——尤达大师（《星球大战》中人物）

本章介绍四种简单的期权交易策略，包括买入看涨期权、卖出看涨期权、买入看跌期权和卖出看跌期权。这四个交易方向是期权交易的基础，从交易操作上看较为简单，但从实际交易盈利角度来看，单独通过这几种策略实现显著的盈利却不简单。

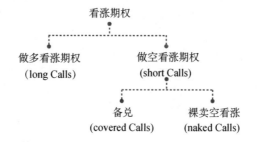

4.1 买入看涨期权

基本概念

观点	期权费	到期损益	最大损失	最大获利	获利模式	难度
波动率上涨	买者支付	看涨期权	期权费	理论无限	资本利得	高

买入看涨期权的基本观点是认为当前看涨期权的隐含波动率被低估,未来隐含波动率将会上涨,而未来隐含波动率上涨,又包括两个层次:第一个层次,实际上交易员看涨基础资产,并且需要在一定时间内上涨一定幅度,即认为未来的资产实际波动率将会上升;第二个层次,交易员认为未来隐含波动率还可能受到市场情绪影响而走高,或者交易员认为当前的隐含波动率期限结构或隐含波动率曲线的偏斜定价不合理,未来存在修正的交易机会。因此,本质上说,买入看涨期权时的潜在成本即当前波动率,显性的成本为期权买方所支付的期权费,未来波动率与当前波动率的差异即盈利。盈利模式上,买入看涨期权有两种盈利可能:一是持有到期,最终盈利为期权行权收益与期权费之差[1];二是未到期止盈,买入期权等待期权价格上涨,适时止盈。无论哪种模式,买入期权本质上博弈的价差收益,即资本利得。

从收益空间角度看,买入看涨期权的收益无限,但实际上,在一定时间里,标的资产上涨的幅度有限,期权的行权收益亦有限。从风险角度看,买入看涨期权最大的风险是损失100%的期权费,表面上损失有限,但如果出现的概率比较大,那么该项风险不应该被低估。因此,从单纯操作角度看,买入期权是最基本的期权交易操作。但从交易成功率角度看,买入看涨期权获利的必要条件是到期之前,标的资产价格上涨超过行权价+期权费所形成的损益平衡点,如果达不到该条件,期权费损失100%。在实际交易中,需要对资产价格未来的演变或波动率的预期有精准的把握。从胜率的技术角度上看,买入看涨期权实为难度较高的交易策略(见表4-1)。

表4-1 买入看涨期权的在值状态

在值状态	名称	关系
ITM(即期,远期)	实值	标的资产>行权价
ATM(即期,远期)	平值	标的资产=行权价
OTM(即期,远期)	虚值	标的资产<行权价

到期损益与损益平衡点

做多看涨期权到期时的损益平衡点为"行权价+期权费",即需要资产

---

[1] 如果期权费前置,还需要考虑期权费的机会成本(时间价值)。

价格在到期时大于 *strike*＋*premium*，期权到期方能盈利。如图 4-1 所示为期权到期时的损益图，必须说，到期损益图在实际交易中作用有限，因为市场时刻在动态发展，其主要的意义在于让交易员更清晰损益平衡点，帮助其更好地了解到期时资产价格需要何种波动幅度，才能获得正收益。

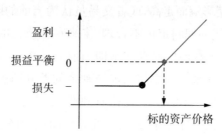

图 4-1　看涨期权多头的到期损益图

买入看涨期权如何获利

买入看涨期权的获利方式有两种，其一为直接价差收益，其二是行权获得的资本利得。直接价差收益来自期权合约价格的上涨，并在期权未到期时将头寸平仓获利；要实现价差收益，买入期权一方需要两个因素配合，第一个因素是资产价格上涨，第二个因素是隐含波动率上升，这两个要素的组合可以使得期权价格上涨，从而使得看涨期权多头获得价差收益，如表 4-2 所示。当资产价格上涨，基本隐含波动率不变，看涨期权价格仍可能上涨，交易员可以获利平仓；此外，当隐含波动率上涨时，即使资产价格上涨、区间波动或下跌，期权价格仍然有可能上涨，同样可以获得价差收益。但无论何种价格情景，交易员都需要清楚，时间并不站在买入看涨期权的一方，期权一旦买定，负 *Theta* 的流失时刻发生，并对期权价值产生影响。

表 4-2　简单期权的风险及回报

	＋*Call*	－*Call*	＋*Put*	－*Put*
成本	期权费	—	期权费	—
最大风险	期权费	无限	期权费	无限
最大回报	无限	期权费	无限	期权费
损益平衡点	K＋期权费	K＋期权费	K－期权费	K－期权费
最大风险/期权费	100％	＋∞	100％	＋∞

实际上,表 4-3 和表 4-4 部分展示了 Theta 流失后,买入看涨期权要获得价差收益的困难。当剩余期限从 1 年减少到 0.8 年后,此时 Theta 下降曲线相对平缓,即使隐含波动率不变,资产价格从 98 上涨至 105,看涨期权价格仍然自 7.64 上涨至 10.84。但是,随着时间流逝,当期限剩余 0.4 年时,资产价格维持在 110 的水平,如果交易员在此时买入,要获得价差收益,就需要隐含波动率继续上升,否则一旦资产价格从 110 下跌至 98,而且剩余期限进一步减少至 0.2 年,此时期权价格还要上涨,就需要隐含波动率大幅度抬升,否则看涨期权价格则下跌。

由此可见,看似简单的买入看涨期权,实际要获利,无论是价差博弈,还是持有到期的资本利得盈利,所面临的风险均不小。那么在实际交易中,如何评估买入看涨期权的风险呢?经典的希腊字母风险参数可以提供更清晰的指引。

表 4-3 看涨期权价格变化

	资产价格	隐含波动率	Theta	期权价格
情景 1	↑	→	↓	↑
情景 2	↑	↑	↓	↑
情景 3	→	↑	↓	↑
情景 4	↓	↑	↓	↑

表 4-4 期权价值的变换

资产价格	期限	隐含波动率	内在价值	时间价值	期权价值
98→105	0.8	20%→20%	0→5	7.64→5.84	7.64→10.84
105→110	0.6	20%→25%	5→10	5.84→5.93	10.84→15.93
110→110	0.4	25%→35%	10→10	5.93→7.51	15.93→17.51
110→98	0.2	35%→110%	10→0	17.51→18.33	17.5→18.33
98→100	0.01	110%→40%	0→0	18.33→1.61	18.33→1.61

注:行权价 100;初始期限 1 年;无风险利率 4.75%。

被低估的风险

买入期权所谓的"风险有限,收益无限"理论并不成立。从交易期权的第一个层次,即买入并持有到期而言,买入期权支付期权费,此为最大损失且已经锁定,而且买入期权不需要支付保证金,因而亦不会收到追加保证金要求(margin call),在这个层次上买入期权的最大损失即所有的期权费。但是,如果从交易的第二个层次即价差博弈而言,买入的看涨期权同样面临随后的市场波动影响,只要期权的成交价格下跌,其估值即刻出现浮亏。严谨的交易机构必定有严格的止损要求,如果执行止损操作,浮亏将变成实亏;并且,买入期权的风险不应低估,买入期权即买入一个投资商品,并不能因为有最大损失托底而低估其损失。

案例1:买入看涨期权,剩余到期日为30天,行权价为100,当前标的资产价格为100,隐含波动率为120%,无风险利率为4.74%。不考虑股息率因素,如果买入该期权之后,其他要素不发生改变,随着到期日临近,期权价值将归零(见表4-5)。

表 4-5 买入看涨期权风险不可忽视

天数	期权价格	投资损失比例
第 0 天	13.71	
第 5 天	12.52	−8.7%
第 10 天	11.21	−18.2%
第 15 天	9.71	−29.2%
第 20 天	7.93	−42.2%
…	…	…
第 30 天	0	−100%

如何提高胜率

既然买入期权需要对抗"波动率均值回归引力",还需要承受如影随形的负 *Theta* 侵蚀,那么买入看涨期权必须把握精准的买入时机,也需要及时退出。其一,尽量把握市场波动时机,减少长期损耗便成为重中之重,因而把握重要的货币政策决议、经济数据、财务报表和政治事件等冲击因素,结合基本面和技术面的信号，才能够在买入看涨期权中获得更高的胜率，对于"牛短熊长"的市场，尤其如此。其二，尽量避免买入期限过短而又虚值程度过高的期权，否则容易陷入"留给买方时间不多了"的困境。其三，止损退出要果断，避免拖延至最后一刻，毕竟即使出现亏损，即便仍然为虚值状态，但仍然保有一定的时间价值，不要随意扔弃任何有价值的东西。其四，止盈退出也很重要，买入的看涨期权价格上涨获利，本质上是隐含波动率上涨，如果判断隐含波动率已经高估，应及时将盈利的期权平仓而获利了结，否则隐含波动率均值回归的引力将会拉扯期权价格，而且负 Theta 也会不断侵蚀利润。买入看涨期权的退出并不复杂，只需要卖出相应的看涨期权即可。

Delta 风险敞口

尽管在第二章介绍过 Delta，本小节仍以买入看涨期权为例分析 Delta 敞口的管理。Delta 为期权费对标的资产价格的一阶导数 $\frac{\partial P}{\partial S}$（或 $\frac{\Delta P}{\Delta S}$），Delta 本身反映期权价格对资产价格的敏感性，对于看涨期权而言，其 Delta 介于 0 和 1 之间，当 Delta 低于 0.5 时为虚值期权，等于 0.5 时为平值期权，大于 0.5 时为实值期权。

当 Delta 乘以期权合约金额，便成为类似于标的资产的风险敞口，因此，Delta 还反映期权所面临资产价格变化带来的风险，虽然 Delta 对资产价格改变之后还有非线性的变化关系，但资产价格变化幅度较小的情况下，期权组合之损益仍然可以简化为 Delta 与价格变化的乘积（见表 4-6）。

表 4-6 期权 Delta 表示的市场风险

Delta	$\frac{\partial P_1}{\partial S}=0.5$	$\frac{\partial P_2}{\partial S}=0.4$	$\frac{\partial P_3}{\partial S}=-0.6$
名义金额	10 000	20 000	5 000
风险敞口	$0.5 \times 10\ 000$ $= 5\ 000$	$0.4 \times 20\ 000$ $= 8\ 000$	$-0.6 \times 5\ 000$ $= -3\ 000$
总风险敞口	$5\ 000 + 8\ 000 - 2\ 000 = 10\ 000$		
标的资产变化	-10		
期权组合头寸损益	$-10 \times 10\ 000 = -100\ 000$		

既然 Delta 头寸如此重要，那么在交易中如何运用 Delta 呢？

其一，需要交易员对看涨期权 Delta 的特征了然于心，如几个重要的变量对 Delta 的影响：资产价格升高，对于看涨期权而言，其 Delta 随之增大，也就意味着整体的 Delta 头寸增大，并且这种变化具有非线性特征，资产价格上涨时，Gamma 因素会加速 Delta 上涨速率；资产价格下跌时，Gamma 会减缓看涨期权多头的 Delta 下跌速率（见图 4-2）。类似地，即便对于同样的合约，处于不同隐含波动率（也就意味着价格不同）的看涨期权，其 Delta 变化也有所不同。对于平值期权，隐含波动率越高，随着剩余期限缩短，Delta 下降速率愈快（见图 4-3）。对于实值期权，波动率越小，意味着期限将至时，看涨期权再度返回虚值状态的概率越小，因而期限越短，隐含波动率越小反而 Delta 越大（见图 4-4）；虚值期权则相反，隐含波动率越小，意味着到期时进入实值状态的概率越小，因而 Delta 下降速率更大（见图 4-5）。

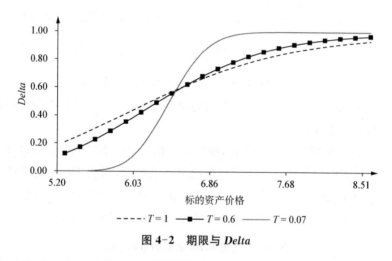

图 4-2　期限与 **Delta**

其二，关注 Delta 对应的隐含波动率，实际上观察的是期权合约的隐含波动率曲线，虽然在波动率曲线交易章节有更为详细的阐述，但在执行简单的买入看涨期权时，同样需要仔细研究不同行权价、不同在值程度 $\ln(S/K)$ 或 S/K 与隐含波动率之间关系的演变。上述关系实际上也反映当下期权市场的需求情况。例如，如果 Delta 较低的期权合约出现显著的溢价上升的情况，因为 $\ln(S/K)$ 越小则 Delta 越小，这意味着远离当前市场价格 S_t 的行权价合约溢价上升，说明市场对于尾部风险的定价更高。

其三，在实际交易中，更需要关注的是不同情景下 Delta 的演变。模拟

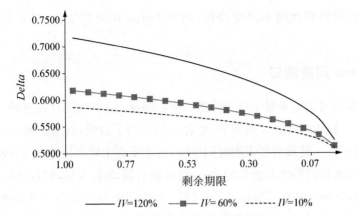

图 4-3　平值看涨期权的隐含波动率与 $Delta$

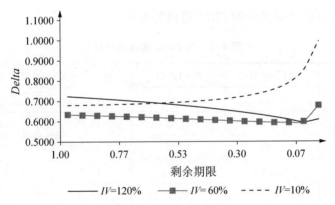

图 4-4　实值看涨期权的隐含波动率与 $Delta$

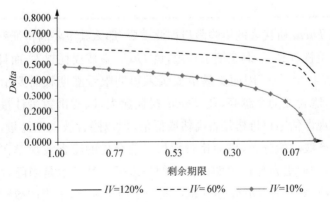

图 4-5　虚值看涨期权的隐含波动率与 $Delta$

不同资产价格和波动率演变路径,研究 Delta 相应的变化,对交易更为有意义。

Theta 风险敞口

在期权诸多的希腊字母风险敞口中,Theta 的影响往往被忽略,但作为期权买方,应重视 Theta 的影响(见表4-7)。为了简便,延续案例1的假设条件,并将 Theta 转换为每天的时间维度,由于案例中资产价格恒等于行权价,所以该看涨期权的内在价值恒为 0,而且隐含波动率不变,期权价格的变化仅受时间影响。初期 Theta 为 -0.23,5 天后变化为 -0.25,二者简单加权乘以流失的 5 天时间,即可以掌握期权价值流失,大约 1.1879,约等于期权价格下跌的数值,也就意味着如果买入看涨期权,并未获得更有利的市场波动,仅仅 5 天时间,初期投资的 13.71 将损失 8.66%。

表 4-7 负 Theta 带来的损耗

时间	期权价值	时间价值	Theta(每天)	买入期权损失
第 0 天	13.71	13.71	(0.23)	
第 5 天	12.52	12.52	(0.25)	(1.19)
第 10 天	11.21	11.21	(0.28)	(2.50)
第 15 天	9.71	9.71	(0.32)	(4.00)
第 20 天	7.93	7.93	(0.40)	(5.78)
……				
第 30 天	0.00	0.00		(13.71)

加权×天数≈1.19

既然 Theta 所代表的风险敞口如此重要,那么其主要的特征就应该受到交易员的重视。其一,剩余期限越短,负 Theta 造成损耗越大,而且变化速率更快,如图 4-6 所示,因而交易员要买入短期限看涨期权需要精准把握时机。其二,隐含波动率越高,负 Theta 损耗愈大,以货币数量计量的期权价格难以直观评估期权价格是否高估或低估,但以隐含波动率计量,则可以通过评估资产波动的分布,横向比较期权当前交易的隐含波动率在分布中所处的位置,因而更容易评价期权价格的高或低。其启示是当隐含波动率处于历史高位,意味着 Theta 损耗也可能处于历史高位,未来的盈利不仅需要考虑价格上涨的空间,亦需要衡量每天的损耗,二者的博弈胜出一方决定买入看涨期权最终是盈利或亏损。

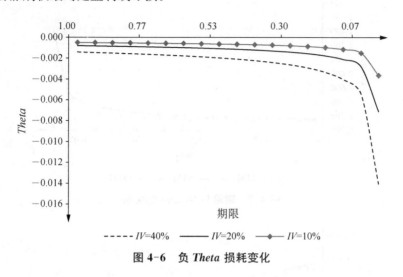

图 4-6 负 Theta 损耗变化

其他重要风险敞口

买入期权的交易中，也必须关注 Gamma 和 Vega 风险敞口的特征，Gamma 作为加速器和减震器，在交易中往往能够发挥巨大作用，但前提是买入合适的看涨期权合约。从图 4-7 可以看到，平值期权的 Gamma 具有更大的值，并且剩余期限越短，Gamma 值越大。在交易中，如果交易员需要提前布局好交易 Gamma 的策略，例如，如果希望开展动态对冲交易实际波动率，应该选择 Gamma 值更大的合约，也可以针对期限越短平值期权 Gamma 值越可能快速上升的特点，选择合适的时机，博弈 Gamma 挤压 (Gamma squeeze) 的潜在收益。

当然，买入看涨期权的 Vega 敞口也非常重要，图 4-8 很清晰地展示出，无论是何种价值状态的期权，期限越短，Vega 敞口越小，就意味着随着时间流逝，一旦隐含波动率没有如期上升，Vega 敞口将会给交易带来损失。图 4-9 则粗浅地展示了，在长牛的行情中，应该买入何种价值状态的期权。以维持多年牛市的亚马逊股票为例，显然买入实值的看涨期权收益率更高，买入虚值看涨期权的收益表现则远远低于直接买入股票，实际上这个简单的图再次印证了买入看涨期权的风险不应该被低估。

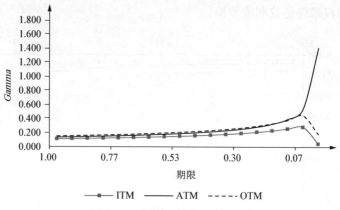

图 4-7 期限与 Gamma 的关系

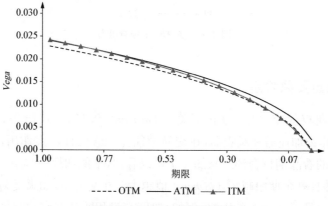

图 4-8 Vega 与期限的关系

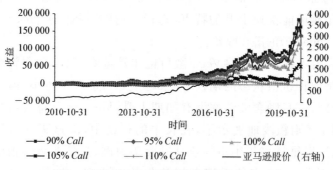

图 4-9 买入亚马逊股票看涨期权损益回溯①

---

① 数据源自 Bloomberg，采用买入 1 万美元名义金额，期限为 1 个月，并且每月滚动买入。后面的回溯测试类似。

4.2 卖出看涨期权

基本概念

观点	期权费	到期损益	最大损失	最大获利	获利模式	难度
↘	$	⟍	✈	☂	🏛	◉
波动率下降	收获	看跌资产	理论无限	期权费	资本利得	中

无论是卖出单笔期权,还是卖出期权组合,做空期权都是市场中非常常见的策略。在实际的交易中,以整体情况评估,整体做空波动率为卖出期权,整体做多波动率为买入期权,本小节以卖出单笔期权为例子,仅为说明最简单的原理,实际交易显然会更为复杂。卖出期权的所有收益来自期权费,卖出期权往往需要提供现金或其他抵押品作为保证金,卖出看涨期权本质上是看空波动率,通过卖出看涨期权获取期权费,一旦波动率下降,卖出期权即可获利,但一旦波动率继续上升,期权价格随之上涨,卖出期权将面临亏损,但由于资产价格上涨空间并非无限,所以卖出期权的损失实质上亦有限。如图 4-10 所示为卖出看涨期权的到期损益图,仅为说明卖出看涨期权到期时的情景。

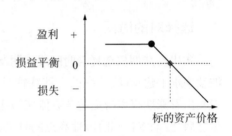

图 4-10 看涨期权空头的到期损益图

盈利模式

卖出看涨期权获利,并非需要资产价格下跌,只需要期权波动率下降,卖出看涨期权同样可以获利。从交易的角度,卖出看涨期权,可以持有至到期,博弈整个期权生命周期的资产价格波动不如预期,即使资产价格上涨,只要尚未触及行权价+期权费的损益平衡点,即可获利;此外,卖出看涨期权也可以选择止盈操作,只要阶段性价格下跌,即可平盘而获利了结。实际上,卖出看涨期权的交易中,及时止盈和止损非常重要,原因在于卖出期权必须防范市场冲击的风险。

卖出看涨期权的风险

虽然时间和概率往往站在卖出期权一方,但是一旦市场波动往不利方向演变,卖出的看涨期权的价格往往出现脉冲式上升,因而需要卖方执行严格的交易纪律。一般而言,管理卖出看涨期权的风险有两种方式:一是直接平仓止损,如果交易员判断期权价格上涨是恐慌情绪造成,并且仍可能进一步上涨,此时应该果断止损;二是买入相应名义资产,交易员判断资产价格上涨导致期权价格上升,并且确认上涨趋势未结束,就可以采用买入资产价格的形式进行止损,如果买入的资产价格低于行权价,还可以形成备兑策略,到期可能还能保有一定收益。实际上,对于卖出看涨期权策略,往往可以通过卖出较低行权价 K_1,同时买入较高行权价 K_2 的方式管理其风险,这种策略能够较好地管理做空波动率的风险,也是专业投资机构常用策略。

选择对的时间

卖出看涨期权选择与时间成为朋友,需要做对三件事。其一,选择正确的波动率水平建仓,波动率的上涨往往具有脉冲性特征,并且呈现聚簇性,意味着卖出看涨期权本身更适合右侧交易法则。交易员应该选择不确定性事件发生之后,波动率达到阶段性高点的时机,在波动率逐步收敛的过程建仓成功率更高。选择波动率的合适入场时间,可以结合事件、技术指标和锥等工具。其二,选择对的期限,期限越长,卖出期权的期权费越高,但意味着未来遭遇不确定性的可能性也越高。选择对的期限,对于股票期权而言,即选择对的月份合约,一般而言,近月以及下一月合约有更好的流动性,建仓的冲击成本较低。其三,卖出看涨期权需要质押保证金,而估值波动影响保证金浮动,因而能否成为时间的朋友,还取决于保证金的安全边际是否足够,因而卖出看涨期权需要严格的仓位管理纪律。

买与卖并非简单反面关系

卖出看涨期权不是买入看涨期权的简单反面(见图 4-11、图 4-12)。首先,从盈利模式来看,如果卖出看涨期权的盈利源自时间价值衰减,所反映的价值观更倾向于做时间的朋友,相较于需要把握精准时点的买入看涨期权,卖出期权需要把握好隐含波动率的相对位置,开仓之后只需要静待时间

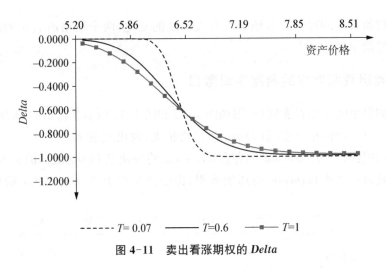

图 4-11 卖出看涨期权的 Delta

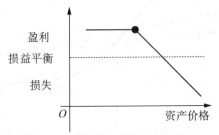

图 4-12 看涨期权空头的到期损益图

价值的涓涓细流,一旦遇到资产价格波动的惊涛骇浪,则需要果断止损。可以简单地说,卖出看涨期权的世界观更像是深耕细作的农民,博弈的是高胜率的大数经验,期待的是涓涓细流而不是收益大爆发,而买入看涨期权的世界观是瞄准时机果断出击的捕食者,不成功则可能元气大伤。其次,从收益角度,卖出看涨期权更多应该考虑相对收益率,即支付特定的保证金,考虑该保证金所能带来的相对收益,权衡的是相对收益与需要承担的风险,而买入期权则需要衡量固定成本下的绝对收益。再次,从策略灵活性来看,卖出看涨期权与基础资产或其他期权组合策略相结合,能够表达更灵活的策略观点。如果持有基础资产,卖出看涨期权则不仅是重要的增厚收益手段,也可以作为止盈的纪律性操作,这个交易策略还能够产品化,形成期权交易市场最重要的策略组合之一备兑看涨期权,也称封顶远期(capped forward)。最后,卖出看涨期权所表达的观点是只要价格不过分上涨即可获利,买入看涨期权所表达的观点是市场必须有大幅度的变化,两个策略所表达的内涵并不是简单的关系。

卖出看涨期权的希腊字母敞口

如果单纯卖出看涨期权,则如图 4-13 和图 4-14 所示获得负的 Delta 敞口。一旦资产价格上涨,负 Delta 敞口将扩大,则出现 损益＝Delta × 价格变化,并且由于负 Gamma 的存在,Gamma 将加速负 Delta 敞口的扩大,并且极其容易产生 Gamma 挤压的效果,即资产价格上涨→负 Delta 敞口扩

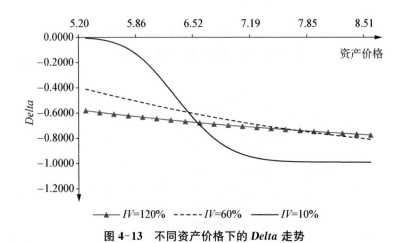

图 4-13　不同资产价格下的 Delta 走势

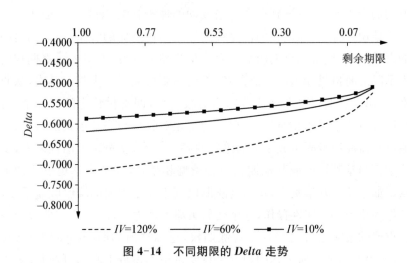

图 4-14　不同期限的 Delta 走势

大→需要买回更多股票→价格上涨更快。从图中可以看到，隐含波动率越高，不同资产价格下的 Delta 曲线更加平缓，同时隐含波动率越高，剩余期限越短，Delta 下降曲线越陡峭，实际上也有利于 Delta 敞口管理。从 Theta 角度来看，如图 4-15 所示，卖出看涨期权获得正当 Theta 敞口，隐含波动率越高，剩余期限越短，Theta 敞口反而越高，这表明卖出看涨期权可能收获的时间价值在提速。这些希腊字母敞口都指向一个方向，就是在隐含波动率较高的时候卖出，需要考虑的是隐含波动率会不会更高，以及如果更高，有没有准备好应对方案。

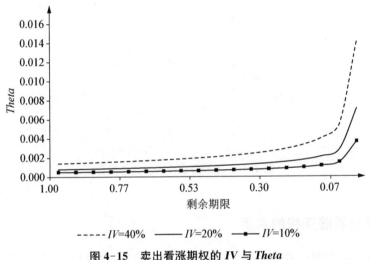

图 4-15　卖出看涨期权的 IV 与 Theta

备兑看涨期权

资产	波动率	期权费	到期损益	最大损失	最大获利	获利模式	难度
📈	📉	💲	╱	✈	☂	🏛	👁
看涨资产	波动率下降	收取	行使看跌期权	理论无限	封顶	资本利得	中

卖出看涨期权的一个重要作用是组合成为备兑策略，这个策略因为其良好的收益率和适度的风险水平广受专业投资机构的青睐。备兑看涨期权的交易结构为做多期权标的资产，同时做空一笔看涨期权，交易员需要确定卖空看涨期权的行权价和期限，这两个元素是备兑看涨期权策略的核心要

素。根据行权价不同,所卖出的看涨期权可能处于平值、实值和虚值状态,一般而言,在实际的交易中,平值和虚值备兑看涨期权的情况更为常见(见图4-16)。

平值备兑看涨期权＝标的资产多头＋平值看涨期权空头
　　　　　　　　＝标的资产多头＋波动率空头
　　　　　　　　　1/2标的资产多头　　1/2鞍式期权组合空头

虚值备兑看涨期权＝标的资产多头＋虚值看涨期权空头
实值备兑看涨期权＝标的资产多头＋实值看涨期权空头

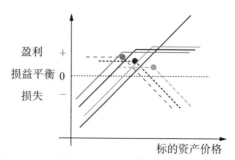

图4-16　不同行权价下的备兑组合

备兑看涨期权的实质

备兑看涨期权策略实质是一笔标的资产的多头敞口与波动率空头敞口构成的组合,本质上仍然为做空波动率获利。在市场上,对于备兑看涨的"优点"有诸多说法,例如:

(1) 备兑看涨期权为交易员提供下跌保护,理由是卖出看涨期权获得额外期权费;

(2) 备兑看涨能让投资者折价买入资产,理由也是卖出看涨能够获得期权费,补贴买入证券资产的价格;

(3) 同时,如果能够选择在高波动率时卖出看涨期权或者缩短期权的期限,还能够提高收益率;

(4) 期权时间价值衰减,因而时间流逝对备兑看涨期权策略有利;

(5) 备兑看涨期权策略适合对市场持有中性或偏牛市的观点。

以上反映的并非备兑看涨期权策略的实质,既然备兑看涨期权由一笔期权标的资产的多头和看涨期权的空头头寸组成,其盈利来源就只能有一个,即买入或卖出定价错误的资产,或者隐含的风险溢价。简而言之,如果交易员认为标的资产价格还有上升空间,如果交易员认为看涨期权的隐含波动率已经充分反映市场信息并且已经高估,那么此时交易员可以执行备兑看涨期权策略,本质上仍然是通过卖出高估的隐含波动率获利。如果交易员对资产价格没有观点,或者不清楚看涨期权的隐含波动率处于何种状态,那么不应该盲目卖出看涨期权,更不应该建立备兑看涨期权头寸。

为了更清楚地展示备兑看涨期权的实质,将备兑看涨期权策略分解为资产的多头与看涨期权的空头,进一步地,分解为式(4-1)的几项因子。其中,(1－初始看涨 $Delta$)×资产表示的是建立备兑看涨期权备兑引入的资产投资敞口,做多资产的 $Delta$ 为1,而做空看涨期权带有相应 $Delta$,也就意味着在建立备兑看涨期权的同时,拥有了一定比例的资产多头,这也是备兑看涨期权的最大风险敞口之一。－(看涨－看涨 $Delta$×资产)表示的是针对期权空头进行动态 $Delta$ 对冲,因而这一项实质是波动率空头头寸。＋(初始看涨 $Delta$－看涨 $Delta$)×资产则表示动态变化的资产风险敞口。起初引入的看涨期权所带来的 $Delta$ 空头敞口,随着时间推移、价格改变和其他参数的变化,引入之期权的 $Delta$ 动态变化,因而期初引入的看涨期权 $Delta$ 空头头寸,与其方向相反的动态变化的 $Delta$ 头寸,共同组成动态资产头寸。这三项就构成备兑看涨期权的实质,即由资产多头、波动率空头和动态资产多头构成的投资组合,因此,在交易备兑看涨期权时,需要关注这三个方向的观点,既要有看涨标的资产的观点,也要有看跌波动率的观点,此时建立备兑看涨期权才有充分的理由。

$$\begin{aligned}
备兑看涨 &= 资产－看涨 \\
&= (1－初始看涨 Delta)\times 资产 \Rightarrow 被动资产 \\
&\quad －(看涨－看涨 Delta \times 资产)\Rightarrow 波动率空头 \\
&\quad +(初始看涨 Delta－看涨 Delta)\times 资产 \Rightarrow 动态资产
\end{aligned}$$

(4-1)

选择合适的行权价

交易员需要精心选择卖出看涨期权的行权价,本质上是选择合适的看涨期权 $Delta$,实际上也是做空波动率曲线偏斜。表面上,选择行权价权衡的是能够收获的期权费与最终行权的概率,直接的关系是行权价远离当前价格,未来到期时被行权的可能性越小,但获得的期权费越低。当然,行权价的设置也必须考虑期限这个因素。例如,在2020年8月4日的时点,如果交易员认为苹果公司(AAPL)当前交易价格438美元有继续上涨空间,能在8月底前上涨至450美元,那么其选择卖出行权价为450美元的看涨期权,就可获得期权费10.90美元,如表4-8所示。如果交易员希望提供期权费收入,则要么降低行权价,要么选择更长期限。此为第一层次的思考。

表4-8 苹果备兑策略行权价选择

到期日	行权价			
	440	445	450	455
2020-08-14	8.80	6.75	5.25	4.00
2020-08-21	11.7	9.35	8.00	6.65
2020-08-28	15.00	12.90	10.90	7.55
2020-09-11	18.70	16.50	14.70	12.70
2020-09-18	20.30	17.30	16.00	14.20
2020-10-16	25.15	22.90	20.80	18.85

对于第二层次的思考,既然备兑看涨期权策略实质上持有波动率空头,那么所选择的不应该是行权价,而是期权合约的隐含波动率,选择不同的到期日合约,也必须遵循同样的逻辑。备兑看涨期权应该卖出波动率高估的合约,至于何种期限和何种行权价的合约存在相对高估,就需要对不同合约的波动率曲线有清晰的认识,理解其所处的相对位置以及未来可能的变化形态。简而言之,应该卖出波动率曲线整体水平高估的期限,应该卖出偏斜定价过高的行权价所对应的合约。如图4-17所示,对于苹果公司股票不同期限合约的隐含波动率曲线,可以发现2020年8月到期的合约有最大的偏斜定价,曲线的相对位置也比较高,卖出该期限的合约,可能会有更高的年化收益率。当然,这仅仅是从定价的角度考虑,卖出8月份合约是否是个明智选择还得看市场情绪等多方面因素,同时也必须选择合理的开仓时间点。

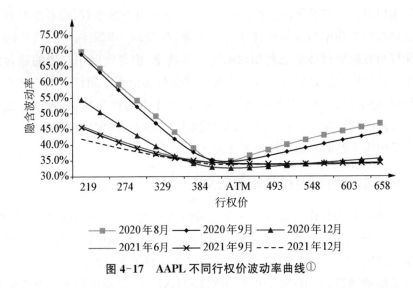

图 4-17　AAPL 不同行权价波动率曲线①

选择合适点位建仓

既然备兑看涨期权具有资产多头和波动率空头两个资产组合，那么应该考虑两个资产的建仓时点。同时建仓则无必要，完全可以先行建立其中一个头寸，再建立另一个对应头寸，此种建仓方式需要考虑两个因素：一是保证金问题，同时建仓，则无保证金要求；二是风险管控问题，一旦一个仓位建立而另一个头寸尚未建立，则需要针对单个风险敞口进行风险管控。例如：建立资产多头之后，如果面对资产价格下跌，一旦触及止损水平，则需要直接针对资产多头进行止损操作；反之，如果同时建立备兑看涨期权头寸，则需要整体考虑备兑看涨期权策略的风险特征进行风险管控。

备兑看涨策略的风险

在许多文献中，将备兑看涨期权的到期损益与看跌期权空头进行比较，从收益结构看二者非常类似。从期权交易的核心来看，二者并无差异，卖出看跌期权本质上也一样是做空波动率，两个策略的希腊字母参数特征亦类似，因而卖出看涨只因其高估，卖出看跌也只因其高估。但是，备兑看涨策

---

①　数据来源：Eikon，2020 年 8 月 5 日。

略与卖出看跌又有显著的区别。一方面,备兑卖出看涨期权,而看涨期权与看跌期权的波动率曲线偏斜往往有所差异,尽管同一期限同一行权价的看涨期权与看跌期权理论上有相同的隐含波动率,但是实践中二者的隐含波动率往往有所差异;另一方面,尽管卖出看涨与卖出看跌期权的本质风险特征相同,但那是针对动态对冲交易员而言,对于方向性交易员,卖出看涨与卖出看跌的核心观点不同,卖出看涨是因为上涨的不确定性没那么大,卖出看跌是因为下跌的不确定性没那么大。

认识备兑看涨期权策略的意义

备兑看涨期权作为最重要的期权策略之一在各类机构中被广泛使用,无论是在行业中驰骋沙场多年的专业投资者,还是初出茅庐的新手,都应该深入研究这一策略。至少,芝加哥期权交易所等交易所甚至专门编制基于该策略的指数,如 BXM、BXY、BXN 和 BXR 等,其原理均为备兑看涨期权策略。这些策略相较于对应的指数,往往具有收益波动更低、夏普率更高等特点,如果卖出期权的行权价、期限和时点能够有更佳选择,该策略表现亦可能更好(见图 4-18 和图 4-19)。进一步地,该策略融合标的资产的交易技巧与做空看涨期权的技巧,这两个技巧均为期权交易中最核心的内容,因而研究该策略的文献众多,非常适合期权交易学习;此外,该策略往往不需要占用保证金,整体策略相对简单,非常适合锤炼期权交易能力。

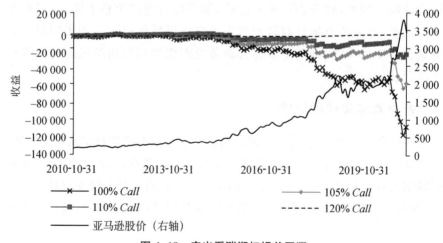

图 4-18 卖出看涨期权损益回溯

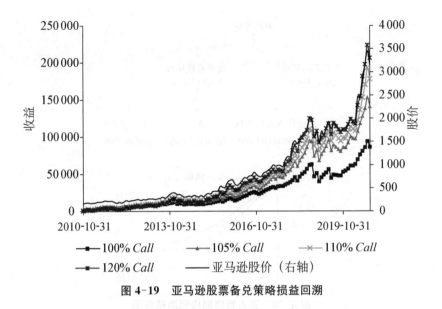

图 4-19 亚马逊股票备兑策略损益回溯

4.3 买入看跌期权

基本概念

观点	期权费	到期损益	最大损失	最大获利	获利模式	难度
波动率上升	支出	看跌资产	期权费	理论无限	资本利得	高

买入看跌期权的基本观点为当前波动率价格有所低估,预期未来期权隐含波动率将会上升;类似地,期权隐含波动率的上升,要么来自资产价格实际波动率上升,要么来自市场情绪推动。

买入看跌期权时(见图 4-20),如果行权价设置在标的资产现货价格(远期价格)上,此时交易的期权为平值看跌期权;如果行权价低于标的资产价格,则为虚值看跌期权,反之为实值看跌期权。

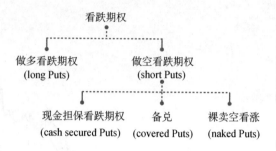

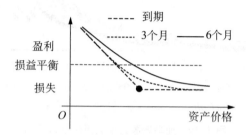

图 4-20 买入看跌期权到期损益图

如何做多看跌期权

表 4-9 典型的交易所期权报价

未平仓	成交量	隐含波动率	涨跌幅	最新价	买入	卖出	行权价
3.82	307	24.86%	19.36%	26.08	24.38	26.49	620
4.46	742	23.73%	17.73%	21.05	18.50	21.05	630
6.84	444	26.30%	22.04%	17.33	17.00	19.39	640
3.42	646	26.88%	27.53%	13.99	13.43	14.10	650
8.37	384	27.77%	32.13%	11.02	10.90	11.47	660
5.42	566	28.64%	49.52%	9.30	8.90	9.30	670
6.15	452	29.53%	64.69%	7.51	7.28	7.60	680
3.07	255	30.51%	87.77%	6.14	5.96	6.36	690
4.05	234	31.40%	113.68%	5.00	4.92	5.27	700

注：00700.HK（632.00，↑+11.00），腾讯控股（+1.77%）；到期日 2021-05-28。

无论场内还是场外期权交易,买入看跌期权均需要决定期限和行权价这两个最重要的外生参数。不同期限对应不同的合约,期限至少有三点非常重要的意义。一是不同期限意味着不同的定价逻辑。例如,站在 2020 年 8 月份的视角,市场对于 2020 年 11 月的看跌期权定价自然与其他月份合约有所不同,主要原因是 2020 年 11 月将面临不确定性极大的总统大选。类似地,对于股票期权而言,重要的货币政策、财政政策、公司财务报表等事件前后可能都有不同的定价逻辑。二是不同期限的差异化定价逻辑背后,对应的是波动率期限结构的变化,尾部风险往往也会得到重新定价。三是不同期限意味着不同的事件价值衰减曲线,剩余期限越短,$Theta$ 衰减曲线斜率越大,这是买入看跌期权必须考虑的重要因素。一般而言,除了基本面、技术面和市场情绪的决策"三板斧"之外,良好的数量化分析也是重要手段,寻找不同期限和不同行权价的 $Gamma$、$Vega$ 与 $Theta$ 之间的数量关系,通过发掘更优"性价比"的合约,并结合"三板斧"的结论进行交易决策,可能可以获得更佳的胜率(见表 4-10)。

表 4-10 买入看跌期权的在值状态

在值状态	名称	关系
ITM(S, F)	实值(in the money)	标的资产＜行权价
ATM(S, F)	平值(at the money)	标的资产＝行权价
OTM(S, F)	虚值(out the money)	标的资产＞行权价

做多看跌期权的理由

无论投机性地买入看跌期权,还是针对基础资产的套期保值,做多看跌期权都应该基于其定价的错误,而定价错误可能有两个来源:一是市场对于未来隐含波动率的定价整体有所低估,未来整条波动率曲线有抬升的可能性;二是波动率曲线的偏斜(skew)定价有偏差。例如,当前波动率曲线过于平坦,意味着市场对于尾部事件发生的定价过低,一旦市场遭遇突发事件,尾部风险重新定价,则意味着波动率曲线偏斜程度加大,表现为低 $Delta$ 的期权合约价格上涨幅度更大,如果用期权组合来表述,则是风险逆转的价格上升(见图 4-21)。

在现实中,买入看跌期权往往与标的资产、看涨期权或其他资产构成投

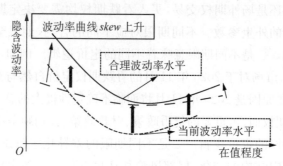

图 4-21 波动率曲线的演变

资组合,买入看跌期权本意主要在于对冲价格下跌的尾部风险。在交易上,仍然需要关注两点。一是所买入期权合约与被对冲资产的相关性。这是一个非常重要的课题,使用不同标的资产的看跌期权对某资产组合进行对冲,不同资产之间价格的相关性固然需要审慎研究,即使是同一资产的风险对冲,不同期权合约与资产价格的相关性也需要得到重视。二是所买入看跌期权需要与被对冲资产的风险匹配,也需要相应的制度保障。即使买入看跌期权对资产进行风险对冲,但仍然可能出现资产价格下跌,同时看跌期权估值亦亏损的情况,因而对冲与被对冲资产的风险需要匹配,也需要匹配的套期会计等基础制度。

做多看跌期权的希腊风险参数

做多看跌期权,意味着做多波动率,将会享受隐含波动率与实际波动率上升带来的收益,而需要承受负 $Theta$ 带来的时间价值衰减。对于看跌期权多头而言,其 $Delta$ 具有以下特征:深度实值期权 $Delta$ 接近于 -1,深度虚值 $Delta$ 接近于 0,并且如图 4-22 所示,剩余期限越短,$Delta$ 变化的斜率越大。在交易上,$Delta$ 的意义非常重要,买入看跌期权之 $Delta$ 为负值,意味着当资产价格上涨,从 $Delta$ 的角度看将遭遇估值损失。由于 $Delta$ 的变化并非线性过程,期权价格对于资产价格具有凸性特征,度量凸性程度的参数便是 $Gamma$。从图 4-23 中可以得到以下信息:看跌期权多头具有正值 $Gamma$,而正 $Gamma$ 所代表的凸性能够起到"加速器和减震器"的作用。一方面,资产价格上涨时,$\Delta S > 0$,$Gamma > 0$,$\Delta S \times Gamma > 0$,而 $\Delta Delta = \Delta S \times Gamma$,因而正 $Gamma$ 能够加快降低 $Delta$ 头寸,从而减少损失;另一方面,资产价格下跌时,$\Delta S < 0$,$\Delta S \times Gamma < 0$,因此,当标

的资产价格下跌，正 Gamma 还能带来更多的负 Delta，相当于加速看跌期权的获利。此外，期限越短 Gamma 越大，并且当资产价格运行至期权行权价附近时 Gamma 达到极值，交易员就需要清楚其头寸的在值状态的分布情况。尽管都是相同行权价的看跌期权多头，剩余期限不同，必然有不同的在值状态，Gamma 值的差异也可能导致不同的损益结果；而正 Gamma 的反面是负 Theta，正如"汝之蜂蜜，彼之砒霜"，期限越短，负 Theta 值越大，意味着单位时间里时间价值的流失越多。交易员建立头寸时，类似地买入看涨期权，必须考虑 Gamma、Vega 与 Theta 的数量关系（见图 4-24—图 4-26）。

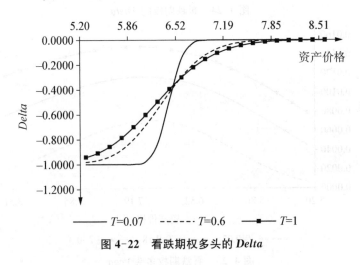

图 4-22 看跌期权多头的 Delta

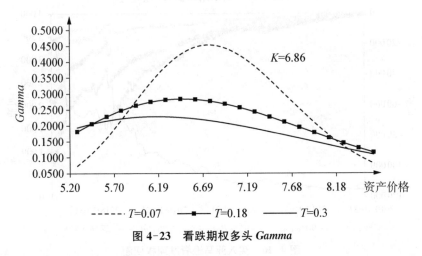

图 4-23 看跌期权多头 Gamma

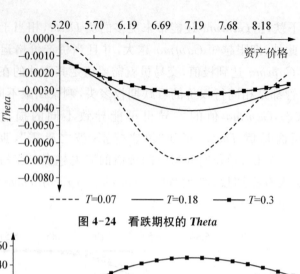

图 4-24　看跌期权的 Theta

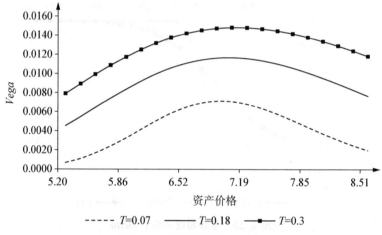

图 4-25　看跌期权多头 Vega

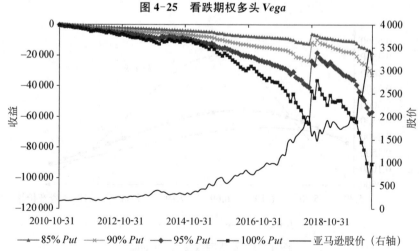

图 4-26　买入亚马逊看跌期权回溯

4.4 卖出看跌期权

基本概念

卖出看跌期权意味着卖出方获得期权费,但对于欧式看跌期权而言,卖出又意味着在到期时以行权价买入约定数量的标的资产,因而卖出方的到期损益函数为 Max(行权价-标的资产价格,0),如图 4-27 所示。由于资产价格可以下跌至 0,甚至为负数,而卖出看跌期权的期权费有限,因而许多文献也将其归纳为"收益有限,风险有限",但类似于卖出看涨期权,卖出看跌期权的剩余有限,并且资产价格也无法无限制下跌,实际上风险有限。

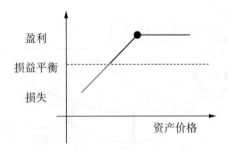

图 4-27 卖出看跌期权到期损益图

类似于卖出看涨期权,交易员卖出看跌期权的唯一理由是预期未来隐含波动率下降,期权价格下跌,至于卖出何种期限及何种行权价的期权合约,取决于交易员对于未来隐含波动率曲线相对水平和相对形态的变化的预期。

观点	期权费	到期损益	最大损失	最大获利	获利模式	难度
↘	$	╱	☂	✈	🏛	🏋
波动率下降	收入	看涨资产	期权费	理论无限	资本利得	中

卖出看跌期权策略本质

做空看跌期权与做空看涨期权本质上没有区别,策略的制定取决于交易员对于隐含波动率水平和隐含波动率曲线形态变化的判断。稍微的不同之处包括两个方面。一方面,波动率变化有非对称性,当资产价格下跌时,隐含波动率上升更快;资产价格上涨时,隐含波动率上升较缓,甚至可能下跌。简而言之,不确定性增大,波动率更容易上升;不确定性下降,波动率趋于下降。当交易员判断未来波动率曲线整体下降,如图 4-28 所示,波动率曲线从①下降到②时,可以选择做空看跌期权。另一方面,不确定性对波动率的偏斜影响也呈现不对称性。不确定性增加,低 Delta 隐含波动率溢价上升,表现为波动率曲线凸性更大;不确定性下降,波动率曲线凸性下降。如图 4-28 所示,波动率曲线 ① 变化为波动率 ③,曲线凸度下降,偏斜下降,低 Delta 的波动率溢价下降,假若如此,交易员可以选择做空低 Delta 的看跌期权,将有更高的收益。

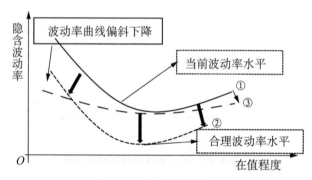

图 4-28　波动率曲线变化

进入与退出做空看跌期权策略

交易圈里的著名教条之一是"别人恐惧时要贪婪",可能是做空看跌期权较为真实的反映。以上证 50ETF 期权为例,2020 年 3 月 16—19 日,全球股市随着欧美新冠肺炎疫情而下跌,如图 4-29 所示,避险情绪高涨,直接导致隐含波动率定价在较高的水平上,如图 4-30 所示。但如果交易员认为各国央行大规模量化宽松能够提振股市,则在市场避险情绪浓厚、隐含波动率处于高位时,做空看跌期权是较好的时机。如图 4-29所示,恐慌情绪发酵一周之后,上证 40ETF 期权的隐含波动率曲线整体下移,但 skew 现象仍然较为明显,而一个月之后,如图 4-30—图 4-32 所示,不仅整体波动率下移,而且偏斜程度明显降低,此即波动率交易的机会。

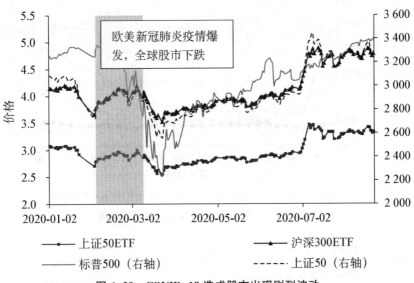

图 4-29 COVID-19 造成股市出现剧烈波动

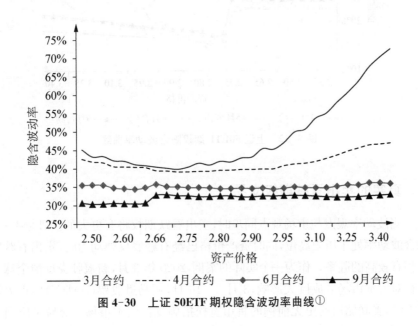

图 4-30 上证 50ETF 期权隐含波动率曲线①

---

① 数据来源：Wind，采用中间价。

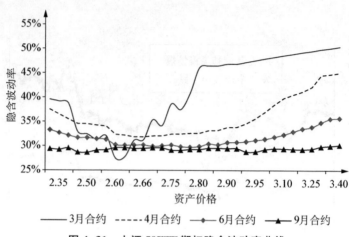

图 4-31　上证 50ETF 期权隐含波动率曲线

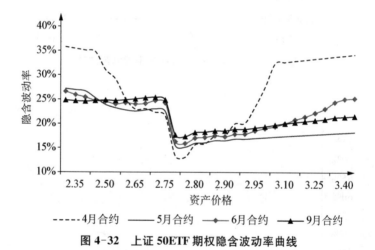

图 4-32　上证 50ETF 期权隐含波动率曲线

真实的卖出看跌期权交易

当波动率观点与市场观点同步时,卖出看跌期权将有更大的获胜概率;当隐含波动率处于历史高位,同时资产价格已经有触底反弹动力时,卖出看跌期权将有较高的胜率。作为一个实际的案例,2020 年 3 月,新冠肺炎疫情全球大流行对资本市场造成巨大影响,3 月 3—16 日,亚马逊股票(AMZN)出现大幅度下跌,美联储启动史无前例的货币宽松措施支持资本市场。交易员应当能够认识到三个核心变量:一是新冠肺炎疫情全球大流行,各国政府的隔离措施将改变人类的采购方式,线下消费将转到线上,将有利于电商平台;二是全球央行为支持经济、稳定金融市场的货币宽松政策,将托底股票市场,充沛的流动性将寻找头部科技企业进行投资;三是连续多个交易日的下跌以及恐慌情绪的蔓延导致亚马逊股票的隐含波动率上涨到历史高位。基于这三点理由,交易员可以通过卖出看跌期权的形式做空波动率,同时做多其股票。

案例:如表 4-11 和图 4-33 所示,在 2020 年 3 月 17 日,卖出 4 月 17 日到期的 AMZN 看跌期权,行权价为 1 820 美元,将获得 126 美元/每股的期权费;按照 1 份期权合约对应 100 股股票计算,一周后的 3 月 24 日平盘价位 51.10,卖出一份看跌期权的收益为 7 500 美元[100×(126.1-51.1)],如果考虑保证金交易,将会有非常高的收益率。作为事后的回溯,该策略成功的核心在于 3 月 17 日的隐含波动率处在历史高位,卖空看跌期权即做空隐含波动率(见图 4-34)。同时,AMZN 的正股股票也出现触底反弹,做空看跌期权也意味着持有正股股票的多头,因而能够获利。

表 4-11 卖出看跌期权的时机

时间	价格		隐含波动率	Delta
	买	卖		
2020-03-17	126.10	132.25	59.12%	47.73%
2020-03-24	51.80	51.10	50.87%	28.79%
2020-03-31	23.30	25.95	44.08%	22.12%
2020-04-07	3.85	4.15	41.07%	6.53%
2020-04-14	0.05	0.19	75.17%	0.04%
2020-04-17	0.00	0.01	63.35%	0.00%

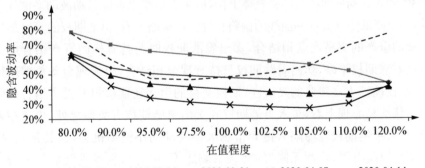

图 4-33 亚马逊期权合约隐含波动率曲线①

---

① 2020-4-17 到期合约,数据取自 Bloomberg。

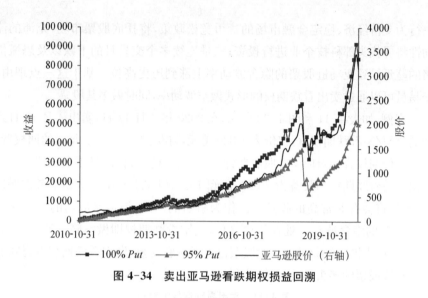

图 4-34 卖出亚马逊看跌期权损益回溯

4.5 本章小结

单笔期权的交易策略可能是许多交易员开启期权交易的第一步,单笔期权交易看似简单,实际需要考虑的维度较多。从交易逻辑上看,至少需要把握两个核心:一是理解当前隐含波动率处于何种水平,波动率是继续扩张还是均值回归;二是理解资产价格与波动率演变方向的关系。资产价格下跌,隐含波动率往往上升更快,幅度更大,隐含波动率曲线偏斜效应更加显著;资产价格上涨,隐含波动率曲线可能会整体上扬,但乐观情绪也可能带动波动率曲线下移,甚至降低隐含波动率曲线的偏斜程度。从策略上看,单笔期权的策略最好与标的资产的交易观点相结合,卖出看涨期权时与持有标的资产结合成为备兑看涨期权策略,卖出看跌期权与持有现金相结合,组成现金备兑看跌期权,不仅能够丰富策略的灵活性,期权交易的引入还能够提升投资组合的收益。从交易心理上看,买入单笔期权和卖出单笔期权有类似之处,也存在差异:买入单笔期权容易陷入博弈市场大幅波动的小概率机会,尤其是在"期权买方风险有限,收益无限"的教条影响之下,更容易忽视或低估每天的时间价值流失风险;卖出单笔期权则容易陷入"辛辛苦苦一整年,一朝回到解放前"的情况,核心原因是缺乏足够的风险应对措施。具体而言,对市场情绪、人性和隐含波动率预判失误是导致做空期权出现损失的主要原因。

CHAPTER 5

期权组合交易策略

> 保持简单,甚至蠢一点。
>
> ——凯利·约翰逊(Kell Johnson)

5.1 牛市价差

牛市价差(bull spread)组合本质上是看涨波动率和看涨资产的期权组合,可以由两笔看涨期权组成,亦可由两笔看跌期权组合。由于核心是看涨波动率及资产价格,所以有些文献也称之为看涨价差组合(call spread),但为尊重其本质意义,并且考虑到看跌期权价差也有相同意义,所以这里称之为牛市价差组合。

牛市价差的构建

当交易员买入一笔行权价为 K_1 的看涨期权,同时卖出一笔行权价为 K_2 的看涨期权,其中 $K_1 < K_2$,便可建立牛市价差组合多头头寸。一般而言,牛市价差组合的两笔期权期限和名义金额相同。当然,如果交易员买入一笔行权价为 K_1 的看跌期权,同时卖出一笔行权价为 K_2 的看跌期权,其中 $K_1 > K_2$,同样可以建立牛市价差多头。

例如,假设阿里巴巴公司美股股票价格为 200 美元,交易员构建如下期权组合,其到期损益如表 5-1 和图 5-1 所示。

表 5-1 牛市看涨价差组合

动作	结果	
买入	看涨期权一	行权价为 200 美元
	期权费	20 美元

(续表)

动作	结果	
卖出	看涨期权二	行权价为 220 美元
	期权费	10 美元
期限	2 个月	
支付	20－10＝10(美元)	
最大风险	10 美元	
最大获利	220－200＝20(美元)	
损益平衡点	200＋10＝210	
最大投资回报率	20/10×100％＝200％	

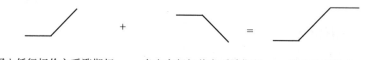

买入低行权价之看涨期权　　卖出高行权价之看涨期权　　牛市价差组合

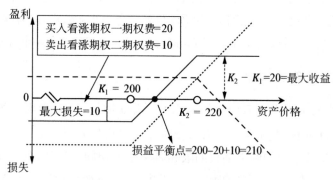

图 5-1　牛市价差到期损益图①

对于牛市价差策略(见表 5-2)实质的理解如下:对于看涨期权所构建的牛市价差,买入的是较低行权价的看涨期权,而卖出的是更高行权价的看涨期权,因而两笔期权组合之后,将获得正的 $Delta$ 以及正的 $Gamma$,故而实质上是做多资产价格,同时做多波动率。此外,考虑到隐含波动率曲线的存在,买入高 $Delta$ 期权而卖出低 $Delta$ 期权,意味着实质上也在交易隐含波

---

① 以看涨期权为例子进行构造。

动率曲线平坦化的趋势。

表 5-2 牛市价差组合的构造

	看涨期权①	看跌期权
做多牛市价差组合	$+C_1(K_1,T_1),-C_2(K_2,T_2)$	$+P_1(K_1,T_1),-P_2(K_2,T_2)$
做空牛市价差组合	$-C_1(K_1,T_1),+C_2(K_2,T_2)$	$-P_1(K_1,T_1),+P_2(K_2,T_2)$
行权价关系	$K_1<K_2$	$K_1>K_2$
普通牛市价差	$T_1=T_2$	$T_1=T_2$
做多牛市日历价差	$T_1<T_2,K_1<K_2$	$T_1<T_2,K_1>K_2$

考虑牛市价差的最大收益和最大损失。两笔期权的行权价之差,再考虑所支付的期权费差异,即做多牛市价差的最大收益;而所支付的两笔期权费之差为最大损失。用符号表示,最大获利如下:

$$最大获利=K_{2,Call}-K_{1,Call}-(C_1-C_2)$$
$$=K_{1,Put}-K_{2,Put}-(P_1-P_2)$$
$$最大获利=K_{1,Put}-K_{2,Put}-(P_1-P_2)$$

最大损失如下:

$$最大损失=-(C_1-C_2)$$
$$最大损失=-(P_1-P_2)$$

交易价差的艺术

交易牛市价差组合,需要解决几个关键问题:一是何时进入;二是如何设置行权价;三是如何退出。

对于何时买入牛市价差,牛市价差组合的实质是看涨资产价格和隐含波动率,以及做平隐含波动率曲线。

如何选择行权价关系到牛市价差策略的成败。一方面,两笔期权行权价的差异决定最大获利;另一方面,行权价也决定所需要支付的净期权费,并且两个因素共同决定牛市价差策略的净收益(或损失)。

---

① 在一些文献中,也将看涨期权构建的牛市价差称为认购牛市价差(bull call spread),将由看跌期权组合的称为认沽牛市价差(bull put spread)。本书为求简单清晰,统称为牛市价差,读者只需将重点放在理解牛市价差的内涵上。

那么应该如何选择行权价呢？需要考虑三个因素。一是评估资产价格在有限时间中的波动的幅度，本质上即资产价格上涨的幅度是否足够，或者实现最大收益，或者至少覆盖所支付的期权费。二是评估资产价格波动的时间维度，牛市价差本质上是买入波动率，因而需要支付期权费，承受时间价值流失的风险，故而必须把握资产价格上涨的启动时间。一般而言，可以在重大财务数据公布、货币政策出台或政治事件发生等之前，在市场情绪酝酿而要爆发之时建立头寸。三是考虑隐含波动率曲线的偏斜效应，不同的行权价对应不同的 $Delta$，在隐含波动率曲线上亦处于不同的位置，所隐含的尾部风险溢价也不尽相同。

以亚马逊股票期权为例子（见表 5-3），按照 1 000 万美元名义金额构建牛市价差组合，并根据不同的行权价组合进行回溯测试，回溯测试以买入一个月期限合约，同时每月进行展期的方式建立投资组合。结果如图 5-2 所示，在不同的在值程度（moneyness，行权价/市场价）下，可以看到 2010 年 10 月到 2020 年 10 月初的这段时间里，亚马逊股票经历长期的上涨趋势，因而牛市价差策略获得正收益。但也可以看到，不同行权价组合的回溯测试有不同的表现。在股价上涨的大趋势中，买入在值程度 90%看涨期权，同时卖出在值程度 110%的看涨期权，这样的牛市价差策略[90%,110%]在长期的牛市中将获得更好的收益表现。

表 5-3　7 月 31 日亚马逊股票期权牛市价差情况①

到期日	组合一		成本	最大收益	组合二		成本	最大收益
	价 1	价 2			价 1	价 2		
2020-08-21	3 150	3 200	−110.8＋85.35 ＝−25.45	50	3 160	3 250	−105.45＋67 ＝−38.45	90
2020-09-18	3 150	3 200	−171.3＋145.65 ＝−25.65	50	3 160	3 250	−166.6＋125.60 ＝−41	90
2020-10-16	3 200	3 250	−193.7＋169.9 ＝−23.8	50	3 250	3 400	−173.2＋119 ＝−54.2	150
2020-11-20	3 200	3 300	−259.35＋215.85 ＝−43.5	100	3 200	3 400	−259.35＋181.8 ＝−77.55	200
2021-01-15	3 200	3 300	−310.80＋266 ＝−44.8	100	3 250	3 500	−290＋200 ＝−90	250

而对于[105%,110%]和[110%,120%]这两个策略，尽管收益表现不佳，但其波动性更低，一个重要原因在于在值程度越高的期权合约，隐含波动率

---

① 数据源自 Bloomberg，表格中数据考虑买价与卖价的差异。

有越高的溢价，如图5-2所示。在实际的交易中，如果能够更好地把握隐含波动率的变化，将会有更多机会提高胜率。例如，对于亚马逊股票而言，如果在短期内看好亚马逊股票快速上涨，则在选择建立牛市价差组合时，首先应该分析亚马逊股票隐含波动率曲线。在合适且可选的期限范围内，如果遇到如图5-3所示的隐含波动率曲线，那么通过合约1来构建牛市价差，由于隐含波动率曲线偏斜的因素，将在卖出看涨期权时获得更高的隐含波动率溢价，从而降低构建牛市价差的成本。

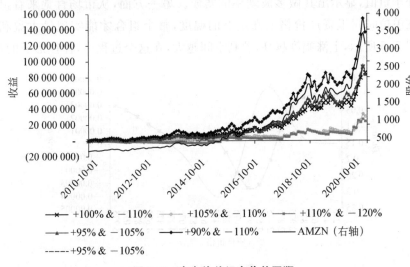

图5-2　牛市价差组合收益回溯

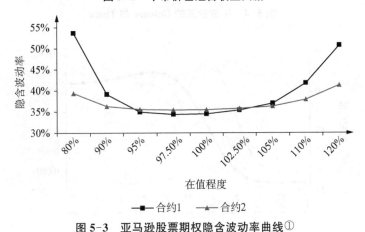

图5-3　亚马逊股票期权隐含波动率曲线①

---

① 数据源自Bloomberg，为2020年8月7日和9月4日到期之合约。

牛市价差的实质

牛市价差的实质是看涨资产价格以及做多波动率。这个实质反映在两个维度上。一方面,随着资产价格上涨,行权价较低的看涨期权率先接近和进入 ATM 状态,因而出现第一个 *Gamma* 峰值。尽管随着资产价格往更高的位置移动,所卖出的看涨期权迎来高 *Gamma* 峰值而导致整体的 *Gamma* 为负数,如图 5-4 所示,但对于组合整体而言,其 *Theta* 几乎在生命周期中均处于负值,显示出其做多波动率的实质。另一方面,从市场直觉来看,只有在单位时间里资产价格上涨足够的幅度,整个组合才能实现最大盈利。如图 5-5 所示,上涨幅度越高,盈利空间越大,在这个过程中,往往形成的是

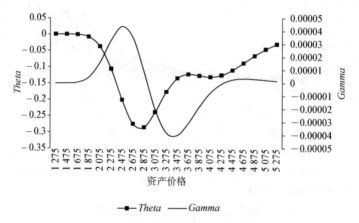

图 5-4 牛市价差的 *Gamma* 与 *Theta*

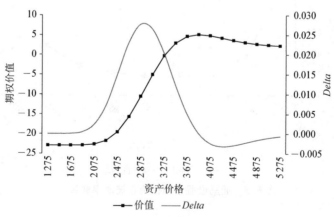

图 5-5 牛市价差组合价值与 *Delta*

"资产价格快速上涨"和"波动率上升"带来的"戴维斯双击";反之,牛市价差的所有损失都来自时间价值流失,而资产价格和波动率并未能够上涨而弥补时间价值的流失。

应该中止牛市价差策略吗?

牛市价差应该及时止损或止盈,即应该审时度势而决定是否中止牛市价差策略。一方面,应该正确看待牛市价差的损失,不可被"买入期权损失有限"教条所迷惑。在前面的例子中,假设交易员构建10张阿里巴巴股票期权的牛市价差,买入行权价@200美元的看涨期权支付了20美元,卖出行权价@220美元的看涨期权收入10美元,构建牛市价差的成本为10美元。如果市场估值下跌至5美元,则意味着损失已经达到50%,总损失金额已经达到25 000美元($10\times500\times5$)[1],应该按照既定的纪律执行相应止损措施,而不应该被已经被固化下来的最大损失所迷惑,可以根据损失比例设置止损的节奏。另一方面,止盈是经验丰富交易员通常会遵循的惯例,交易员可以根据盈利目标设置止盈比例。例如,可以设置多个盈利目标,如果达到第一个目标(假设10 000美元)则减少30%的头寸,达到第二个目标(假设30 000美元),则减少80%的头寸。这样的止盈原则有以下两个好处。

(1)部分利润留存能在很大程度上降低风险,防止突然出现价格反转的情况而导致损失掉所有的成本,这在期权交易中非常常见。在上面的例子中,如果实现盈利10 000美元,卖出50%仓位,则剩余5张期权组合,剩余最大损失下降为15 000美元[$5\times500\times(20-10)-10\ 000$],相比原来最大的潜在损失50 000美元[$10\times500\times(20-10)$],风险下降明显。

(2)逐步止盈可以追求未来可能的盈利。实现30 000美元盈利后,减少80%仓位,则剩余头寸最大损失已经低于已实现盈利,$2\times500\times(20-10)<30\ 000$,而剩余20%即2张期权合约,仍有机会获取最大的20 000美元[$2\times500\times(220-200)$]的盈利。

当然,在实际的交易中,交易员可以选择关闭一笔看涨期权,而保留另一笔看涨期权,在上面的例子中,假设牛市价差剩余期限只剩下2个交易日,阿里巴巴美股股票价格已经上涨至215美元,并且判断上涨势头将会延续并可能在未来一两个交易日内触及220美元的卖出看涨期权之行权价。此时,

---

[1] 阿里巴巴股票每张期权合约对应500股股票。

交易员可以提前买回行权价为220美元的看涨期权(见表5-4)。在其他的情况下,交易员也可以根据实际情况处理所持有的两笔看涨期权头寸,但总体原则是必须考虑收益与风险的匹配,并做好相应的止盈及止损的处置预案。

表5-4 牛市价差的几种存续操作

股票价格	＋Call@200美元	－Call@220美元	性质	风险
上涨至225美元	平仓	平仓	止盈	无
上涨至220美元	持有	平仓	止盈	低
上涨至215美元	持有	部分平仓	止盈	低
上涨至215美元	平仓	部分平仓	止盈	高
下跌至180美元	平仓	平仓	止损	无
下跌至180美元	平仓	持有	止损	高

关注牛市价差的希腊参数

在期权交易中需要时刻关注组合之后的希腊风险参数,这些参数代表真实的期权风险敞口。关注综合性的参数,原因在于期权组合之后,希腊参数的形态可能发生较大变化。如图5-6和图5-7所示,牛市价差的 $Delta$ 为类似正态分布的单峰形态,随着股票价格上涨,因为买和卖期权的 $Delta$ 抵消,组合的 $Delta$ 敞口最终归于零。因此,当交易员需要对冲 $Delta$ 敞口时,就可以预判股票价格的走势,如果确认股票价格将继续上涨,则需要卖出股票对冲 $Delta$ 多头头寸的数量就应该减少。这当然只是最简单的例子,实际上,牛市组合的 $Vega$ 和 $Gamma$ 头寸也与单笔期权有显著的差异,同样需要精心的研究和管理。

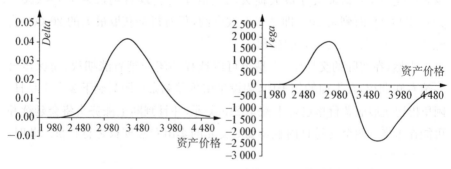

图5-6 牛市价差的 $Delta$ 和 $Vega$ 参数

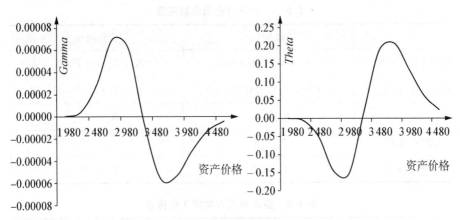

图 5-7　牛市价差的 *Gamma* 和 *Theta* 参数

5.2　熊市价差

熊市价差的构造

以亚马逊美股股票为例子,当其股票价格为 3 205 美元,交易员可以选择以卖出看涨期权的方式,亦可以使用买入看跌期权的方式构建熊市价差组合,如表 5-5 所示。可以通过交易所期权典型的 T 型报价选择构建熊市价差的组合。同样为 2020 年 11 月 20 日到期的熊市价差组合,如表 5-6 所示,可以有两种构建方式:

组合一:2020 年 11 月 20 日熊市看涨价差(bear call spread)
　　卖出:看涨期权@3 210 美元,获得期权费 201.10 美元。
　　买入:看涨期权@3 240 美元,支付期权费 191.30 美元。
　　最大收益:201.10－191.30＝9.8(美元)
　　最大风险:－3 240＋3 210＝－30(美元)

组合二:2020 年 12 月 18 日熊市看跌价差(bear put spread)
　　买入:看跌期权@3 250 美元,支付期权费 277.95 美元。
　　卖出:看跌期权@3 210 美元,获得期权费 252.90 美元。
　　最大收益:3 250－3 210＝40(美元)
　　最大风险:－277.95＋252.90＝－25.05(美元)

表 5-5 熊市价差组合的构造

	看涨期权①	看跌期权
做多熊市价差组合	$-C_1(K_1, T_1), +C_2(K_2, T_2)$	$-P_1(K_1, T_1), +P_2(K_2, T_2)$
做空熊市价差组合	$+C_1(K_1, T_1), -C_2(K_2, T_2)$	$+P_1(K_1, T_1), -P_2(K_2, T_2)$
行权价关系	$K_1 < K_2$	$K_1 > K_2$
普通熊市价差	$T_1 = T_2$	$T_1 = T_2$
对角熊市价差	$T_1 \neq T_2$	$T_1 \neq T_2$

表 5-6 亚马逊股权期权 T 型报价

到期日	看涨期权			行权价	看跌期权		
	买入价	卖出价	隐含波动率		买入价	卖出价	隐含波动率
2020-11-20	203.50	207.75	53.82%	3 205	199.10	202.55	53.56%
	201.10	205.35	53.81%	3 210	201.70	205.15	53.55%
	198.55	202.95	53.77%	3 215	204.30	207.80	53.53%
	197.00	200.40	53.84%	3 220	206.95	210.45	53.52%
	193.85	198.20	53.73%	3 225	209.60	213.20	53.52%
	191.60	195.70	53.71%	3 230	212.30	215.80	53.50%
	190.25	193.40	53.82%	3 235	214.80	218.50	53.46%
	187.50	191.30	53.77%	3 240	217.70	221.35	53.48%
	185.40	189.00	53.77%	3 245	220.45	224.10	53.47%
	183.60	186.75	53.81%	3 250	223.20	226.10	53.36%
2018-12-20	253.35	257.25	49.32%	3 210	252.90	256.55	49.09%
	244.15	248.05	49.28%	3 230	263.65	267.35	49.08%
	235.90	239.00	49.31%	3 250	274.65	277.95	48.99%
	226.55	230.40	49.24%	3 270	285.90	289.90	49.03%
	218.05	221.90	49.22%	3 290	297.45	301.45	49.02%

---

① 由看涨期权构造的熊市价差也被称为认购熊市价差(bear call spread),由看跌期权构造的也被称为认沽熊市价差(bear put spread)。

熊市价差的到期损益图

无论何种构造方式,熊市看涨价差的到期损益图如图5-8所示,构建熊市价差之后,资产价格实现大幅度下跌愈大,熊市价差组合就能够实现越多的收益。但由于看跌期权所构造的熊市价差为支付期权费,其风险来自市场下跌幅度不足,时间价值衰减不断损耗掉已经支付的期权费;而由看涨期权所构造的熊市价差获得期权费,其最大风险来自资产价格大幅度上涨。因而从本质上看,熊市价差实质为做空资产价格。

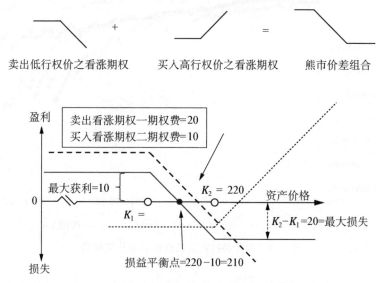

图5-8 熊市价差到期损益图①

熊市价差的使用

使用熊市价差策略需要较好地把握资产价格下跌的时机。首先,把握资产波动的特征。诸多的资产类型,其下跌的形态可能大不一样,如科技巨头,由于其业务网络效用带来的赢家通吃,亚马逊、谷歌和阿里巴巴等股票经历长期的增长,其间固然也有下跌的机会,但从长期来看,熊市价差策略的表现却不佳,如图5-9所示。观察权益类资产期权,长期慢牛的指数期货

---

① 以看涨期权构造为例。

期权也有类似的表现,因此,能否较好把握不同类型资产的波动特征决定熊市价差策略之成败。其次,需要把握重大事件的冲击,即使全球科技巨头和主要股指长期维持上涨趋势,但在大趋势中仍有执行熊市价差策略的机遇。例如,2020年3月,新冠肺炎疫情开始在全球蔓延,针对亚马逊等科技巨头执行熊市价差仍有可能获得正向收益。因此,把握影响广泛的全球事件、重要财务数据发布和货币政策的节点,对于执行熊市价差非常重要。

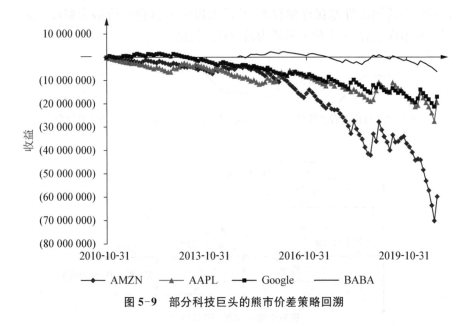

图 5-9 部分科技巨头的熊市价差策略回溯

除了作为投机交易策略,熊市价差也可以使用在对于对冲资产价格下跌之用途,在机构投资或企业套期保值需求中,可以直接买入对应资产的看跌期权进行风险对冲,但买入看跌期权面临时间价值衰减的损耗,而通过配置熊市价差,可以实现一定程度的下跌保护,其优势是能够更好地平衡风险对冲和成本支出。

熊市价差的希腊风险参数

与牛市价差组合类似,合理管理熊市价差的希腊风险参数至关重要,从图 5-10 和图 5-11 可以看出,熊市价差与牛市价差组合的希腊字母互为镜像。也正因为如此,当交易的期权组合增多之后,看涨期权与看跌期权之间、多头与空头之间所构成的价差组合就会变得更为复杂,可能交易

1与交易2之间形成牛市价差,而交易1与交易3之间又形成熊市价差组合。因此,如何能够全局地展示组合的希腊风险头寸并合理地管理,亦非常重要。

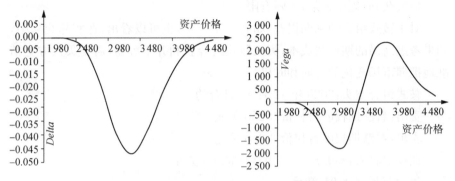

图5-10　熊市价差的 *Delta* 与 *Vega* 风险参数

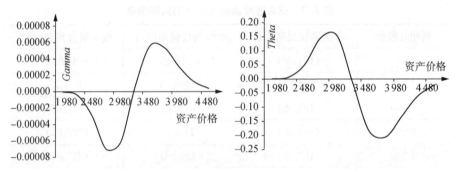

图5-11　熊市价差的 *Gamma* 与 *Theta* 风险参数

5.3　鞍式组合

鞍式组合的构造

鞍式(straddle)是最常见的期权交易策略之一,由两笔具有相同期限及行权价的看涨期权和看跌期权构成。延续表5-5的示例,交易员可以构建鞍式组合的多头和空头:

鞍式组合多头:2020年11月20日合约。

买入:看涨期权@行权价3 240美元。

卖出：看跌期权@行权价 3 240 美元。

成本：−191.30−221.35＝−412.65（美元）

最大损失：412.65 美元。

最大获利：理论无限，实际有限。

对于鞍式组合的到期损益，如表 5-7 所示，也可以看出，在实际交易中，如果考虑高昂的期权费成本，买入鞍式组合获利并不容易，需要买入方更精准地把握市场变化的方向和时机。

鞍式组合空头：2020 年 12 月 18 日合约。

卖出：看涨期权@行权价 3 250 美元。

卖出：看跌期权@行权价 3 250 美元。

期权费收入：239.00＋277.95＝466.95（美元）

最大获利：466.95 美元。

最大损失：理论无限，实际有限。

表 5-7 亚马逊股票鞍式组合的到期损益

到期时股价	看涨期权到期损益	看跌期权到期损益	鞍式组合到期损益
2 640	(191.30)	＋378.65	＋187.35
2 790	(191.30)	＋228.65	＋37.35
2 940	(191.30)	＋78.65	(112.65)
3 090	(191.30)	(71.35)	(262.65)
3 240	(191.30)	(221.35)	(412.65)
3 340	(91.30)	(221.35)	(312.65)
3 440	＋8.70	(221.35)	(212.65)
3 540	＋108.70	(221.35)	(112.65)
3 640	＋208.70	(221.35)	(12.65)
3 740	＋308.70	(221.35)	＋87.35
3 840	＋408.70	(221.35)	＋187.35
3 940	＋508.70	(221.35)	＋287.35

鞍式期权组合到期损益如图 5-12 所示。需要提醒的是，交易员往往需要面对的并非到期损益图，到期损益图描述的是到期时鞍式期权组合的损益情况，完全无法反映持有期权过程中的估值损益情况。实际上，多数期权

并不会持有到期,而是作为交易工具频繁开仓和退出。

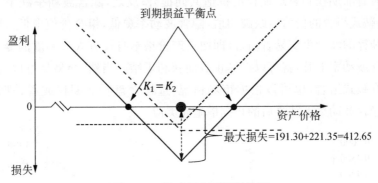

图 5-12 鞍式组合到期损益图

鞍式组合的实质

鞍式组合是典型的波动率交易策略:买入鞍式组合,则为做多波动率,既包括隐含波动率,也是做多实际波动率;反之,卖出鞍式组合,则为做空波动率,自然也包含隐含波动率和实际波动率。再进一步,隐含波动率变化,影响鞍式组合的估值。如果交易员即刻平盘,就可以将损益实现;如果选择继续持有而不做任何操作,则估值损益为未实现损益。简而言之,隐含波动率变化通过 Vega 影响期权的价值,此时鞍式组合交易的是 Vega。

如果隐含波动率不变,股票资产价格实际波动率变化,则鞍式组合需要将交易的注意力转向 Gamma,此时交易员需要进行 Gamma 动态交易(scalping),需要通过买卖股票调整 Delta 头寸,因而也称为 Delta 动态对冲交易,这个过程的损益是已实现之损益。因此,鞍式组合的盈利来源也可能来自隐含波动率的变化和实际波动率的变化。

鞍式组合的隐含波动率交易

以买入鞍式组合为例子进行说明,按照隐含波动率为 4.6% 的价格买入行权价为 6.4372 的平值状态鞍式组合,图 5-13 展示了隐含波动率变化而其他参数不变的情景,可以看到:隐含波动率上升,则鞍式组合价值上升,而且伴随着看涨期权和看跌期权的价值共同提升;反之,隐含波动率跌至4.6%以下,鞍式组合的价值也跌破初值,隐含波动率愈低,组合价值愈低。因此,对于纯粹的波动率交易者而言,即便资产价格本身没有太大幅度的变化,只要隐含波动率上升,就可以选择止盈而获利了结。当然,交易员可以选择同时平仓鞍式组合,也可以根据市场情况,选择平盘看涨期权或看跌期权之一。隐含波动率下跌之后的止损措施亦类似。

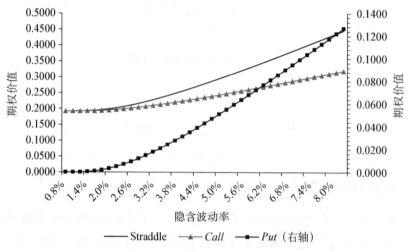

图 5-13 鞍式组合价值与隐含波动率变化

鞍式组合的实际波动率交易

鞍式组合的实际波动率交易体现在动态对冲过程中。以卖出鞍式组合为例,通过 $Delta$ 的动态对冲展示实际波动率交易,初始股票价格为100元,鞍式组合的行权价(X)为100元,无风险利率(r)为3%,初始期权组合的隐含波动率(σ)为25%,期限(T)单位为年,股息率(q)为0。以50%的实际波动率产生随机数据模拟资产价格变化,所采用之随机过程为几何布朗运动,漂移率(μ)为6%。动态对冲过程中,若需要买入股票资产,则采用融资的形式借入资金,并按照无风险利率计算利息,具体过程如下:

红色单元格(d_1):

$$d_1 = \frac{\ln(S_t/X) + (r - q + \sigma^2/2)T}{\sigma\sqrt{T}}$$

$$= \frac{\ln(109/100) + (0.03 - 0 + 0.25^2/2) \times 0.95}{0.25 \times \sqrt{0.95}} = 0.5926$$

黄色单元格($Delta$，Δ_i)：

$$\Delta_i = \Delta_{Call} + \Delta_{Put}$$
$$= e^{-rT}N(d_1) - e^{-rT}N(-d_1)$$
$$= e^{-0.03 \times 0.95} \times N(0.5926) - e^{-0.03 \times 0.95} \times N(-0.5926)$$
$$= 0.4340$$

绿色单元格(现金流，CF_i)：

$$CF_i = (\Delta_{i+1} - \Delta_i) \times S_{i+1},$$
$$CF_i = 109 \times (0.1878 - 0.4340) = -26.83$$

橙色单元格(利息，I_i)：

$$I_i = 18.78 \times (e^{0.05 \times 0.03} - 1) = 0.03$$

股票资产(A_i)：

$$A_i = 100 \times 0.1878 = 18.78$$

蓝色单元格(期权组合价值，V_i)：

$$V_i = Call + Put$$
$$= S_t N(d_1) - X e^{-rT} N(d_2) + X e^{-rT} N(-d_2) - S_t N(-d_1)$$
$$= 109 \times N(0.4340) - 100 \times e^{-0.03 \times 0.95} N(0.3489)$$
$$\quad + 100 \times e^{-0.03 \times 0.95} N(-0.3489) - 94.42 \times N(-0.5926)$$
$$= 22.16$$

其中，计算期权价值中所使用的d_2计算如下：

$$d_2 = d_1 - \sigma\sqrt{T}$$
$$= 0.5926 - 0.25 \times \sqrt{0.95}$$
$$= 0.3489$$

单次对冲损益（$P\&L_i$）：

$$P\&L_i = (\Delta_{i+1}S_{i+1} - \Delta_i S_i) - (A_{i+1} - A_i) - (V_{i+1} - V_i)$$
$$= (0.4340 \times 109 - 0.1878 \times 100) - (45.64 - 18.78)$$
$$- (22.16 - 19.74)$$
$$= -0.75$$

由此可见，以 0.25% 的隐含波动率价格卖出鞍式组合之后，如果实际波动率上升至 50%，进行动态对冲，鞍式组合卖出方将遭受实际的对冲损失。实际上，如表 5-8 所示，按照 0.05 年的时间步长进行 10 次动态对冲之后，鞍式组合的累计损失达到 14.20 个单位。

表 5-8 鞍式组合的实际波动率交易

剩余期限	资产价格	D_1	Delta	现金流	利息	股票资产	期权价值	对冲损益
T	S	d_1	Δ	CF	I	A	V	$P\&L$
1	100.00	0.2450	0.1878			18.78	19.74	0.00
0.95	109.00	0.5926	0.4340	−26.83	0.03	45.64	22.16	−0.75
0.90	110.07	0.6370	0.4632	−3.22	0.07	48.93	22.14	0.42
0.85	105.48	0.4575	0.3438	12.60	0.07	36.40	19.70	0.24
0.80	114.48	0.8239	0.5760	−26.59	0.05	63.05	23.45	−0.71
0.75	107.70	0.5546	0.4115	17.72	0.09	45.42	19.44	0.00
0.70	102.30	0.3136	0.2410	17.43	0.07	28.05	17.04	0.11
0.65	81.00	−0.8481	−0.5919	67.47	0.04	−39.38	20.36	−8.49
0.60	70.43	−1.6202	−0.8788	20.21	−0.06	−59.64	28.35	−1.68
0.55	86.24	−0.6169	−0.4551	−36.54	−0.09	−23.19	16.92	−2.37
0.50	78.60	−1.1890	−0.7542	23.50	−0.03	−46.73	21.39	−0.97
累计								−14.20

既然鞍式期权组合的实质是交易波动率，那么交易员就需要明确策略到底是放在博弈隐含波动率变化还是实际波动率变化之上。二者的市场驱动力并不一样，所需要的决策机制也不一样，策略制定之后，实现收益和止损的方式也有所差异。隐含波动率的上升往往具有脉冲式特征，上升得快，下跌也可能较快，背后有一致性预期带来的情绪化因素。交易隐含波动率一般而言直接交易期权自身，关注的重点是市场情绪和隐含波动率头寸，即

Vega 头寸。特征上,实际波动率具有更加典型的聚簇性,背后反映的是多空分歧带来的剧烈冲撞。交易实际波动率需要交易员进行动态对冲,而动态对冲则需要非常高的基础资产交易技巧,如选择何种对冲频率、选择何种技术指标进行小范围和短时间内的动态对冲,能够在很大程度上实现收益或者降低冲击成本,因而关注的重点是基础资产的盘面情况和资产之头寸情况。

鞍式组合策略交易回溯

做多鞍式组合能否盈利,需要较好地把握买入的时机,这与任何的买入期权操作类似,如图 5-14 所示是买入亚马逊股票期权鞍式组合的简单回溯。从结果来看,对于具有长期牛市特征的股票,买入鞍式组合的效果并不理想,尤其是买入实值和平值的鞍式组合。原因还是买入期权的期权费成本过高,如果股票价格持续缓慢上涨,则买入股票更为理想,只有股票大幅度下跌或上升,买入鞍式组合才可能获得更好的表现。

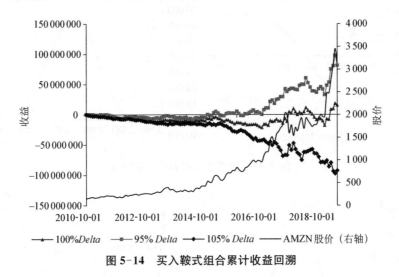

图 5-14 买入鞍式组合累计收益回溯

鞍式组合交易的建仓与平仓

可以分步骤对鞍式组合进行建仓或平仓。分步建仓或平仓,考量的一个要素是能否有效降低成本。对于两笔期权组合构成的鞍式策略,交易员可以同时建仓,也可以根据实际情况进行分步骤建仓,在平仓时也可以采取类似的步骤。例如,如果市场稳步向上,波动率仍然尚未有明显改变,而认为未来波动率将有比较大的概率上涨,此时可以先买入看涨期权,而等待股票价格上涨的拐点来临时再买入看跌期权,这样的优势在于能够降低成本。反之,需要对鞍式组合平仓时,也可以根据情况对两笔期权进行先后平仓。因此,分布建仓或平仓真正需要遵循的最重要原则是风险控制原则,提前建仓或平仓意味着头寸形式发生变化,风险形态也发生变化,因而有针对性地采取措施。

鞍式组合交易的希腊风险参数

如图 5-15 和图 5-16 所示为鞍式组合的希腊风险参数,值得注意的是,相比买入单笔期权,买入鞍式组合不仅有更大且为正数的 Vega 和 Gamma 头寸,但同时也有沉重的负 Theta 头寸。

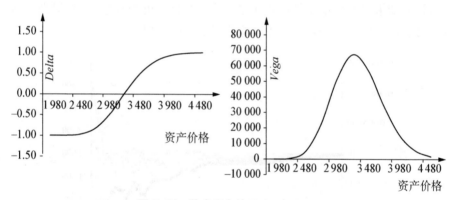

图 5-15 鞍式组合的 Delta 与 Vega

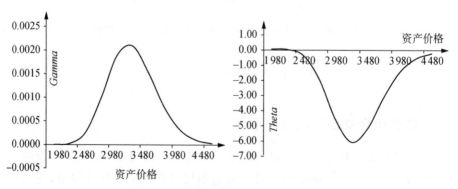

图 5-16 鞍式组合的 Gamma 与 Theta

5.4 勒式组合

勒式组合的构造

勒式(strangle)组合可能是许多交易员开展期权交易的第一步,勒式组合由两笔行权价不相同的看涨期权(@K_1)和看跌期权(@K_1)构成,与鞍式组合不同之处在于两笔期权的行权价并不相同,构造勒式期权的看涨期权有更高的行权价,即 $K_1 > K_2$。在实践中,为确保勒式组合的 Delta 为 0,即 Delta 中性,往往会购买或卖出相同 Delta 的看涨期权和看跌期权。

勒式组合多头:2020 年 11 月 20 日合约。

买入:看涨期权@行权价 3 250 美元。

卖出:看跌期权@行权价 3 210 美元。

成本:−186.75−205.15=−391.9(美元)

最大损失:391.9 美元。

最大获利:理论无限,实际有限。

对于鞍式组合的到期损益,如图 5-16 所示,也可以看出,在实际交易中,如果考虑高昂的期权费成本,买入鞍式组合获利并不容易,需要买入方更精准地把握市场变化的方向和时机。

鞍式组合空头:2020 年 12 月 18 日合约。

卖出:看涨期权@行权价 3 290 美元。

卖出:看跌期权@行权价 3 210 美元。

成本:218.05+252.9=470.95(美元)

最大获利:470.95 美元。

最大损失:理论无限,实际有限。

勒式组合的到期损益如图 5-17 所示。

勒式组合的交易实质

勒式组合实质上仍然是波动率交易,买入勒式组合的本质是做多波动率,卖出勒式组合的实质是做空波动率,既包含隐含波动率,也包含实际波动率,隐含波动率交易的是 Vega,实际波动率交易的是 Gamma,交易的逻辑与鞍式组合并无本质区别。

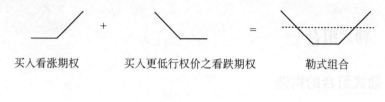

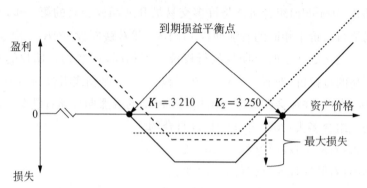

图 5-17 勒式组合的到期损益图

在实际的交易中,许多交易员喜欢通过卖出勒式组合开启交易,尤其对于许多新手交易员,卖出的勒式组合,无论看涨期权还是看跌期权的行权价都远离当前股票市场价格,从直觉上,这也许能给予一定的安全感,其隐含的是"需要很大的波动"勒式组合才可能真正亏损。但这里必须提醒几点:首先,理清所持有勒式组合的策略,是持有到期,抑或可在中途出售,初衷不同,所采用的交易策略也不相同;其次,即便持有到期,也需要充分考虑止损或止盈管理,仍然需要按照既定的交易纪律进行止损或止盈;再次,理性看待所卖出之勒式期权的行权价远离当前的市场价,所谓的"安全感"可能并不那么真实,隐含波动率的变化往往有脉冲特征,不确定事件的冲击能够导致股票市场出现超出预期的波动,不可用正态分布的思维决策;最后,最终仍然需要回到波动率交易的维度看待勒式组合,对未来隐含波动率和实际波动率的预判,才是勒式组合策略的核心。隐含波动率曲线的移动如图 5-18 所示。

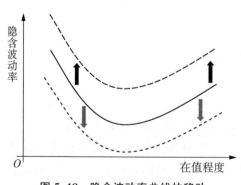

图 5-18 隐含波动率曲线的移动

勒式组合的希腊风险参数

如图 5-19 和图 5-20 所示,勒式组合的希腊风险参数与鞍式组合并无太大差异,从管理角度来看也非常类似。需要重视的是,当期权交易数量增多之后,如何才能准确计量勒式组合的风险头寸,原因在于分散的期权可能连接成为勒式组合,因而既可以从整体管理期权组合的风险头寸,也可以将整体头寸分解为勒式、鞍式或其他组合,再从单个组合的角度进行管理。

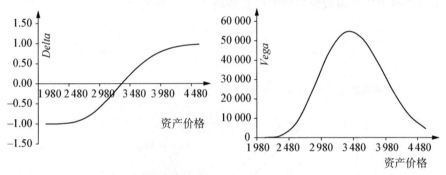

图 5-19 勒式组合多头的 Delta 与 Vega

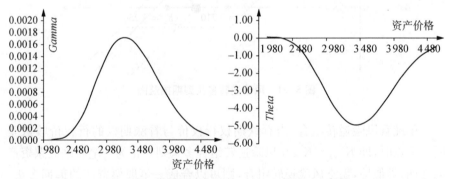

图 5-20 勒式组合多头的 Gamma 与 Theta 参数

5.5 风险逆转

风险逆转组合的构造

风险逆转(risk reversal)组合是期权交易中最重要的策略之一,尤其在外汇交易领域,风险逆转是直接报价和直接交易固定的组合交易策略之一,具有非常重要的地位。该策略由一笔看涨期权和一笔方向相反的看跌期权组成。买入看跌期权同时卖出看涨期权为做多风险逆转,如图 5-21 所示;反之,卖出看跌期权买入看涨期权则为做空风险逆转。顾名思义,做多风险逆转意味着希望从风险变化方向反转中获利。当买入股票,做多风险逆转意味着锁定股票资产下跌的空间,因为已经买入了看跌期权,同时当然也因为卖出看涨限定了上涨的空间,但从股票价格下跌中获得风险逆转组合带来的收益可以平滑股票投资的收益波动。

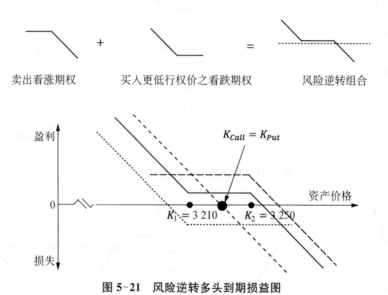

图 5-21 风险逆转多头到期损益图

单纯看风险逆转组合,当看跌期权行权价与看涨期权的行权价收敛至同一个点时,即 $K_{Call}=K_{Put}$,风险逆转组合多头则转化为一笔看跌股票资产的远期;类似地,做空风险逆转组合,则可以合成一笔股票资产的远期多头。具体构造风险逆转组合时,如表 5-9 所示,可以根据交易员对于市场的判断选择目标期限合约以及行权价。

做多风险逆转组合:2020 年 11 月 20 日合约。

买入:看跌期权@3 230 美元。

卖出:看涨期权@3 240 美元。

成本/收入:$-195.70+217.70=22$(美元)

做空风险逆转组合:2020 年 12 月 18 日合约。

卖出：看跌期权@行权价 3 270 美元。
买入：看涨期权@行权价 3 290 美元。
成本/收入：226.55－301.45＝－74.9(美元)

表 5-9 亚马逊股权期权 T 型报价

到期日	看涨期权			行权价	看跌期权		
	买入价	卖出价	隐含波动率		买入价	卖出价	隐含波动率
2020-11-20	203.50	207.75	53.82%	3 205	199.10	202.55	53.56%
	201.10	205.35					53.55%
	198.55	202.95					53.53%
	197.00	200.40					53.52%
	193.85	198.20	53.73%	3 225	209.60	213.20	53.52%
	191.60	195.70	53.71%	3 230	212.30	215.80	53.50%
	190.25	193.40	53.82%	3 235	214.80	218.50	53.46%
	187.50	191.30	53.77%	3 240	217.70	221.35	53.48%
	185.40	189.00	53.				3.47%
	183.60	186.75	53.				3.36%
2020-12-18	253.35	257.25	49.				9.09%
	244.15	248.05	49.28%	3 230	263.35	267.35	49.08%
	235.90	239.00	49.31%	3 250	274.65	277.95	48.99%
	226.55	230.40	49.24%	3 270	285.90	289.90	49.03%
	218.05	221.90	49.22%	3 290	297.45	301.45	49.02%

做多风险逆转组合：
买入看跌期权@3 230
卖出看涨期权@3 240

做空风险逆转组合：
卖出看跌期权@3 270
买入看涨期权@3 290

风险逆转组合的实质

本质上，风险逆转组合交易的是隐含波动率曲线的斜率变化，也可以认为是交易隐含波动率曲线的偏斜变化。如图 5-22 所示，当隐含波动率曲线从形态 1 向形态 2 转化时，意味着同样在值程度（Delta 或 S/K）的看跌期权之隐含波动率下跌，而看涨期权隐含波动率上升；当隐含波动率曲线自形态 1 向形态 3 转化时，同样在值程度的看跌期权隐含波动率上升，而看涨期权隐含波动率下降。

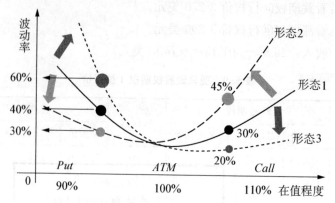

图 5-22 风险逆转交易的是波动率曲线偏斜变化

隐含波动率曲线偏斜状态改变,如何影响风险逆转组合的估值呢?用一个简单的例子展示隐含波动率曲线偏斜变化的巨大影响。

假设资产价格 S_t 为 3 250 美元,看跌期权和看涨期权行权价分别为 K_{Put} 3 200 美元和 K_{Call} 3 300 美元,无风险利率 r 为 0.5%,期限 t 为 1 年。

情景 1:波动率曲线形态 1→形态 2

看跌期权隐含波动率:$\sigma_{Put}^1 = 40\% \rightarrow \sigma_{Put}^2 = 30\%$

看涨期权隐含波动率:$\sigma_{Call}^1 = 30\% \rightarrow \sigma_{Call}^2 = 45\%$

则 BSM 模型下单笔期权价值变化如下:

$$BSM_{Put}^1(3\ 250, 3\ 200, 0.1, 0.5, 40\%) = 8.99$$
$$\rightarrow BSM_{Put}^2(3\ 250, 3\ 200, 0.1, 0.5, 30\%) = 4.31$$
$$BSM_{Call}^1(3\ 250, 3\ 300, 0.1, 0.5, 30\%) = 4.52$$
$$\rightarrow BSM_{Call}^2(3\ 250, 3\ 300, 0.1, 0.5, 45\%) = 12.03$$

风险逆转组合估值:

$$RR_1 = 8.99 - 4.52 = 4.47 \rightarrow RR_2 = 4.31 - 12.03 = -7.72$$

情景 2:波动率曲线形态 1→形态 3

看跌期权隐含波动率:$\sigma_{Put}^1 = 40\% \rightarrow \sigma_{Put}^3 = 60\%$

看涨期权隐含波动率:$\sigma_{Call}^1 = 30\% \rightarrow \sigma_{Call}^2 = 20\%$

则 BSM 模型下单笔期权价值变化如下:

$$BSM_{Put}^1(3\,250, 3\,300, 0.1, 0.5, 40\%) = 8.99$$
$$\rightarrow BSM_{Put}^2(3\,250, 3\,200, 0.1, 0.5, 30\%) = 20.22$$
$$BSM_{Call}^1(3\,250, 3\,300, 0.1, 0.5, 30\%) = 4.52$$
$$\rightarrow BSM_{Call}^3(3\,250, 3\,300, 0.1, 0.5, 20\%) = 1.11$$

风险逆转组合估值：

$$RR_1 = 8.99 - 4.52 = 4.47 \rightarrow RR_3 = 20.22 - 1.11 = 19.11$$

从这两个情景的简单分析，可以看出风险组合的巨大作用。在资产价格不变的前提下，隐含波动率曲线的变化已经促使风险逆转组合产生巨大的估值波动。那么留给交易员的思考便是，何种情况下隐含波动率曲线会如何变化，以及如何建立仓位和进行后续的资金管理。隐含波动率曲线的变化，也恰恰反映"风险逆转"的实质，市场恐慌情绪上升，资产价格下跌预期上升，自然导致看跌期权隐含波动率上升更快，隐含波动率曲线从形态 1 向形态 3 转化，买入风险逆转组合将获得收益。如果股票价格同步出现下跌，风险逆转组合将能够很好地对冲股票头寸的风险。类似地，如果预期资产价格将大幅度上升，那么隐含波动率曲线向形态 2 转变。

为什么需要风险逆转组合

在外汇期权交易领域，风险逆转组合是最重要的组合策略之一。市场提供标准的风险逆转直接报价，一般而言同时提供 25% 和 10% Delta 的风险逆转组合，即 25D RR 与 10D RR 都可以直接交易，其中 25D RR 由 25% Delta 的看涨期权和看跌期权组成，合成的风险逆转组合 Delta 为 50%。交易员如此重视风险逆转组合，主要有三个原因。其一，风险逆转报价的变化反映隐含波动率曲线形态之变化，而波动率形态的变化能够非常好地反映市场情绪的变化。如果风险逆转报价上涨，意味着市场对尾部风险的定价在上升，交易员即使不能提前预判，也应该非常关注这个变化。其二，抽象的风险逆转头寸可以帮助交易员更好理解其风险敞口。在外汇领域，将投资组合头寸抽象为典型的平值头寸（ATM）、风险逆转（RR）头寸和蝶式（BF）组合头寸，交易员可以直接针对这些头寸进行对冲管理。实际上，在权益类资产组合中，如果持有的资产组合足够多，也应该发现和管理投资组合头寸中类似的典型风险头寸。其三,即使权益类投资组合的复杂度没有那么高,也应该通过观察期权隐含波动率曲线的形态变化,捕捉市场情绪的变化(参见表5-10)。

表 5-10 美元兑人民币外汇期权的波动率曲面报价

期限	ATM		25D RR		10D RR		25D BF		10D BF	
	Bid	Ask	Bid	Ask	Bid	Ask	Bid	Ask	Bid	Ask
隔夜	7.263	9.713	−1.1500	1.500	−4.025	4.025	−0.600	0.850	−1.688	2.463
7天	5.655	6.355	−0.313	0.438	−0.725	0.925	−0.563	0.788	−0.338	1.103
1个月	6.025	6.275	0.025	0.375	0.075	0.625	−0.275	5.525	0.000	0.800
2个月	5.963	6.213	0.075	0.425	0.100	0.800	0.1500	0.250	0.275	0.875
3个月	6.017	6.267	0.125	0.475	0.250	0.850	0.125	0.325	0.387	0.988
6个月	6.025	6.255	0.250	0.500	0.325	0.975	0.250	0.400	0.675	1.275
1年	6.105	6.305	0.350	0.550	0.475	1.125	0.287	0.488	1.013	1.612

风险逆转策略回溯的启示

如图5-23所示为亚马逊股票期权风险逆转组合的累计收益情况,有两点显而易见的结论。其一,交易风险逆转组合需要明确的方向。风险逆转组合的收益与资产价格演变的方向具有极强的相关性,其原因在于风险逆转实际隐含与股票资产相同的方向,如买入股票资产,那么买入看涨期权、卖出看跌期权具有类似的风险特征。实际上,当看涨期权与看跌期权的行权价重叠时,风险逆转则退化为股票资产的远期头寸。其二,交易风险逆转需要艺术地决定行权价的分布。亚马逊股票在过去10年经历大的上涨趋势,因而买入$105\%\ Call+95\%\ Put$所构成的风险逆转可以获得理想的收益,但$110\%\ Call+90\%\ Put$构成的组合表现则逊色不少。在实践中,如何决定行权价水平、如何判断波动率曲线演变、何时建仓和如何退出等要素,很大程度上决定风险逆转组合的成效。

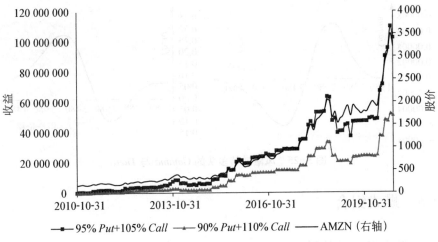

图 5-23 风险逆转策略累计收益率回溯

风险逆转的希腊风险参数

如图 5-24 和图 5-25 所示为风险逆转的主要希腊风险参数。可以看出,风险逆转整体为负 Delta 的策略,同时由于买入看跌期权而卖出看涨期权,所以在股票价格较低的区域为波动率多头,而在股票价格较高的区域为波动率空头,Vega、Gamma 和 Theta 都呈现出此特征。更重要的意义在于这些图形的变化。例如,如果 Vega 的图形出现第一个波峰上升,则意味着第二个波谷将会变得平缓,此时,既意味着风险逆转的 Vega 头寸上升,也意味着隐含波动率曲线的斜率变得更加陡峭。实际上,买入风险逆转往往有一定的成本,这个成本是买入看跌期权与卖出看涨期权的价差。留给交易员的问题是:何时何价可以买入风险逆转?

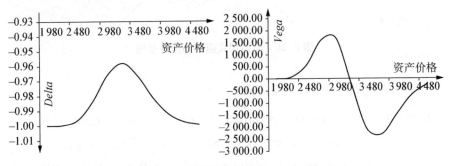

图 5-24 风险逆转多头的 Delta 与 Vega

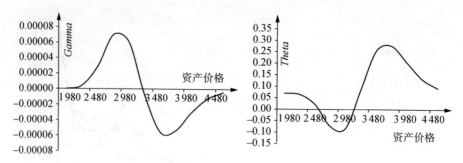

图 5-25 风险逆转多头的 *Gamma* 与 *Theta*

5.6 蝶式组合

蝶式组合的构造

蝶式(Butterfly)组合是较为复杂的期权组合之一。顾名思义,蝶式组合由主体部分和两翼部分构成,其中主体部分是一个鞍式期权组合,而两翼部分为一个勒式组合。当买入两翼组合,卖出主体组合,此时为买入蝶式期权组合,到期损益图如 5-26 所示;反之,卖出两翼组合,买入主体组合,则为卖出蝶式组合。实践中,蝶式期权有灵活的构造方式。

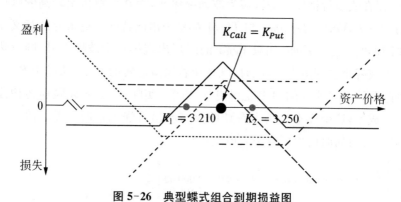

图 5-26 典型蝶式组合到期损益图

买入蝶式组合有三种构造方式。

$$+Butterfly = +Strangle - Straddle = +Call_1 + Put_3 - Call_2 - Put_2$$
$$= +Call\ Spread_1 - Call\ Spread_2 = +Call_1 + Call_3 - 2Call_2$$
$$= +Put\ Spread_1 - Put\ Spread_2 = +Put_1 + Put_3 - 2Put_2$$

例如,如果使用鞍式和勒式组合构建蝶式组合,则:
  买入:1 份看跌期权@3 210 美元,支付期权费 202.70 美元;
  买入:1 份看涨期权@3 250 美元,支付期权费 186.75 美元;
  卖出:1 份看涨期权@3 230 美元,收入期权费 191.60 美元;
  卖出:1 份看涨期权@3 230 美元,收入期权费 212.30 美元。
如果使用看涨期权价差组合构建,则:
  买入:1 份看涨期权@3 210 美元,支付期权费 205.35 美元;
  买入:1 份看涨期权@3 250 美元,支付期权费 186.75 美元;
  卖出:2 份看涨期权@3 230 美元,收入期权费 391.4 美元(195.70×2)。
类似地,也可以采用看跌期权价差组合构建,如:
  买入:1 份看跌期权@3 210 美元,支付期权费 201.70 美元;
  买入:1 份看跌期权@3 250 美元,支付期权费 226.10 美元;
  卖出:2 份看跌期权@3 230 美元,收入期权费 424.60 美元(212.30×2)。

上述报价是真实的时点价格,细心的读者可能已经发现,如果按照上述的细节去建立头寸,买入蝶式组合的到期损益并不合理。如表 5-11 所示,考虑期权费后的到期损益只存在固定的负数,而实际上按照亚马逊期权的时点报价,交易员如果卖出蝶式期权,如表 5-12 所示,到期损益也是固定的负数。也就是说,无论买入还是卖出,均无法通过蝶式组合进行套利。那么,为什么市场还需要蝶式组合呢?这就需要理解蝶式组合交易的实质。

表 5-11 买入蝶式组合到期损益列表

资产价格	+Put@3 210	+Call@3 250	−Call@3 230	−Put@3 230	到期损益
2 800	410	0	−430	0	−20.7
2 950	260	0	−280	0	−20.7
3 100	110	0	−130	0	−20.7
3 250	0	0	0	−20	−20.7
3 400	0	150	0	−170	−20.7
3 550	0	300	0	−320	−20.7
3 700	0	450	0	−470	−20.7
3 850	0	600	0	−620	−20.7
4 000	0	750	0	−770	−20.7

表 5-12 亚马逊股权期权 T 型报价

到期日	看涨期权			行权价	看跌期权		
	买入价	卖出价	隐含波动率		买入价	卖出价	隐含波动率
2020-11-20	203.50	207.75	53.82%	3 205	199.10	202.55	53.56%
	201.10	205.35	53.81%	3 210	201.70	205.15	53.55%
	198.55	202.95	53.77%	3 215	204.30	207.80	53.53%
	197.00	两翼部分	53.84%	3 220	206.95	210.45	53.52%
	193.85	198.20	53.73%	3 225	209.60	213.20	53.52%
	191.60	195.70	53.71%	3 230	212.30	215.80	53.50%
	190.25	193.40	53.82%	3 235	214.80	218.50	53.46%
	187.50	191.30	53.77%	3 240	217.70	221.35	53.48%
	185.40	189.00	53.77%	3 245	220.45	224.10	53.47%
	183.60	186.75	53.81%	3 250	223.20	226.10	53.36%

蝶式组合交易的实质

由于蝶式组合买入的是两翼的波动率,而卖出身体部分的波动率,所以尾部波动率上升更快时,蝶式组合将获利。因此,蝶式组合实际上交易的是隐含波动率曲线的凸度:如果预判未来隐含波动率曲线凸性增大,则买入蝶式组合;反之,如果预判未来隐含波动率曲线凸性减小,则可以卖出蝶式组合(见图 5-27)。直观上看,买入蝶式组合时,买入的是更加偏离当前资产市场价格的看跌期权和看涨期权,即买入虚值(低 Delta)勒式组合期权,卖出的是接近当前市场价格的看涨期权和看跌期权,意味着卖出接近平值(50% Delta)鞍式组合。当市场的尾部风险上升时,往往会导致低 Delta 的期权价格快速上升,而且上升速度快于平值期权的价格,表现为隐含波动率曲线的

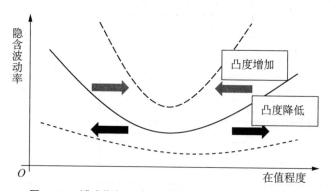

图 5-27 蝶式期权组合交易的是波动率曲线凸度变化

尾部上翘,凸度增大;反之,当市场尾部风险下降时,市场对于深度虚值期权的定价下降更为迅速,表现为隐含波动率曲线更加平坦,凸度降低。

蝶式组合损益回溯的启示

买入亚马逊股票期权蝶式组合的损益回溯结果如图 5-28 所示。在亚马逊股票价格长期上涨的过程中,买入蝶式组合的损益表现并不理想,反而是卖出蝶式组合的损益曲线与不断上涨的股票价格高度同步,具有很大的正相关性。原因就藏在蝶式组合的希腊字母风险参数之中。

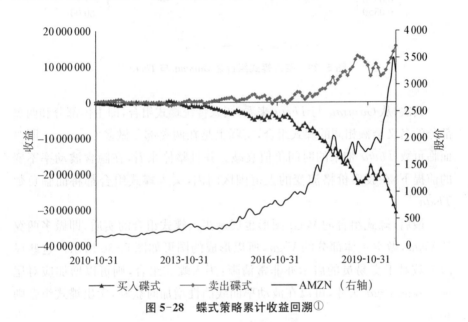

图 5-28 蝶式策略累计收益回溯①

首先,蝶式组合的 Delta 类似卖空股票远期,如图 5-29 所示。一方面,在相当大的范围里,蝶式组合的 Delta 类似卖空股票远期,因而可以很好解释为何亚马逊股票持续上涨,而买入蝶式组合的收益表现不佳;另一方面,蝶式组合的 Delta 也表明,交易员必须清楚其交易策略的核心,如果交易员通过蝶式组合来交易隐含波动率曲线的凸度,则应该对 Delta 进行动态对冲,否则 Delta 将会干扰策略的表现。

---

① 碟式组合的主体部分,使用 100% 在值程度的 Straddle,两翼部分使用 95% 和 105% 的 Strangle 组合。

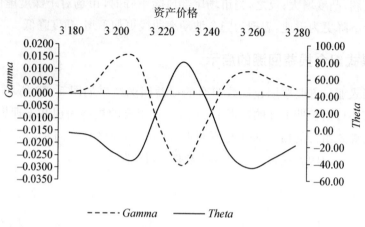

图 5-29 买入蝶式组合之 Gamma 与 Theta①

其次,从 Gamma 与 Theta 来看,买入传统蝶式组合,即主体部分和两翼部分的名义金额相同的蝶式组合,实际上是在两翼部分做多 Gamma,同时面临负数 Theta 带来的时间价值衰减。并且整体来看,在隐含波动率不变的前提下,在股票价格演变的大范围区间内,买入蝶式组合都将面临负数 Theta。

最后,蝶式组合的 Vega 图形也展示买入蝶式组合的实质,即做多两翼的 Vega,做空主体部分的 Vega,所以形成的图形如图 5-30 所示。这些风险参数对于交易员的启示亦非常清晰:买入蝶式组合,则可以增加应对尾部风险的 Vega 头寸,可以在波动率曲线凸性增加时获利,卖出蝶式组合则相反。

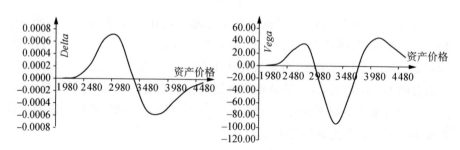

图 5-30 买入蝶式组合之 Delta 和 Vega

---

① 为了更好地显示,Gamma 与 Theta 均乘以 10 000 进行展示。

5.7 本章小结

本章介绍最为常见的期权组合交易,这些组合可以继续构建出丰富多彩的期权组合。无论从何种角度构建,期权组合需要关心的问题都是类似的,既要关心期权组合如何构造,更重要的是要关心组合之后的交易实质是什么,是做多波动率,还是做空波动率,交易的是曲线的斜率还是曲线的凸度。当然,最后对期权的风险管理,仍然要落到抽象的希腊风险参数上。

CHAPTER 6
如何做一个合格的期权买方

> 更大的机会，属于我的机会，只要少数几个，关键要让自己做好准备，当少数几个机会到来的时候，把它抓住了。
>
> ——查理·芒格(Charlie Munger)

这里说的期权买方，指的是交易过程中较少采用做空期权交易，而更多采用买入期权建仓，并不断低买高卖，或者买入并持有到期的投资者。买卖期权的交易和其他金融资产的投资一样，本质上挣的是认知的钱，挣的是信仰的钱，即使所谓的价值投资，其盈利来源也是对价值和价值演变的认知，而投资过程中落实信仰的"知行合一"则是实现这个盈利的路径。期权交易最好的策略也是价值投资，虽然表面上看，期权交易夹杂着大量高频和短期的交易，与价值投资所谓"做时间的朋友"大不相同，但实际上，所有的价值投资与时间无关，只与价值的认知有关。买入价值低估的期权，在高估时卖出，是价值投资；卖出高估的期权，等待时间价值流失而获利也是价值投资。那么对于买入期权策略而言，就必须要回答"我是谁""我要买什么""什么时候买"以及"什么时候该离场"的问题。第一个问题解决的是自我认识以及应该挣什么范围的钱等认知问题，专注于不断买入低估期权的交易模式，其不仅取决于交易员对自身世界观的自我认识，也取决于其对资产价格波动率世界的理解。

买入期权本质上是做多波动率，博弈的是波动率上升带来的或有收益，潜在的最大损失是支付的期权费和机会成本，并且对于期权买方而言，一旦买入，其就可能面临时间价值的流失。最终，如果市场的实际波动不如预期，市场波动带来的收益低于买入期权时的隐含波动率，则可能完全损失掉买入时所支付的期权费。总体而言，买入期权获利，对交易员有几个重要的要求：一是能够较为准确地把握市场启动的时机，即择时非常重要；二是对期权的标的资产有非常深刻的研究，期权作为衍生品，期权合约的价格终究是伴随着基础资产价格的影响；三是对期权的胜率有较好的把握，买入期权从整体上看是低胜率的策略，群体的低胜率并不意味着个体必然的低胜率，但毫无疑问对个体交易员提出了更高的要求。

6.1 谁适合买期权

期权适合套期保值者

买入波动率是比较好的风险对冲工具。利用期权进行套期保值的优点在于成本较低，而且最大风险为买入期权所支付的期权费，因而成本清晰且可控。例如，买入上证 50ETF 之后，如果担心价格下跌的风险，可以买入 50ETF 看跌期权进行风险对冲，亦可以通过上证 50 期货（IH）进行对冲。例如，2020 年 1 月 6 日，交易员建立 10 000 份 ETF，可以选择买入 1 手 50ETF 看跌期权进行对冲，行权价设定在 2.85，到期月份为 3 月（10002077.SH），此时建立 50ETF 头寸的价格为 2.8970，看跌期权为 0.0566，而 3 月份到期的 IH 期货（IH2003.CFE）价格为 3 060；通过建立风险敞口接近的对冲头寸，如表 6-1 所示，当 50ETF 在 2 月 20 日出现大幅度下跌时，期权和 IH 期货都产生良好的对冲效果。

表 6-1 期权与期货的套期保值差异

建仓	50ETF	期权		IH 期货
	10 000 份	等名义金额	Delta 中性	1/30 手
		1 手	1/0.3392～3 手	
2020-01-06 报价	2.8970	0.0566		3 060
2020-02-03 报价	2.7070	0.2522		2 643
T1 估值盈亏	-1 900	+1 956	+5 868	+4 170
2020-02-20 报价	2.9670	0.0254		2 973
T2 估值盈亏	+700	-312	-936	-870
2020-02-25 报价	2.6870	0.1721		2 622
T2 估值盈亏	-6 290	+1 155	+3 465	+4 380

对于期权的套期保值而言,需要注意几点:一是用于套期保值之期权合约需要甄选,既要在时间维度上匹配所持头寸,也需要确定最大的可承受损失,也就意味着要选择行权价,并权衡所需要支付的期权费;二是期权的风险敞口相对更复杂,可以建立相同名义金额的期权头寸,亦可以根据期权 Delta 敞口建立真实的等同风险敞口,但 Delta 敞口随着资产价格、时间和波动率的变化而变化,如果需要动态调整,需要更为专业的交易能力;三是进行套期保值的期权策略可以更为灵活,除了单买入期权,也可以考虑买入熊市价差或牛市价差组合,既能够确保一定幅度的保护,又能够显著地降低期权费支付成本。期权对冲与期货对冲风险的差异如表 6-2 所示。

表 6-2　期权对冲与期货对冲风险的差异

基础资产头寸	需要对冲风险	期权对冲	期货/远期对冲
资产多头	资产价格下跌	买入看跌期权	做空期货/远期
		买入熊市价差	
资产空头	资产价格上涨	买入看涨期权	做多期货/远期
		买入牛市价差	

当然,企业在进行套期保值时,还需要更为完善的套期会计配套,并且严格地按照经营的现金流进行套期保值。这方面一些跨国企业就执行得非常好,如某著名国际手机厂商就善于买入 USD/CNY 的看涨期权,对其中国经营之现金流进行套期保值,原因在于其财务报表以美元计价,而中国是其重要销售市场,销售现金流为人民币,因而必须通过套期保值手段锁定人民币兑美元之汇率,避免人民币汇率贬值后冲击其财务报表。该公司也非常有规律地买入 USD/CNY 看涨期权,这一策略,在 2015 年 8 月 11 日"8·11"汇改的市场剧烈波动以及后续的数次人民币剧烈贬值行情中,均起到行之有效的风险对冲效果,其理念和严格的套期保值纪律,值得国内企业学习。

期权适合市场猎手

买入期权更像是草原上的狩猎。从世界观角度看,买入期权更像需要耐心但又需要精准地把握机会的狩猎,买入期权核心是做多波动率,希望抓住的是可能出现的"黑天鹅"。这就会衍生出两个问题。

一是买入期权要有狩猎的耐心。如果说卖期权类似农耕文化,那么买期权则类似狩猎文化,虽然二者都强调耐心的等待,但卖期权需要耐心等待时间价值的积累,而买期权强调的是等待良好的买入时机。买入波动率期待博取的是实际波动率上升而获利,代价是时间价值每时每刻的流失。买入期权一方面对的问题是,必须把握好的买入机会,不能买入之后等待太久,否则买入的期权可能因为估值原因而不得不止损,在这个过程中考验的是信念和交易纪律。此外,买入期权的价格也必须合理,否则即使市场出现有利波动,也可能因为买入期权的成本过高而无法获利。

以图6-1和图6-2来看,对于样本时间里的50ETF看涨期权,实际上只有非常有限的买入获利机会,在多数时间里,可能承受的都是时间价值流失。举个例子,交易员用20元买入行权价为630元的腾讯看涨期权,当前腾讯股票价格为620元,这就意味着只有当股票价格上涨方向正确(这个判断的概率可能也不会显著高于50%),并且股票价格需要超过650元(630+20),所买入的看涨期权才可能出现浮盈。这显然又进一步降低了胜率,更重要的是买入的看涨期权是明确的到期时间,而时间只会滴答滴答往前走,不会停留。

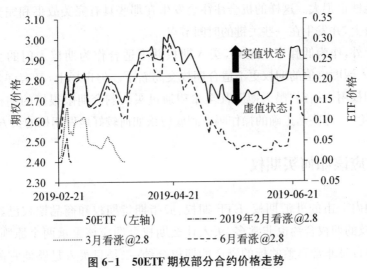

图6-1 50ETF期权部分合约价格走势

二是作为猎手应该有选择地挑选合约。总体逻辑是,交易员应该买入波动可能性较大的股票和资产的期权合约,尽管这也意味着买入之初不得不支付一定的波动率溢价。例如,当买入的期权容易被专业投资机构和激进投资者盯上时,也就意味着期权多头获利可能性更大。此外,如果能在风平浪静的水面上,找到潜藏在水面下的波涛汹涌的暗流,那么买入期权获利

187

图 6-2　50ETF 看涨期权价格走势

的可能性也很大。这样的机会往往会发生在那些具有完美故事和完美人设的人身上,并发生在一些关键的时间节点上。

此外,作为低胜率的策略,买入期权并不适合作为期权入门的交易策略,买入深度虚值的期权更不适合期权交易新手。但市场上,又有许多投资者将期权用于捕捉"黑天鹅",甚至希望通过买入剩余期限很短的期权交易"末日轮"。这些是正确的操作吗?到底应该如何较好地做期权的买方呢?

6.2　应该如何买期权

国内上市的外汇期权、ETF 期权、股指期货期权和商品期权已经非常多,涉及的期权合约也非常多,买入什么期权合约应该秉承两个原则:一是只交易自身非常熟悉的标的资产的期权合约;二是只买入足够便宜的期权合约。

买入熟悉的期权

尽管都是场内期权合约,但毫无疑问,商品期货期权和 ETF 期权及股指期权显然有不同的特征。对于交易员而言,不可能熟悉所有的产品;在烟波浩渺般的金融交易市场中,每一类产品可能都有其特有的研究框架,如

图6-3所示。下面以大宗商品的价格逻辑为例。

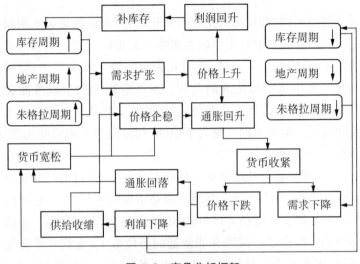

图6-3 商品分析框架

首先,商品期货的价格受供求关系的预期性变化影响,而供求关系与宏观经济库存周期、地产周期和设备周期(朱格拉周期)等因素密切相关。

其次,与ETF期权不同,期货期权的标的资产是期货合约,而期货合约还受到不同月份的影响。例如,豆粕期权的合约分布往往为1月、3月、5月、7月、8月、9月、11月和12月,而铁矿石期权合约在1年里有12个合约月份,有些品种的合约月份间隔可能更大。在实际的交易中,到期日较近的合约可能获得比较活跃的交易,而远月合约不仅流动性不好,往往还因为到期日较远而Theta值较小。根据Theta的特征,期限越长,Theta值往往越小,从而使得卖出期权收获时间价值的难度更大,时间长也使得卖方所面临的不确定性更高。

最后,不同的商品合约的基差特征也非常不同。股指期货期权的基差可能受到宏观经济及流动性预期的影响较大;而商品期货不同合约之间的基差则更加复杂,不仅受到经济及货币政策周期的影响,还往往呈现明显的季节性特征。供需结构也会显著影响基差的变化,对于建立在商品期货之上的期权交易策略,自然也需要很好把握跨月合约基差的演变。简而言之,虽然期权交易的逻辑类似,波动率交易的本质相同,但不同品种期权在微观层面的差异极大,交易员必须慎重选择熟悉的品种而交易其期权。

买入真正有价值的期权

和买入股票不同，即使买入便宜的期权，仍然无法保证买入期权能够获利，而买入估值过高的期权，则失败的概率一定很高。对于买入股票指数或指数基金来说，只需要耐心等待，获得正收益的概率就非常大，原因在于指数往往包含股票市场中最优秀的公司。虽然指数中的个股可能会发生变化，但指数包含的是能存活下来的公司，因而买入指数基金在长期来看获利的可能性非常大。但买入期权则大不相同，期权合约有固定的到期日，并不能简单地做"时间的朋友"。

因此，买入期权必须从波动率交易的实质出发，在对的时间选择对的期权合约，才能够提高胜率。对的时间指的是市场情绪将要出现变化的时点。对的合约指的是以隐含波动率视角，应该满足几个基本条件：一是隐含波动率与实际波动率的价差不应该在非常低的分位数上，也就是不能买入溢价过高的期权，更不能买入剩余期限很短而溢价还非常高的期权，因为这时候 $Theta$ 负值非常之大，时间价值流失可能非常快；二是非不得已，不能买入隐含波动率所处分位数非常低的期权，也就是从隐含波动率锥的角度看，如果当前期权隐含波动率处于分位数较低的隐含波动率曲线之上，意味着隐含波动率的溢价很高，或者至少处于历史水平的高位，则不应该轻易买入；三是不应该买入市场情绪已经处于非理性状态下的期权，虽然非理性情绪确实可能进一步发酵，从而进一步推高期权价格，但绝大多数时候，在非理性的市场买入，无异于击鼓传花的博傻交易，真正能最终逃顶而获利的人并不多。以2021年2—3月的欧美股票期权为例，在新冠肺炎疫情的冲击之下，市场悲观情绪弥漫，加上美元流动性和止损头寸等因素的影响，美股指数在短短的一个月里大幅度下跌，甚至在6个交易日里熔断3次。即使如此，买入期权能够获利的时间窗口也非常有限，如果不幸在市场情绪最悲观的时候买入，还可能承受巨大的损失，因为在美联储史无前例的货币宽松政策之下，美股在3月底便走出跌势，并且很快又收复失地，屡创新高。

与此对应，所谓有价值的期权，或者是市场一致性预期达到顶峰而将变化而未变，或者是重大货币政策拐点将出而未出，或者是在股票意想不到的重要事件将要披露之前，这些时候往往市场仍然处于乐观状态，如果按照隐含波动率这把尺子衡量，期权价格仍然处于低估水平，那么买入这样的期权，则可能有更高的胜率。

可结合技术及指标买入期权

买入期权的时点非常重要,而技术指标可以作为交易系统中开仓时机的重要参数。技术图的优点在于它是共同的语言,无论是国内交易还是全球交易的产品,投资者看到的都是一样的指标。虽然解释各不相同,但对于一些关键位置的关注是相同的,技术图描绘的趋势性方向也是相同的,更为重要的是技术图完全可以帮助投资者建立起交易纪律。当然,首先,需要投资者找到合适的技术图形,技术图形如此之多,每个人对技术图的了解程度也各不相同,因而需要投资者找到熟悉且有完整理解框架的技术图。其次,别人对技术图的理解和解释并不重要,关键是投资者自己选择相信什么,同样的突破指标,有些人看到的是向上,有些人也可能找到向下突破的理由。对于期权而言,相信是不是突破指标则更为重要。最后更重要的是,一旦没有走出突破图形,退出交易的信号出现之后,投资者是否有足够的自律执行。以图6-4为例,在阴影区域,布林带走出挤压形态,上下限越来越接近,这意味着资产价格的波动性下降,但经过一阵时间的调整,很有可能朝着波动率放大的方向演变,往往这时候可以结合交易量和其他指标,考虑做多期权的时机。当投资者选择合适的布林带参数之后,还可以结合布林带与标准差指标。例如:当资产价格持续位于布林带上限+1个和+2个标准差的区间内,则可以认为资产价格处于上升趋势;反之,如果资产价格处于布林带中间值的-1个和-2个标准差之间,可以认为资产价格处于下跌趋势,如果投资者认可这样的观点,那么也可以相应地建立头寸。

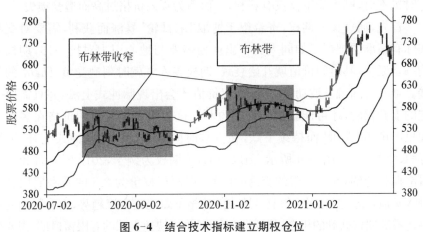

图6-4 结合技术指标建立期权仓位

6.3 买期权的雷区

尽量避免期限很短"末日轮"交易

前面提到有许多投机交易通过买入期权来交易"末日轮",所谓"末日轮"交易,指的是买入将要到期的期权,博弈在最后较短的一段时间里期权价格出现大幅度上升。其原理在于,当期权剩余的期限非常短时,如果恰好处于平值或者浅度虚值(虚1档)的位置,其价格受标的资产价格影响会比较大,一旦资产价格出现波动,期权将进入实值状态,期权价格可能会跳跃上升,从而给期权买方带来可观收益。以上证50ETF为例子,期权合约到期日为合约月份的第四个周三。一般而言,交易"末日轮"可以选择到期日的前3—5天买入平值或虚1档的合约,一旦期权价格大幅度上涨,则获利平仓(见图6-5)。

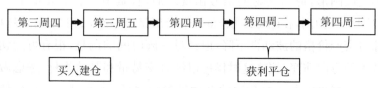

图6-5 "末日轮"交易时间线

尽管在过去的特殊时期,交易期权"末日轮"确实可以获得巨大的回报,在短短的时间里期权价格可以暴涨几十倍甚至上百倍,但从一个较长的时间维度来看,这样的机会少之又少。即使出现所谓的"末日轮"机会,如果建仓时机不对,则可能不仅没有获利,反而因为买入价格过高而遭受损失。

首先,通过买入期权,寄希望于博取"末日轮"暴涨而获利,需要对交易实际有精准的把握。如同人类一出生便需要与地心引力对抗一样,期权合约一旦诞生,其时间价值就开始衰减,期权买入方就时刻遭受负 Theta 的侵袭。唯有时间触发波动率上升,期权价值才会出现脉冲式上涨,并且需要一定的上升幅度,才可能获得最终的盈利。这就决定期权合约价格在多数时间里因市场"无事"而持续下跌,在少数时间里"有事"而脉冲式上升,可谓"熊长牛短"。如图6-6所示,仍以50ETF期权为例子,2019年3月和6月看涨期权合约,在其有限的交易时间里,即便行权价为2.8的看涨期权已经进入实值状态,但时间价值衰减造成的价格下跌仍是主流趋势,而有限的通过买入看涨期权获利的机会,仅源自50ETF价格快速上涨的有限窗口期,需要极其精准的把握,才能够最大获利,否则可能面临长时间的时间价值损失。

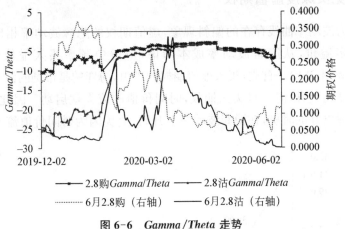

图 6-6　Gamma/Theta 走势

(数据来源:Wind 数据库)

其次,博弈"末日轮"的风险不可忽视。如果说买入时点不对,面临时间价值损失是个缓慢的过程,那么如果卖出时点不对,则可能遭遇剧烈的价值回归。如表 6-3 所示,2 月 2.8 看涨期权在 2 月 25 日获得的 192 倍收益自然吸引注意力,但如果不能及时止盈,或者盲目追高,则面临的是 2 月 27 日剧烈的回调,面临的可能就不仅仅是竹篮打水一场空,盲目最高买入看涨期权还可能面临巨大的损失。

表 6-3　"末日轮"暴涨往往伴随暴跌

合约	2 月 22 日收盘价	2 月 25 日收盘价	2 月 27 日收盘价
50ETF	2.6180	2.8160	2.7360
50ETF2 月看涨@2.8	0.0003	0.0581	0.0001
50ETF3 月看涨@2.8	0.0155	0.1332	0.0750
50ETF6 月看涨@2.8	0.0690	0.2212	0.1651

最后,反其道而行之可能是更好的"末日轮"交易。期权合约价格大幅度上涨背后必定是隐含波动率的上升,而波动率的均值回归也是大概率事件。既然买入时点把握不易,止盈也须且行且珍惜,不如反其道而行之,顺应规律,在隐含波动率快速上涨之后,下注博弈其均值回归的大趋势,如果还有时间,选择做时间(价值)的朋友可能是更好的"末日轮"交易。

避免买深度虚值期权

因为波动率曲线存在的偏斜现象,虚值期权的隐含波动率相比平值期权有更多溢价,从隐含波动率成本考虑,应避免频繁买入虚值期权(见图 6-7 和图 6-8)。首先,买入虚值期权的理由,博弈的是市场的波动率将有更大幅度的上升,但一旦买入期权,时间价值的流失就启动。因此,需要交易员把握更好的时机,在博弈波动率上升时,避免因为时间价值流失而造成

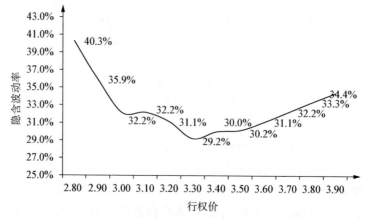

图 6-7　上证 50ETF 看涨期权隐含波动率曲线①

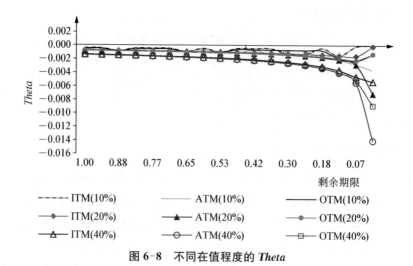

图 6-8　不同在值程度的 *Theta*

---

① 上证 50ETF 期权 2020 年 8 月份看涨期权合约。

估值浮亏压力。其次,避免买入期限过短的虚值期权。剩余期限越短,意味着时间价值流失的加速度越大。最后,避免在隐含波动率过高时买入。更高的隐含波动率,不仅意味着需要波动率有更高的上涨才能盈利,还意味着单位时间里流失的时间价值越多。此外,如果投资者习惯于买入期权之后持有至到期,则更要避免买入深度虚值的期权,从历史统计来看,这个策略的胜率非常低。

避免总是买入单笔期权

如果不是确定性极高的交易机会,应该尽量避免买入单笔的期权,而是应该在买入一笔期权的同时卖出一笔期权,通过构建垂直价差的形式表达交易观点,垂直价差组合能够很大程度上降低建仓成本,并且也不会增加额外的保证金成本。以图6-9为例,交易员看好未来资产价格大幅度上涨,可以单笔买入行权价为100元的期权,成本为100元。如果不考虑波动率的变化,资产价格需要最终上涨达到200元以上,买入期权的策略才可能获利;如果交易员同时卖出一笔行权价为150元的期权,收入期权费60元,则资产价格只需要超过140元就可以获利,虽然垂直价差的最大获利只有50元。从表6-4也可以看出,单买期权不仅需要资产价格上涨更大的幅度,获利的价格区间更小,而且因为成本太高,损失的价格区间也更大。因此,在实际的交易中,也应该从单位成本收益率的角度思考多期权的策略。实际上,做多牛市价差被广泛用于看多资产价格,而做多熊市价差往往被用于资产价格的下跌保护,原因就在于做多熊市价差往往有更好的费效比。

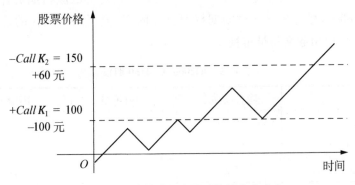

图6-9 垂直价差组合可以降低建仓成本

表 6-4 单买期权与垂直价差的收益情景

到期资产价格	$+Call@100$	$+Call@100, -Call@150$
80	-100	-40
100	-100	-40
140	-60	0
150	-50	10
200	0	50
250	50	50
300	100	50

6.4 正确评估风险

被低估的风险

买入期权的风险往往被低估,其中可能有源自"买入期权风险有限,收益无限;卖出期权收益有限,风险无限"教条的影响,另外也可能有隐含波动率的研究有更高门槛的影响。

如表 6-5 所示,如果交易员在 4 月 21 日买入行权价为 4 150 的看涨期权,即便在接下来的几个交易日沪深 300 估值期货合约 IF2006 确实从 3 725 点开始上涨,但由于隐含波动率从 43.1% 的高位下跌,期权价格仍然下跌。经过 4 个交易日的时间价值流失以及隐含波动率下降,截至 4 月 27 日,期权价格下跌幅度达到 12.2%。虽然期权对应的股指期货合约价格上涨 0.83%,尽管客户支付的期权费已经固定,但买入的期权的价值浮亏 12.2%,足以引起交易员重视。

表 6-5 IO2006-C-4150 期权

	隐含波动率	期权价格	IF2006
2020-04-27	30.9%	389.2	3 756
2020-04-24	36.1%	438	3 732
2020-04-23	35.8%	415	3 744
2020-04-22	43.1%	450.8	3 759

(续表)

	隐含波动率	期权价格	IF2006
2020-04-21	37.7%	443.2	3 725
2020-04-20	36.8%	409	3 770

另外的风险是，时间价值的流失速度其实很快，尤其是对短期限的合约而言。如图 6-10 所示，上证 50ETF 期权合约，无论期权处于何种在值状态，临近到期日时，其时间价值流失均呈现加速。

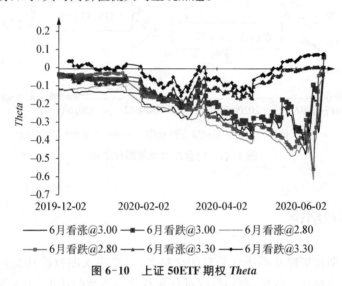

图 6-10　上证 50ETF 期权 *Theta*

回归波动率交易

期权交易策略最终需要回到波动率交易的本质上，买入期权也不应该例外。对于动态对冲的交易策略，买入期权的最终收益取决于已实现波动率与隐含波动率之间的差异，买入期权的隐含波动率决定性影响所支付的期权费成本，买入时隐含波动率越高，意味着期权的定价越贵。即便不采取动态对冲的单纯博弈价差的策略，隐含波动率亦直接影响其买入成本，而当买入的隐含波动率较高时，即便交易员最终博弈的方向正确，也将因为成本过高而影响盈利目标。如图 6-11 所示，以上证 50ETF 期权为例，对于 2020 年 6 月行权价为 3.0 的看涨期权合约，如果交易员在图中的隐含波动率大幅度上升时买入，即便 50ETF 如期上涨，但隐含波动率从高位回调，仍然拉低所买入之看涨期权的价格,从而导致浮亏。

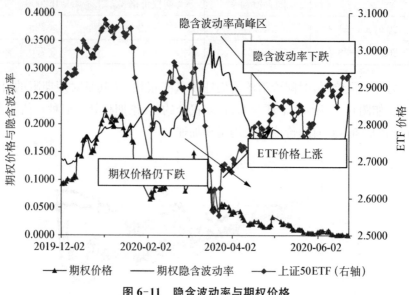

图 6-11　隐含波动率与期权价格

6.5　本章结论

买入期权策略并不适合所有的交易者,虽然买入期权往往是新人交易员最常见的操作。首先,交易员应对自我有更加清楚的认识,买入期权本质上是低胜率的策略,买入期权需要更强的预判,需要对时间(买入时点和买入期限)和空间(价格变化幅度)有更精准的把握。其次,买入期权本质上博弈的是未来波动与现在买入之隐含波动率成本的差异,因而寻找"低估"的隐含波动率合约且在正确的时点买入,方能实现盈利。否则,买入越高的隐含波动率,期权费越高,意味着每天流失的时间价值越多,而且剩余期限越短,时间价值流失还将加速。最后,对于套期保值者,买入期权不失为一种高效的套期保值手段,在期权的杠杆作用下,仅需支付少量期权费,就能对投资组合有较好的保护作用。

CHAPTER 7

第 7 章

如何做一个合格的期权卖方

这些残暴的欢愉，终将以残暴收场。

——威廉·莎士比亚（William Shakespeare）

在期权交易领域，做空期权是非常重要的交易策略。这里说的做空期权，指的是做空波动率，即做空单笔期权、鞍式或勒式组合等策略，只要整体而言是做空波动率的交易都可以视为做空期权。从专业的投资机构到个人交易者，或多或少都面临过做空期权的操作，但做空期权的策略在不同的视角下又充满争议。传统的教科书中，做空期权是"收益有限，风险无限"的操作。单从期权的到期损益图来看，确实如此，做空期权的全部收益就是期权费，而价格往不利方向运动，虽然不可能出现无限的损失，但也确实可能出现巨大的影响；但从交易的角度来说，必须分清哪些是虚幻，哪些是事实，哪些是判断。在人的认知里，往往有直觉系统和理性系统两个层次，直觉系统在许多时候是容易产生偏误的。就像提到选举，脑海中的判断是"公平""激烈"和"争论"等，但事实是即便在美国这样的国家，其中期选举中也有相当部分选区是没有竞争的，真正有竞争性的席位可能远远低于出现在脑海中的生动想象。在交易中，就必须分清，哪些是我们生活经验带来的想象，哪些是事实，我们又应该怎么认识这些事实。

实际上，在专业机构看来，做空期权能够获得更为稳定的收益，甚至将做空期权策略与卖保险比拟；而对于大众，可能更为吸引注意力的是做空期权不当而遭受损失的新闻，例如，对冲基金"期权卖家"就被新闻报道因为大规模做空天然气期权而遭受巨大损失。对"期权卖家"的交易策略曾经有精辟的总结："我们的目标就是采用最激进的工具并且保守地管理它。"（"Our goal is to take an aggressive vehicle and manage it conservatively."）当然，国内也有不少企业因为衍生品(主要也是做空期权/波动率)交易遭受巨大损失的案例。

那么到底如何看待做空期权这个策略呢？本章从做空期权策略的实质、收益来源和风险控制等方面进行分析。

7.1 为什么要卖期权

多数期权真的以无价值到期吗？

詹姆斯·科迪尔(James Cordier)在《期权出售完全指南》一书中不断强调三个观点：其一，期权是一个损耗性资产(wasting asset)，绝大多数期权最终以不行权结束[1]，卖期权具有更高胜率；其二是期权的定价往往高估，这两点决定多数期权买方以亏损告终；其三是只要做好风险控制，做空期权的风险并不大。

多数期权以无价值结束是许多人做空期权的"理由"，但这个结论有没有依据？科迪尔书中提到，80%左右的期权以无价值结束(expire worthless)，除此之外，市场上关于有多少比例的期权以无价值到期，有诸多的提法，甚至有文章提到有90%的期权最终不行权。实际上，市场上流传的一些结论可能是对数据错误引用。芝加哥期权交易所曾有报告，确实提到10%期权合约进入行权，但并非意味着剩下的90%均是无价值到期。实际上，有55%~60%的期权合约在到期前被平仓，而有30%~35%的期权以无价值到期(out-of-money with no intrinsic value)。知名的期权交易书籍《麦克米伦谈期权》的作者劳伦斯·G.麦克米伦(Lawrence G. McMillan)也曾撰文指出[2]，标准普尔500期货期权，到期时有47%合约具有价值，另有10%的合约到期时进入行权交割，这就意味着大约有57%的合约到期时具有价值，而白银和黄金期权也分别有约46%和30%的合约到期时仍有价值。这也就意味着，并非绝大多数期权到期不会行权，那为何还要做空期权呢？原因在期权费身上，即使期权行权，但只要考虑期权费之后，被行权的期权减去期权费无法获利，那么期权卖方仍然有利可图，因而关注的点应该在期权

---

[1] 《期货》(*Futures*)杂志曾于2003年公布一份调查，1997—1999年，有将近76.5%的期权以不行权而结束。
[2] McMillan G. How Often do Futures Options Expire Worthless? [J]. The Option Strategist Newsletter，2006，15(7)。

的隐含波动率报价上。

隐含波动率定价系统性偏高

做空期权实际上是做空隐含波动率与已实现波动率的价差,而隐含波动率系统性高于历史波动率是做空期权的理由。以 EUR/USD 1 年期限,行权价为 ATM 的期权为例子,如图 7-1 所示,2015 年 7 月 7 日—2020 年 6 月 5 日,在 71.65% 的时间里,隐含波动率高于同期的历史波动率。在股票期权领域同样有类似的情况,如苹果公司股票(AAPL)期权 2006 年 5 月 8 日—2020 年 6 月 8 日的数据显示,90 天期限的平值看跌期权的隐含波动率在将近 67.3% 的时间里高于历史波动率,如图 7-2 所示。实际上,隐含波动率往往高于已实现历史波动率。相关的研究文献非常多,早期的文献研究两个波动率之间的关系已经发现隐含波动率系统性高于已经实现波动率[1]。实际上,在期权交易市场上,隐含波动率系统性高估的情况并不少见。在外汇市场上,多数货币对的隐含波动率存在溢价,在期货期权、股票期权市场中也是如此。

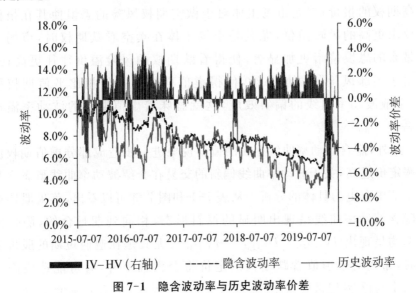

图 7-1 隐含波动率与历史波动率价差

---

[1] Christensen B J, Prabhala N R. The Relation Between Implied and Realized Volatility[J]. Journal of Financial Economics, 1998, 50: 125-150.

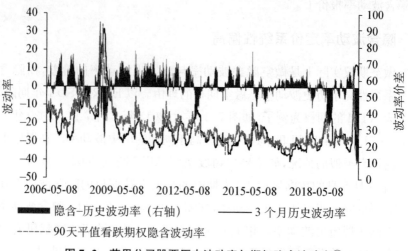

图7-2 苹果公司股票历史波动率与期权隐含波动率①

隐含波动率系统性高估主要有几个因素：一是期权作为风险对冲的重要工具，得到相关机构的青睐，大型专业机构系统性的对冲需求拉高期权的报价；二是市场主体对于做空期权风险的恐惧使其在报价时要求更高的风险溢价，尤其是市场主体在卖空看跌期权时，市场下跌带来的恐惧情绪更加显著，使得看跌期权的风险溢价往往更高；三是对于尾部风险的溢价补偿，使得虚值期权的报价相比平值期权更高，形成波动率曲线的偏斜效应，这就意味着虚值期权的波动率溢价更高。

此外，隐含波动率曲线存在的偏斜现象进一步造成部分虚值期权波动率定价过高，关于波动率曲线偏斜的交易在介绍波动率曲线形态交易的章节中有更为具体的分析。从表7-1和图7-3可以看出，苹果股票期权隐含波动率曲线呈现出明显的偏斜形态，相同到期日合约，隐含波动率均呈现出 $IV_{OTM} > IV_{ATM} > IV_{ITM}$。尤其是在遭遇短期的股价下跌时，市场对于虚值看跌期权的定价将会大幅上升，有可能造成隐含波动率与已实现波动率的价差过大，从而给予市场交易价差收窄的机会。

---

① 数据来源：Bloomberg，数据时间为2006年5月8日—2020年6月8日。

表 7-1 苹果股票隐含波动率

行权价 到期日	186	228	269	311	ATM	352	394	435	477
2020-06-19	82.9	68.0	52.6	35.3	26.9	26.7	41.0	52.3	60.9
2020-07-17	62.3	51.3	40.2	28.6	23.7	22.1	27.2	33.3	38.3
2020-08-21	53.3	45.2	37.5	30.4	27.5	25.5	24.8	26.8	29.5
2020-09-18	51.0	43.7	36.8	30.3	27.4	25.2	24.3	27.3	31.3
2020-10-16	50.8	42.8	35.5	29.4	27.3	25.7	24.1	23.6	23.6
2020-11-20	46.7	41.1	35.9	31.2	29.1	27.2	25.1	25.7	28.1
2020-12-18	46.5	40.6	35.3	30.7	28.7	27.0	25.2	25.6	27.2
2021-01-15	45.4	39.8	34.8	30.4	28.6	27.1	25.4	25.4	26.6
2021-06-18	40.8	36.7	33.2	30.2	28.9	27.9	26.4	25.8	25.8
2021-09-17	39.4	35.9	32.9	30.5	29.4	28.6	27.3	26.5	26.2
2022-01-21	36.9	34.2	32.0	30.1	29.2	28.5	27.2	26.5	26.1
2022-06-17	37.1	34.0	31.7	30.0	29.4	28.9	28.1	27.6	27.3
2022-09-16	35.0	33.2	31.7	30.4	29.9	29.4	28.5	27.8	27.2

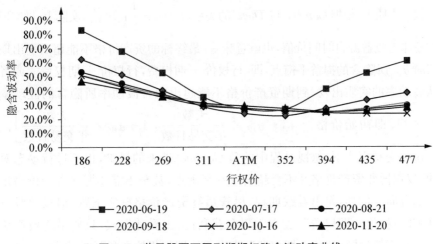

图 7-3 苹果股票不同到期期权隐含波动率曲线

做空期权实质是博弈波动率价差收窄

做空期权本质上博弈的是资产价格最终的已实现波动率低于隐含波动率的定价。期权交易的做空方对于持有期权的方式有两种处理模式。

一是做空期权，同时进行动态 Delta 对冲。我在《期权交易指南——一线交易员指南》一书中已经推导出期权交易的本质正是交易隐含波动率与已实现波动率之差，对于单笔期权而言，买入期权的盈利源自以下公式：

$$P\&L = \frac{1}{2}\int_0^t \Gamma_t (\sigma_{RV}^2 - \sigma_{IV}^2) \mathrm{d}t \tag{7-1}$$

对于做多期权一方，买入期权时 σ_{IV} 对应于起初支付的期权费，而动态对冲下实现的损益为 σ_{RV} 与 σ_{IV} 之差；反之，做空期权一方的收益则为 σ_{IV} 与 σ_{RV} 之差。这便是期权波动率交易的本质。

在这种交易模式下，当市场的实际波动率高于期权定价的 σ_{IV} 时，动态对冲过程中，期权空头方需要不断地"高买低卖"，因而不断承受 Gamma 薅羊毛交易（Gamma scalping）损失，本质就是卖空期权定价的 σ_{IV} 收益无法覆盖实际 σ_{RV} 的成本。即使最终标的资产价格并未超出期权到期损益图的损益平衡点，也因为动态对冲的成本造成实际损失，甚至在此过程中不得不止损。

二是做空期权一方可能还将期权持有到期，试图博弈期权到期无价值而不行权。本质上，根据 Gamma 与 Theta 的关系，$\theta_t = -\frac{1}{2}\Gamma_t S_t^2 \sigma_{IV}^2$，实际上，做空期权意味着收益源自时间价值，也就意味着，最终标的资产价格不能超出卖出期权时 σ_{IV} 所隐含的损益平衡点，即[行权价－期权费，行权价＋期权费]，或者从波动率的实质出发，到期资产价格不能超出隐含波动率所隐含的波动幅度区间，即初始价格 $\times \left[1 - \sigma_{IV} \times \dfrac{\text{天数}}{\text{年交易日数}}, 1 + \sigma_{IV} \times \dfrac{\text{天数}}{\text{年交易日数}}\right]$。

在这种交易模式下，忽视过程中的负 Gamma 带来的风险，也不进行动态对冲，仅仅博弈资产价格并不会超出盈亏平衡点，甚至不需要博弈资产价格走势的方向。例如：卖出看跌期权，尽管最终资产价格确实下跌，但只要没有跌破"行权价－期权费"，卖空方仍会获利；卖出看涨期权，只要最终资产价格上涨不超过"行权价＋期权费"，卖出看涨期权仍然有利可图（见图 7-4）。

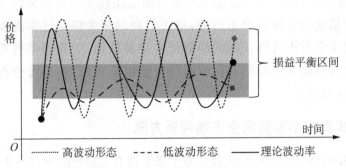

图 7-4 不同波动形态下波动率

卖方的容错率更高？

既然做空期权和做多期权本质上博弈的是 σ_{IV} 和 σ_{RV} 的相对运动,那么为什么市场还有如此多的投资者选择做空期权呢？许多文献给出的答案是期权的卖方有更高的容错率。事实是否真的如此？

首先,本章前部分内容已经表明,相当部分期权并非以无价值到期结束,也就是相当部分期权会进入行权状态,所以并不能简单以"大多数期权不行权"作为卖出期权有更高容错率的论据。仅仅以此作为卖空期权的交易依据,可能带来巨大的风险。

其次,真正的容错率来自隐含波动率相对于已实现波动率的系统性高估,尤其是对于低 Delta 或低在值状态（虚值）期权而言,隐含波动率曲线偏斜效应带来更高程度的高估。因此,对于专业的期权卖空投资者而言,真正能够提高容错率的是深刻理解标的资产的走势,对隐含波动率与已实现波动率的价差水平处于何种状态有清晰的认识。只有价差水平达到一定的水平,并且对于后市走势有准确判断,才能提高卖空期权的容错率。当然,对于虚值期权的卖空策略,还需要更好地把握波动率曲线偏斜的变化,否则可能出现方向博弈正确,但因为波动率形态改变而遭遇盯市浮亏,这部分在交易波动率曲线章节有更为详细的介绍。

最后,容错率高并不简单等于卖空期权的赢面更大。卖空前期收获的是时间价值,时间价值的积累是缓慢的过程,但波动率冲击可能导致期权价格快速反转。尽管隐含波动率系统性高估为卖空期权带来一定的优势,从长期来看确实如此,但是波动率往往具有脉冲式变化的特点,一旦出现突发事件,脉冲式的波动率上涨可能给期权卖空方带来巨大的估值浮亏,如果卖空方进行动态对冲,动态对冲的损失将是已实现损失。因此,期权卖空方不可将长期的趋势作为交易依据,毕竟如果遭遇波动率冲击,极有可能导致前期累积的时间价值付诸东流,甚至可能直接导致交易止损出局。

期权卖方不需要完全正确判断方向

容错率的一个具体表现,便是对于坚定持有至到期的期权空头策略,最终获利实际上不需要完全准确判断资产价格变化的方向。当然,必须说明,这个优势仍然基于期权隐含波动率定价偏离的基础。以2020年12月18日到期的沪深300期权为例子(见表7-2),行权价为4 000的看涨期权,时点交易为130元,同时期的看跌期权交易价格为315元,因此,对于单卖看涨期权,即使价格上涨判断有误,但只要上涨幅度的判断准确,即上涨不超过期权费,仍然可以获利。卖出看跌期权类似,当然,卖出鞍式期权组合时,只要最终标的资产价格变化幅度不超出行权价和期权费框定的区间,仍可获利。

表7-2 沪深300期权到期损益情况

	到期时的股价	结果	注释
卖出看涨	上涨超过4 130美元	损失	出现实际损失
	4 000~4 130美元	收取部分期权费	利润为期权费减去行权价值
	4 000美元及以下	收取100%期权费	全部利润为期权费
卖出看跌	下跌超过3 685美元	损失	出现实际损失
	3 685~4 000美元	收取部分期权费	利润为期权费减去行权价值
	4 000美元及以上	收取100%期权费	全部利润为期权费

当然,为了提高胜率,在卖出期权时需要结合基本面与技术面,决定所卖出的行权价。所谓基本面,需要找到合适的资产价值研究体系,在体系中找到其价值的锚;而技术面,可以通过技术图找到阻力位和支撑位,并结合期权到期时间,多维度分析期权到期的行权概率,以达到提高胜率的目的。

期权卖方可能有更高的资金运作效率

期权空头方获得期权费,但将被冻结部分保证金,保证金与期权费的差异是期权卖方的资金成本,但通过这样小比例的资金,便可以实现对资产的做多或做空交易。例如,对于本身就愿意买入腾讯控股股票的投资者而言,如果其直接买入上证50ETF,则需要即刻支付所买之市值100%的现金,但通过卖出看跌期权,则能以更低的资金成本直接买入类似的收益。按照上海证券交易所的合约规则,50ETF的保证金计算公式如下:

卖出看涨期权:

开仓保证金=[合约前结算价+Max(12%×合约标的前收盘价-看涨期权虚值,7%×合约标的前收盘价)]×合约单位

卖出看跌期权:

保证金=Min[合约前结算价+Max(12%×合约标的前收盘价-看跌期权虚值,7%×行权价格),行权价格]×合约单位

合约前结算价:合约上一日收盘集合竞价的成交价;

合约标的前收盘价:50ETF上一日的收盘价;

看涨期权虚值:行权价-50ETF前收盘价,负数则取0;

看跌期权虚值:50ETF前收盘价-行权价,负数则取0;

合约单位:10 000份;

计算实例:认沽期权的行权价为3.0;

期权合约前结算价:0.15;

合约标的前收盘价:3.05;

认购期权虚值:3.05-3.0=0.05。

则认购期权的开仓保证金如下:

Min[0.15+Max×(12%×3.05-0.05),7%×3.0,3.0]×10 000=4 660(元)

如果直接买入则需要支付30 500元(3.05×10 000)。显然,通过卖出看跌期权,可以用更低的成本建立ETF的多头头寸,实际上相当于获得杠杆:

$$杠杆倍数=标的资产价格×Delta÷期权价格 \qquad (7-2)$$

实际上，以滚动卖出看跌期权构建的 BXM 指数，长期来看确实有非常好的业绩表现（见图 7-5）。考虑资金成本之后的收益率，其优势可能更为明显。

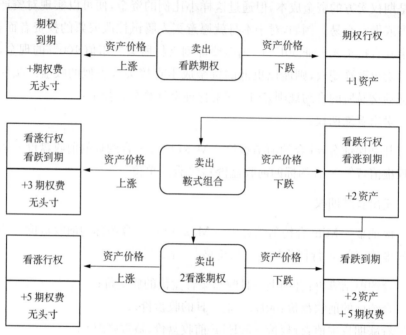

图 7-5　滚动卖出期权示意图

当然，虽然期权的杠杆效应直观易懂，但这个杠杆倍数的内涵也值得重视，原因就在于上述杠杆倍数并非静态，而且影响其变化的因素还非常复杂。在式(7-2)中，核心的变量是 $Delta$，但 $Delta$ 的影响因素有很多，其中隐含波动率和 $Gamma$ 都会深刻影响 $Delta$。隐含波动率曲线发生变化时，当隐含波动率大幅度上涨，深度虚值期权的 $Gamma$ 值会同步大幅度上升，而且是以指数级变化。尤其当卖出的虚值期权组合较多时，原本分散在虚值两端的 $Gamma$ 值迅速向平值靠拢，给整体头寸带来巨大的负 $Gamma$，从而导致 $Delta$ 出现巨大波动。此外，隐含波动率变化也会影响期权的估值曲线。例如，采用盯住 IV 的期权净值曲线 $=V(\sigma_{i+1})-V(\sigma_i)$，因为 σ 的巨大变化，净值曲线相应也会发生变化从而影响保证金，最终都会影响所谓的杠杆倍数。因此，真正理解期权 IV-$Gamma$-$Delta$ 的框架，比起简单的杠杆倍数要重要得多。

期权卖方更善于做时间的朋友

期权卖方天然是时间的朋友,但需要在正确的时间进入正确的头寸才能获得时间的青睐。也有许多人将卖出期权比作卖出保险,相似之处在于卖出保险获得保费就是最大的收益,随着时间推移,保费能够被不断确认收入,只要最终理赔事件不被触发,将获得所有的保费收入。卖出期权本质和卖出保险类似,都是为交易对手的风险定价,并承接对方的风险而换取现金流,博弈的是最终事件触发的真实概率比预期概率更低,需要研究的是如何能够更好地利用期权的时间价值衰减获利。需要更好地把握波动的两个特点:其一,波动率的变化具有不对称性,上涨时波动率变化更为平缓,而下跌时波动率变化更为剧烈;其二,波动率具有均值回归特征。期权卖方最大的收益是期权的时间价值,因而如果能够在资产价格下跌、波动率剧烈上升的顶点附近卖空期权,则随着波动率逐步收敛至均值,此时时间是期权卖空方最好的朋友;反之,随着波动率不断下跌至低点,仍然进入期权卖空策略,此时不仅波动率低而时间价值少,更有可能因为波动率的反弹而遭受巨大的估值损失。

7.2 期权卖方之道

严格的交易纪律

对于单纯的投机性卖空期权而言,需要期权卖方有更好的交易纪律。裸卖空期权,意味着其最大的收益为收取的期权费,而需要面对期权存续区间可能出现的冲击。波动率脉冲式增大将使得期权空头出现巨大的浮亏,而浮亏往往对交易员的心理造成冲击,甚至使其开始高度怀疑自己交易策略的正确性。因此,期权卖空方不仅需要在开仓时坚守纪律,也需要在盯市估值出现浮亏时保持止损纪律。仍以苹果公司股票期权为例子,2019年至2020年年初的大部分时间里,苹果公司股票处于持续上涨的过程中,如图7-6所示,30天看涨期权隐含波动率处于20%~30%。如果参考如图7-7所示的隐含波动率锥(2006年5月8日—2020年6月18日数据),彼时的隐含波动率处于15%~35%的低分位数下。在这样的环境下:一方面,应该严格坚守开仓纪律,隐含波动率低于20%时,已经触及历史分布的15%分位数下,甚至应该严格限制开仓;另一方面,在遭遇 2020 年年初的波动率急剧上升造成浮亏时,亦应该坚守止损纪律。

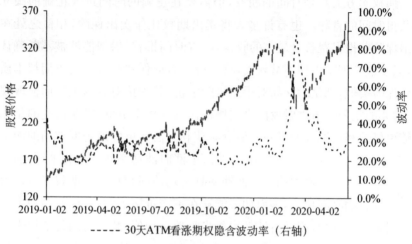

图 7-6　苹果公司股票期权隐含波动率

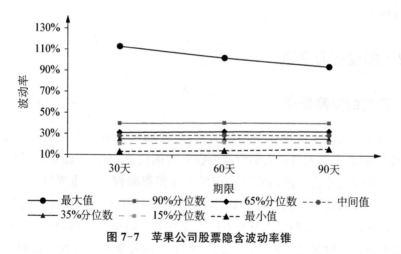

图 7-7　苹果公司股票隐含波动率锥

超越投机性卖空

卖空期权的损益特点,实际要求交易员采取更多措施增加成功率,其中重要的策略是将期权空头与资产交易策略相结合。期权实际上给予交易员最好的开仓和止损工具,甚至有助于交易员执行其交易纪律。当持有资产时，可以卖出资产对应的看涨期权，当价格上涨至目标价位时，期权空头被行权而实现止盈操作，而无法到达目标价位，则获得期权费增厚持有资产的收益。

当希望在特定点位建仓时，可以卖出看跌期权，行权价设置在建仓心理价位，到期时资产价格下跌到目标价位，则期权空头被行权而建仓。例如，如果交易员希望以 330 美元的价格买入 100 股苹果公司的股票，其至少有两种方式。一是通过限价挂单的方式，等待市场下跌触及挂单价而买入，其成本价为 330 美元。二是通过卖出行权价为 330 美元的看跌期权，获得期权费 15 美元，一旦被行权，将以 330 美元买入，但交易员的实际建仓成本为 315 美元。可见，通过将卖空期权与资产的交易策略结合起来，既可以实现增厚收益，降低持有成本，还可以降低保证金的使用成本。但这里的原则是，绝对不要因为卖出期权而变相接入自身不愿意持有的资产。裸卖出看跌期权，理由只能是隐含波动率被高估以及自身本来就愿意持有标的资产；裸卖出看涨期权，理由也只能是隐含波动率高估以及自身本来就愿意做空标的资产。

7.3 卖出期权的选择

卖看涨还是看跌？

对于纯粹的波动率交易而言，卖出期权并无实质差别。从形式上看，买入资产，同时卖出看涨期权，其损益形态与卖出看跌期权相同，如图 7-8 所示。从数学表达上看，无论是单卖看涨期权和看跌期权，还是卖出鞍式和勒式期权组合，本质上都是做空波动率，动态对冲后损益如式（7-1）所示；因此，对于单纯的波动率交易而言，卖出期权是同质的，差异来自所卖出期权的在值程度不同，隐含波动率曲线的偏斜有所不同，期权价格凸性的影响不同。

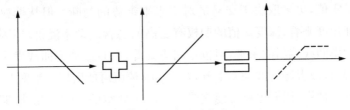

图 7-8 期权的合成

对于方向性交易而言，所选择卖出的期权应与方向性策略相匹配。需要通过期权做空或者止盈，则可卖出看涨期权；而需要通过期权建仓，则可以卖出看跌期权。更多的期权交易与观点组合如表 7-3 所示。

表 7-3 市场观点与期权方向

观点	目的	期权策略	效果
强烈看涨资产价格	无仓位，欲建多头	卖出看跌期权	到价被行权买入，不到价收取期权费
	有多头，欲止盈	卖出看涨期权	到价被行权卖出，不到价收取期权费
温和看涨资产价格	无仓位，欲建多头	卖出看跌期权	到价被行权买入，不到价收取期权费
	有多头，欲止盈	卖出看涨期权	到价被行权卖出，不到价收取期权费
强烈看跌资产价格	无仓位，欲建空头	卖出看涨期权	到价行权卖出，不到收取期权费
	有空头，欲止盈	卖出看跌期权	到价行权买入，不到价收取期权费
温和看跌资产价格	无仓位，欲建空头	卖出看涨期权	到价行权卖出，不到收取期权费
	有空头，欲止盈	卖出看跌期权	到价行权买入，不到收取期权费

卖什么价值状态的期权

应该卖出实值、平值还是虚值的期权合约？对于这个问题，实际上，从表 7-4 所展示的结果来看，卖出深度虚值的期权可能有更优秀的夏普率，有更稳定的收益和更低的回撤，但绝对收益则相对较低。从这个结果看，卖出虚值还是实值，更多取决于交易员对于未来走势的判断。但从期权交易的风险特征角度来看，深度虚值的期权有更高的隐含波动率溢价，原因在于其位于波动率曲线偏斜的末端，但也正因为如此，一旦波动率曲线发生抖动变得更加偏斜，或者隐含波动率上升，Gamma 值就可能出现大幅度上升，流动性也更容易枯竭，因而也更可能遭受 Gamma 轧空的影响。此外，期权的期限也是交易系统中不可缺少一环，如表 7-5 所示，期限不仅影响收益，也影响头寸的整体风险,因而也必须理解剩余期限变化对于 Gamma 和 Theta 等参数的影响。

表7-4 卖出不同价值状态期权的基本特征

在值程度	$-Call$	$-Put$
深度虚值	极低的期权费	极低的期权费
	价值波动率大	价值波动率大
	更多的资产价格上涨保护	更多的资产价格下跌保护
虚值	较低的期权费	较低的期权费
	较低的资产价格上涨保护	较低的资产价格下跌保护
	较低的概率卖出资产	较低的概率买入资产
	比较激进	比较激进
平值	具有最多的时间价值	具有最多的时间价值
	最高的 Gamma 风险	最高的 Gamma 风险
	大约50%概率卖出资产	大约50%概率买入资产
实值	容易卖出资产	容易买入资产
	获得更高期权费	获得更高的期权费
	更保守	更保守
	更多的下跌保护空间	更多的上涨保护空间
	更高的概率卖出资产	更高的概率买入资产
深度实值	较高的期权费	较高的期权费
	接近激进卖空资产	接近激进买入资产
	有非常高的概率卖出资产	有非常高的概率买入资产

表7-5 不同期限的影响

期限	特征
短期限	具有更快的时间价值衰减
	有更高的 Gamma 风险
	滚动卖出可能有更高的收益
	有更高的概率在短期卖出
	有更多的交易费用
	更激进

(续表)

期限	特征
更长期限	更多的期权费
	提供更多的下跌保护
	更低的时间价值
	更低的 Gamma 风险
	更高的到期行权风险
	不那么激进

何时卖出期权？

卖出期权（见图7-9）适合在波动率大幅度反弹并趋势性回落时进行，如果再次出现反弹则是比较好的卖出机会，即反弹卖出（sell on a rally）。卖出波动率一旦落定，意味着最大盈利空间已经确定，最终能否实现盈利，或者能够实现多少，完全依赖于开仓的时点，以及后续的仓位管理。其中，开仓的时机选择至关重要，甚至决定策略能否成功盈利。首先，从交易原则上看，单纯的卖空波动率策略更适合在右侧交易。所谓的右侧交易，指的是隐含波动率从高点回落时卖出，或者在隐含波动率低估开始反弹时买入。这也就意味着在均值回归的过程中建立仓位：一来波动率上升往往快速而剧烈，左侧交易不容易把握建仓机会；二来波动率的均值回归往往有更长的过程，更有利于建仓，简而言之，卖空波动率交易策略更适合右侧交易。通过期权开展方向性交易，必须严格匹配资金和仓位，避免出现期权头寸远远高于现金头寸的情况，以防止期权估值损失而导致不得不止损。例如，在通过卖出看跌期权建立股票多头的策略中，卖出的期权数量需要和现金头寸匹配。假设投资者希望通过卖出苹果公司的看跌期权建立股票多头仓位，预算的总现金为50万美元，希望在股价为250美元时建仓，否则可以收取期权费，那么，投资者可以卖出行权价为250美元的看跌期权，最多可卖出的数量为20份期权[500 000÷（100×250）]，在实际的操作中，还能以分批滚动的方式卖出期权。

从交易纪律上看，卖出波动率交易需要严格遵循基本面和技术面所提供的交易信号。从CBOE的BXM和PUT等指数来看，在较长时间尺度下，无论卖出看涨期权的备兑策略，还是单纯卖出看跌期权，相较于标普500指

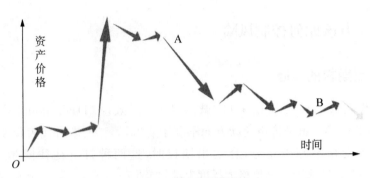

图 7-9 卖出期权的时机

数都有更高的收益和更低的回撤,亦可获得更好的夏普率。仍然需要遵循两大避免原则。一是不在波动率低谷随意卖出波动率,尽管波动率不断下降可能对空头有极大吸引力,但当波动率低于既定分位数时,足够的耐心等待能够帮助波动率空头更好生存。毕竟,卖出波动率那一刹那,最大的期权费收益已经确定,剩下的全是不确定性。二是不轻易通过卖空波动率交易重大事件,如临近财务报表披露、重大货币政策决议以及重大政治事件公布时点时,不宜建立大规模的波动率空头头寸,而事件之后将是更理想的建仓时机,如图 7-10 所示。

图 7-10 波动率有明显的低谷和尖峰

7.4 卖方该如何控制风险

卖出期权的风险

卖出期权的风险往往来自"戴维斯双击"效应（Davis double-killing effect），其中第一击是价格变动方向不利于卖方，第二击来自代表预期的隐含波动率变化不利于卖方，在卖出期权时，这两种打击往往同步出现。2018年11月遭遇天然气价格大幅度上涨，如图7-11所示，随之上涨的还有隐含波动率，在资产价格和隐含波动率同时上涨的情况下，裸卖出的看涨期权很快遭遇巨额亏损。类似情况在2021年1月发生的游戏驿站（GME）股票逼空事件中再次重演：做空GME股票的空头方卖出大量期权，但大量散户买入GME股票，使卖出GME看涨股票的空头方出现巨额亏损。很显然，大量裸卖空期权确实是激进的策略。

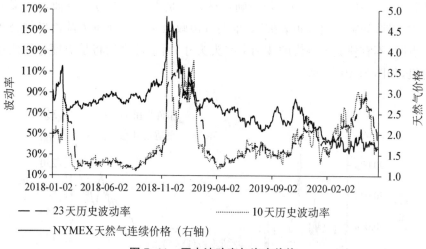

图7-11　历史波动率与资产价格

继续以苹果公司股票为例子。新冠肺炎全球大流行造成金融市场剧烈波动，2020年2月20日—3月23日，全球股市经历大幅度下跌，苹果公司股票同样出现明显下跌，造成的影响是：AAPL价格从322美元一度下跌至212美元，由此造成的结果是隐含波动率显著上升，30天平值期权隐含波动率一度上升至87.7%。如果行权价为340美元，7月份到期的看跌期权价格也从 29.50 美元上升至 97.40 美元，如图 7-12 所示，也就意味着如果在 29.50 美元卖出看跌期权，将一度遭遇－230.17％的浮亏，如果仓位控制不当，很快将面临追加保证金甚至强制止损。

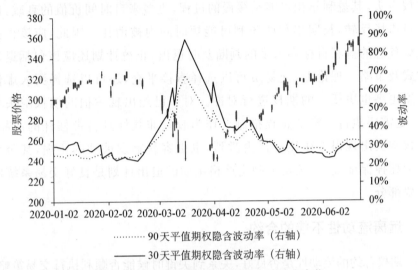

图 7-12　苹果股价及其期权隐含波动率变化

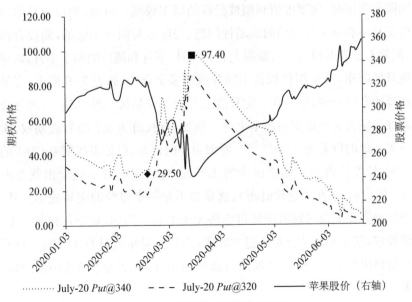

图 7-13　苹果股票期权价格变化

制定严格的退出计划

卖出期权无论亏损或盈利，都应该有明确的退出计划。对于盈利的期权空头，其盈利累积可能是缓慢的过程，更多来自时间价值的衰减，但一旦市场反转，长期累积的盈利可能短时间内被消耗。因此，应该根据策略预想的盈利目标和未来的判断及时退出，止盈计划还应该包括退出方式及策略。理论上，交易员可以选择直接平仓，还可以选择买入虚值程度更高也更便宜的期权进行对冲。对于已经出现亏损的期权空头头寸，更需要执行严格的止损措施。作为收益非线性且自带杠杆的产品，期权空头出现损失往往来得更激烈，也更容易触发被动的止损，甚至可能消耗掉保证金，从策略上制定严格主动的退出计划是良好交易系统的重要部分。

远离流动性不佳的合约

期权合约的流动性是否良好，关系到关键时候能否顺利执行交易策略。在许多人眼里，卖出深度虚值的期权可以稳定获利，尤其是当期权合约的剩余期限非常短时，深度虚值到期被行权的概率较低。但是，期权交易的特点使得交易员必须关注合约的流动性问题。其一，对同一个标的，期权合约众多，但就上证50ETF而言，期限上就有当月、下月和随后的两个季月，而每个到期月期限里，又根据行权价不同分散为多个合约，如表7-6所示，交易员可选择的合约众多，也就在一定程度上分散了交易流动性。其二，部分合约流动性的缺失会使得交易成本上升。例如，行权价为3.3的看涨期权，卖一价与买一价的价差为0.0007元。看似很小的价差，但如果按照0.0161的价格卖出，价差就占到实际卖出价的4.35%，也就意味着一旦卖出就会出现4.35%的亏损（按照平仓价盯市），这显然不是一个很低的交易成本。其三，流动性缺失在关键时候可能使得空头无法平仓。例如，对于行权价2.45的看涨期权，整个市场持仓量不过828张，当日交易量也只有11张，一旦看涨期权价格出现下跌，空头方难以快速买回平仓，或者至少面临更高的买卖价差。

表 7-6 上证 50ETF9 月份期权合约

看涨期权				行权价	看跌期权			
卖一价	买一价	成交量	持仓量		卖一价	买一价	成交量	持仓量
0.5941	0.5888	181	8 621	2.35	0.0084	0.0080	7 000	42 920
0.5430	0.5399	23	2 313	2.40	0.0101	0.0097	2 059	18 858
0.4970	0.4916	11	828	2.45	0.0119	0.0111	1 875	8 660
0.4489	0.4488	150	2 724	2.50	0.0139	0.0130	2 008	16 987
0.4032	0.3977	116	1 770	2.55	0.0176	0.0173	2 014	11 647
0.3555	0.3554	238	3 362	2.60	0.0217	0.0215	984	10 503
0.3110	0.3084	126	2 807	2.65	0.0280	0.0278	2 034	16 723
0.2680	0.2665	537	7 287	2.70	0.0359	0.0348	3 197	13 876
0.2286	0.2263	736	4 321	2.75	0.0452	0.0443	3 859	17 773
0.1938	0.1932	3 190	13 746	2.80	0.0588	0.0572	5 835	21 551
0.1583	0.1571	7 023	18 883	2.85	0.0763	0.0736	4 776	13 852
0.1292	0.1288	6 220	14 133	2.90	0.0937	0.0929	7 975	14 959
0.1022	0.1004	7 479	12 483	2.95	0.1177	0.1167	3 994	5 214
0.0817	0.0810	6 471	18 797	3.00	0.1480	0.1422	2 257	3 748
0.0500	0.0498	6 766	17 175	3.10	0.2122	0.2089	824	2 024
0.0283	0.0282	7 508	16 324	3.20	0.2934	0.2878	341	1 760
0.0168	0.0161	5 466	24 592	3.30	0.3804	0.3753	13	1 906
0.0104	0.0100	9 606	49 937	3.40	0.4730	0.4688	373	4 683

收益与风险如何平衡

对于卖空期权交易，必须清晰地理解收益与风险的关系。实际上，卖空期权能否最终获利，可能 20% 取决于策略制定，更多的 80% 取决于风控策略。麻烦就在于风控策略往往是反人性的，因而好的风控策略才是成功的根本保障。何谓好？至少应该包括事前详细的交易计划和风控计划、细致的压力测试，以及坚决的执行纪律及监督机制，三者缺一不可的完整流程才构成所谓好的卖空期权策略。

期权空头方需要考虑如何平衡潜在的风险与收益的关系，具体表现为需要仔细研究卖出期权的行权价设置，并权衡所得之期权费与最终行权概率之间的关系,本质上需要确定的是资产价格在特定时间里波动空间的判断。期权空头方至少需要解决几个层次的问题:其一,所卖之期权是否符合其对市场的判断,这个问题解决卖出看涨期权、看跌期权,还是期权组合;其二,应该卖出虚值期权还是平值期权,甚至在值期权,这个问题解决的是资产价格在时间和空间维度上,期权卖空方是何种收益率曲线;其三,应该在何时卖出期权,此时需要解决的是时间维度上波动率的预期收益率问题。

  第一层次的问题在于操作层面是否正确,是卖出期权策略的基本前提。对于市场未来的判断,既有对资产价格方向的判断,也有对资产价格波动率的判断,严格来说,还有对市场波动率交易价格(反映当前市场预期)与个体未来预判差异的判断。如表 7-7 和图 7-14 所示的仅仅是非常朴素的观点与期权策略的映射,实际情况将会更为复杂。

表 7-7 观点与朴素卖出期权策略

		波动率预期		
		看跌	中性	看涨
资产价格预期	看跌	卖出看涨 卖出牛市价差	卖出看涨 卖出牛市价差	卖出资产
	中性	卖出鞍式 卖出价差组合 买入蝶式组合	卖出鞍式 卖出勒式 卖出价差组合 买入蝶式组合	—
	看涨	卖出看跌 卖出熊市价差	卖出看跌	卖出看跌

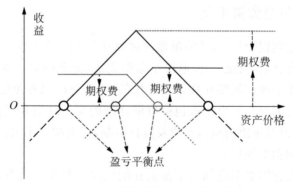

图 7-14 卖出期权损益图与损益平衡点

对于第二层次的问题,涉及波动率曲线"微笑"或"假笑"形态对不同在值状态期权报价的影响,在波动率曲线形态交易章节中,将会详细分析期权交易背后的波动率曲线交易。这里仅分析不同在值状态期权对于简单卖出期权策略的影响,主要解决市场上常常遇到的问题,即卖出何种在值状态的期权具有更高的回报。首先,从卖出看涨期权角度,根据美林证券的研究,对1996—2012年长达16年的数据分析(见表7-8)显示,对于机械地卖出看涨期权而言,卖出虚值程度或在值程度更高的期权,并不能获得更高的夏普率。其次,整体而言,卖出短期限而且在值程度接近平值状态的看涨期权,可获得更高的收益风险比。最后,单卖期权应该做好相应的风险管理措施,甚至尽量减少或避免单卖期权,而采取卖"期权+其他资产组合"的形式构建投资组合,在获得卖期权收益的同时降低风险。

表7-8 卖出看涨期权的夏普率[1][2]

		期限					
		1M	2M	3M	6M	9M	12M
在值程度	95%	0.16	0.13	0.22	0.18	0.16	0.14
	97%	0.14	0.18	0.26	0.20	0.16	0.15
	99%	0.25	0.23	0.28	0.19	0.16	0.15
	100%	0.25	0.25	0.30	0.20	0.17	0.17
	102%	0.27	0.26	0.28	0.22	0.19	0.16
	105%	0.22	0.24	0.21	0.21	0.19	0.19
	108%	0.21	0.22	0.17	0.20	0.21	0.19
	110%	0.19	0.21	0.16	0.18	0.20	0.19
	115%	0.16	0.18	0.16	0.16	0.20	0.19
	120%	0.15	0.17	0.16	0.14	0.18	0.18

对于卖出看跌期权,高盛以跨度长达10年的数据分析(见表7-9)表明:其一,卖出虚值更多更高的看跌期权,并不能获得更高的复合收益率,但可以获得更高的收益风险比,背后的原因在于虚值状态期权有更高的安全边

---

[1] 系统性执行标普500的备兑策略,策略时间跨度为1996年12月20日—2012年6月29日,该时间范围内标普500指数的夏普率为0.13。
[2] 数据来源:BofA Merrill Lynch Global Research。

际,波动率曲线偏斜的因素也会导致期权有更多的溢价;其二,卖出看跌期权与被动指数相比,有更高的收益风险比,并且有更小的回撤。

虽然这两个卖出期权的研究性策略较为机械,但已经显示出卖出期权策略的优势,在现实中,还需要交易员结合对市场的判断以及波动率曲线的变化预期,制定更有利的策略(见表 7-10 和表 7-11)。

表 7-9 卖出标普 500 看跌期权

	复合收益率	标准差	夏普率	月收益率			平均在值%OTM	行权比例
				最小	最大	均值		
固定在值程度								
S&P500	7.3%	18%	0.49	−24.9%	13.3%	5.1%		
0%OTM	7.1%	12%	0.65	−20.8%	9.1%	3.4%	−0.1%	45%
2%OTM	6.6%	11%	0.66	−20.1%	8.6%	3.1%	1.8%	35%
5%OTM	5.9%	9%	0.68	−18.4%	7.8%	2.6%	4.6%	23%
10%OTM	5.5%	7%	0.80	−15.5%	6.4%	2.0%	9.1%	12%
15%OTM	5.0%	6%	0.85	−14.2%	5.2%	1.7%	12.4%	10%
固定 Delta								
70Delta	7.4%	15%	0.55	−23.7%	11.3%	4.3%	−5.0%	70%
60Delta	7.1%	14%	0.57	−22.7%	10.9%	3.9%	−2.6%	58%
50Delta	7.1%	12%	0.63	−20.8%	9.9%	3.5%	−0.3%	46%
40Delta	6.6%	11%	0.67	−19.8%	8.4%	3.0%	2.0%	34%
30Delta	5.9%	9%	0.71	−17.8%	6.4%	2.5%	4.4%	24%
20Delta	5.0%	7%	0.76	−15.0%	4.7%	2.0%	7.2%	16%
特定期权费收益								
1%期权费	4.3%	5%	0.83	−11.2%	3.1%	1.5%	8.5%	15%
2%期权费	5.8%	8%	0.79	−14.3%	3.1%	2.2%	4.7%	28%
3%期权费	6.8%	9%	0.75	−16.9%	3.8%	2.7%	2.2%	40%

表 7-10　主要卖空期权策略参数统计①②

指标	S&P500	BXM	BXMD	CMBO	PUT	MSCI EAFE③	30 美国债
年化收益	9.85％	8.88％	10.66％	9.55％	10.13％	6.28％	7.05％
平均每月收益	0.88％	0.76％	0.92％	0.82％	0.85％	0.64％	0.63％
标准差	15.26％	10.85％	13.18％	11.17％	10.16％	17.48％	12.26％
最大回测	−50.95％	−35.81％	−42.73％	−38.13％	−32.66％	−56.68％	−25.96％
2008 年表现	−37.00％	−28.65％	−31.25％	−30.21％	−26.77％	−43.38％	41.27％
偏斜	−0.79	−1.54	−1.09	−1.51	−2.10	−0.40	0.29
峰度	2.45	6.23	3.74	5.76	9.75	0.93	2.79
詹森指数④	0.00％	1.25％	1.74％	1.64％	2.88％	−1.50％	4.88％
贝塔值	1.00	0.63	0.82	0.67	0.56	0.80	−0.07
特雷诺率⑤	0.07	0.09	0.10	0.10	0.13	0.06	−0.61
夏普率⑥	0.48	0.55	0.59	0.59	0.69	0.25	0.35
索提诺率⑦	0.63	0.68	0.76	0.73	0.83	0.34	0.51
Stutzer 指数⑧	0.48	0.53	0.58	0.57	0.65	0.25	0.36

① 引用自：Keith Black，Edward Szado. "Performance Analysis of CBOE S&P500 Options-Selling Indicses".
② 有关投资组合评价指标的详细介绍，读者可以参考文献"On the Consistency of Performance Measures for Hedge Funds"，作者是 Huyen Nguyen-Thi-Thanh。
③ MSCI EAFE Index (Europe, Australia, Far East)，由除美国及加拿大外的其他发达国家组成。
④ 也称为 Jensen's Alpha，计算公式为 $\alpha = E(R_p) − [R_f + \beta(R_m − R_f)]$。
⑤ Treynor Ratio，计算公式为 $Treynor\ Ratio = \dfrac{E(R_p) − R_f}{\beta_p}$。
⑥ Sharpe Ratio，计算公式为 $Sharpe\ Ratio = \dfrac{E(R_p) − R_f}{\sigma_p}$。
⑦ Sortino Ratio，计算公式为 $Sortino\ Ratio = \dfrac{E(R_p) − MAR}{\sqrt{\dfrac{1}{T-1}\sum_{t=1}^{T}(R_{pt} − R_f)^2}}$，MAR 表示可接受最低收益。
⑧ Stutzer Index，计算公式为 $Stutzer = \dfrac{Abs(\bar{r})}{\bar{r}}\sqrt{2I_p}$，其中 $I_p = \operatorname*{Max}_{\theta}\left[−\log\left(\dfrac{1}{T}\sum_{t=1}^{T}e^{\theta r_t}\right)\right]$，$r_t$ 表示超额收益，$\bar{r}$ 表示平均超额收益。

表 7-11　CBOE 主要做空波动率策略指数

名称	策略	开始时间	可回溯时点
BFLY	卖出平值看涨与看跌期权，同时买入 5% 虚值的看涨与看跌期权	2015 年	1986-06-30
BXM	买入标普 500 指数成分股票，每个月卖出平值看涨期权	2002 年	1986-06-30
BXMD	买入标普 500 指数成分股票，每个月卖出 30% Delta 指数看涨期权	2015 年	1986-06-30
CMBO	每个月卖出 2% 虚值看涨期权和平值看跌期权，买入与看涨期权名义金额相同的标普 500 指数头寸，买入 1 个月期限的短期国库券	2015 年	1986-06-30
CNDR	每月卖出标普 500 指数的 20% Delta 看涨期权和看跌期权，买入 5% Delta 的看涨期权和看跌期权	2015 年	1986-06-30
PUT	买入短期国库券，每月卖出 N 手标普 500 指数平值看跌期权	2007 年	1986-06-30

期权卖方的交易哲学观

在投资交易中，交易员的投资策略往往是其哲学观的反映，正确认识自身与准确判断市场走势同等重要，甚至更为重要。

什么是交易哲学观？简单地说，所谓的交易哲学观是交易员如何看待时间和盈利的关系。诚然，交易员是一个高压的行业：一面是越来越高的盈利指标，这是确定性极高的事情；另一面是极高的市场不确定性，极高要求的敞口限额和止损限额。在这样的环境下，交易员应该如何看待时间和盈利的关系？对期权交易而言，这就简单地关系到选择何种期限、何种行权价，因为不同行权价和不同期权对应不同的期权费。是贪婪一点、勇敢一点博取更高的收益，快速累积收益，抑或保守一点，接受收益的慢慢生长？这反映的是交易员对世界和自我的认识，必定有些人适合做猎人，寻找猎物，静待时机出现，出击必定全力以赴，也必定有些人更适合做深耕细作、收集涓涓细流的农民。强烈的风险偏好并不一定是成功交易员的必要充分条件，寻找肥沃土地、勤勤恳恳耕耘、安心等待收成的农民最终也能累积惊人财富。期权卖方是农民和猎人风格的统一，在多数时候，期权卖方博弈的是大概率小额的盈利,更像农民坚守一亩三分地,日复一日坚守纪律操作卖出期权策略,但当波动率时机来临,仍需要能够像猎人一样全力出击。

7.5 本章小结

　　当卖出期权时,实际上是选择与时间成为朋友。但要让时间真正成为朋友,需要对期权卖出策略有周全的考虑。从价值观角度看,需要交易员认识到自己对于时间和收益的需求,卖出期权注定是博取高胜率低收益的游戏,高胜率并不意味着低风险。实际上,从风险控制角度看,卖出期权更容易因为事件冲击而对损益造成巨大扰动,因而要求交易员有严格的资金管理和退出计划。从期权交易本身而言,卖出期权,本质是做空波动率,预期的是未来实际波动率不如当前波动率定价,这个价差就是卖出期权的所有收益,自然要求交易员对于波动率有深刻的认识。最后,卖出波动率可以慢慢累积收益,甚至从长期来看,相较于被动指数有更优越的收益风险比,但现实可能是"辛辛苦苦三五年,一朝回到解放前"。从这个角度说,以卖出期权为生,终究要看谁能坚持得更久。

第8章
CHAPTER 8

交易波动率曲线

你必须知道买的是什么，以及为什么买它。

——彼得·林奇(Peter Lynch)

在一些书籍中，将波动率定义为资产价格风险的度量，简单理解，波动率实际上是资产价格未来不确定性的度量，生活中常说的一句话是"不要把所有鸡蛋放在一个篮子里"，原因是一旦篮子掉落，可能所有鸡蛋都会被打碎，所以应该把鸡蛋分散在不同的篮子里，降低所有鸡蛋被打碎的风险，相应地提高鸡蛋安全的确定性。类似地，资产价格未来有可能上涨，也有可能下跌。一直上涨或一直下跌，意味着确定性提高，风险较低，波动率也较低；反之，上涨和下跌频繁交错出现，则意味着资产价格未来的不确定性更高，风险更高，波动率也更高。正因为这一点，交易市场一直期待能够直接交易波动率的工具即期权的出现，帮助交易员直接交易预期波动率的变化以及实际波动率与预期波动率之间的差异。

8.1 再次认识波动率

历史波动率

历史波动率就是资产价格的实际波动率。历史波动率有多种计算模型，简单的可以计算资产的每日收盘价格收益率的标准差，也可以采用开盘价、收盘价、最高价和最低价等数据进行计算，这里仅仅以简单的标准差进行说明。

在实际的交易中，期权交易员可能面临几种常见的标的资产运动场景。例如，在图8-1中，价格在日内一直上涨，从开盘价100上涨直至收盘价101，那么，1天的开盘价－收盘价的历史波动率就是1%，乘以年化因子

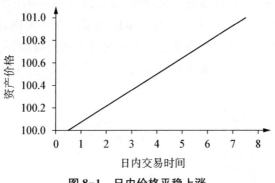

图 8-1 日内价格平稳上涨

$\sqrt{252}$ 即 15.87[①],即可得到年化的历史波动率大约为 15.87%。我们应该考虑,如果每天的上涨幅度一样,那么历史波动率也将维持在 15.87% 的水平。在市场预期没有发生明显改变的情况下,隐含波动率将逐步向 15.87% 的水平收敛;否则,隐含波动率明显高于或低于 15.87%,则交易员可以卖出或买入期权,一旦最终资产价格的走势确实没有发生变化,这样的期权交易就可以获得正收益。

如图 8-2 所示的情景,从日内价格演变来看,资产价格的年化历史波动率仍然为 15.87%,但是,由于价格走势略有不同,实际的波动率显然高于图 8-1 所示的情景。在这种情形下,如果隐含波动率仍然在 15.87% 交易,那么此时持有期权的多头,就能够获得 Gamma 的多头头寸,在实际交易中,更有机会通过 Gamma 动态对冲获得更多的收益。

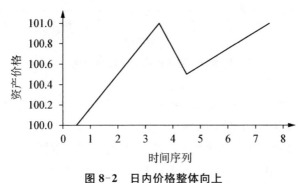

图 8-2 日内价格整体向上

---

① 假设一年有 252 个交易日。

图 8-3 所示,收盘价没有变化,所以历史波动率为 0,但此时,其实际的波动率要高于图 8-1 和图 8-2 所展示的情景。在一天内,实际波动两个 1%,高达 2% 的实际波动率也就意味着年化波动率达到 32%。因此,如果隐含波动率显著低于 32%,那么持有期权多头,将能够因为实际波动率较高而获得收益。

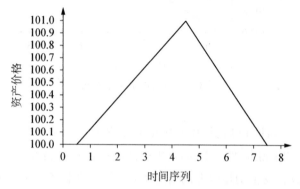

图 8-3 日内收盘价等于开盘价的情景

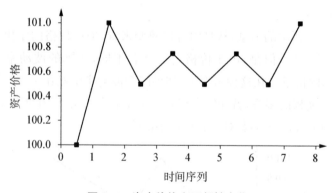

图 8-4 资产价格上下频繁变化

如图 8-4 所示的波动形态,更是由于其中的波动而具有更大的实际波动率。这四幅图揭示了两个问题。

一方面,计算历史波动率的算法需要得到足够的重视,有必要将日内的开盘价、最高价、最低价和收盘价等信息纳入考虑,避免从在历史波动率这一维度对波动率水平造成误判。在诸多的历史波动率计算方法中,交易员需要根据实际的波动情况,灵活运用不同的算法,才能更好地掌握波动率的真实情况。

另一方面，资产价格不同的波动形态对实际波动率的影响巨大。如图 8-5 所示，尽管到期价格一样，但背后隐含的波动率却大不相同，而实际波动率对期权的交易模式有决定性影响，实际波动率的可能性直接影响期权的价值，因而交易员有必要深入研究实际波动率的形态。

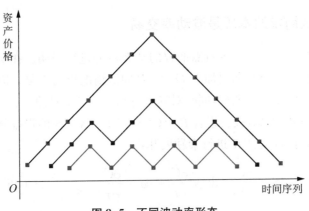

图 8-5　不同波动率形态

8.2　为什么是波动率交易

期权交易的核心是波动率，而波动率实际上是期权的价格，作为一个特殊商品的价格，波动率因受到供求关系、市场波动环境和市场情绪等因素影响而呈现出其独有的特征。简单地说，期权交易的实质是波动率交易，可以分为实际波动率和隐含波动率交易。如果交易员买入或卖出期权，并进行动态对冲，博取期权交易费用与动态对冲的收益，则实际上交易的是实际波动率，交易员应该关注的是期权头寸的 Gamma 值成本（收益）以及实际的动态对冲成本（收益）之间的差异，交易员每做一次动态对冲交易，其带来的损益都是已经实现之损益；如果交易员依据期权价格的判断买卖期权，或利用不同期权合约之间的价格差异进行对冲交易，则交易的是隐含波动率形态的变化，交易员关注的参数是不同期权合约 Vega 之间的成本差异以及未来 Vega 值的变化，交易员需要将头寸平仓或者期权合约到期之后的损益才是已实现损益。

表 8-1 实际波动率与隐含波动率

维度	参数	交易操作	损益实现
实际波动率	Gamma	期权+动态对冲	已实现
隐含波动率	Vega	期权	未实现

为什么期权的本质是波动率交易

对于这个问题,以一个看涨期权的动态对冲进行说明。在实际交易中,相比单纯的单笔期权,期权加上 Delta 对冲的情况更为常见。因此,假设一种常见情形,建立单笔期权,同时对其进行动态 Delta 对冲,以一笔看涨期权为例子,考虑 dt 极短,投资组合 $\Pi = C(S, T) - \Delta \times S$ 的损益分解情况。

首先,对投资组合 Π 进行泰勒展开:

$$d(P\&L) \approx dS \times \frac{\partial C}{\partial S} + dt \times \frac{\partial C}{\partial t} + d\sigma \times \frac{\partial C}{\partial \sigma} + \frac{1}{2}\frac{\partial^2 C}{\partial S^2} \times (dS)^2 - \Delta dS$$

在开展 Delta 动态对冲之后,在完美对冲的前提下投资组合将不受 Delta 头寸的影响,每天的损益可以简化如下:

$$\begin{aligned} d(P\&L) &\approx dt \times \frac{\partial C}{\partial t} + d\sigma \times \frac{\partial C}{\partial \sigma} + \frac{1}{2}\frac{\partial^2 C}{\partial S^2} \times (dS)^2 \\ &= \theta dt + \frac{1}{2}\Gamma \times (dS)^2 + Vega \times d\sigma \end{aligned} \quad (8\text{-}1)$$

利用 θ 和 Γ 的数学关系:

$$\theta = Theta = \frac{\partial C}{\partial t} \approx -\frac{1}{2}\sigma_{imp}^2 S^2 \frac{\partial^2 C}{\partial S^2} = -\frac{1}{2}\sigma_{imp}^2 S^2 \times Gamma = -\frac{1}{2}\sigma_{imp}^2 S^2 \Gamma$$

代入式(8-1),得到:

$$d(P\&L) \approx -\frac{1}{2}\sigma_{imp}^2 S^2 \times \Gamma \times dt + d\sigma \times Vega + \frac{1}{2}\Gamma \times (dS)^2$$

$$d(P\&L) \approx -\frac{1}{2}\sigma_{imp}^2 S^2 \times \Gamma \times dt + d\sigma \times Vega + \frac{1}{2}\Gamma \times \left(\frac{dS}{S}\right)^2 \times S^2$$

$$d(P\&L) \approx \frac{1}{2}\Gamma \times S^2 \times \left[\left(\frac{dS}{S}\right)^2 - \sigma_{imp}^2 \times dt\right] + d\sigma \times Vega \quad (8\text{-}2)$$

这时候，为了继续简化式(8-2)，有两条思路。第一条思路，沿用 BSM 框架，假设标的资产价格运动遵循几何布朗运动，即 $\frac{dS}{S} = \mu dt + \sigma_{realized} dw$，其中 $dw \sim Z(0, \sqrt{dt})$，标的资产的实际波动率 $\sigma_{realized}$ 代表的是真实的已实现的波动率，而 BSM 框架下，期权定价使用的是代表预期的和未来的隐含波动率 σ_{imp}，这是本质的区别。在排除漂移项之后，可以假设：

$$dS = \pm \sigma_{realized} S Z(0, 1) \sqrt{dt}$$

其中：$Z(0, 1)$ 是均值为 0，方差为 1 的高斯过程(Gaussian process)。
代入式(8-2)：

$$d(P\&L) \approx \frac{1}{2} \Gamma \times S^2 \times [\sigma_{realized}^2 - \sigma_{imp}^2] dt + d\sigma \times Vega \quad (8-3)$$

一般而言，隐含波动率 σ_{imp} 变化频率较小，在极短的时间里 $d\sigma \approx 0$，式(8-3)右边第二项可以忽略，因而整个动态对冲期间，投资组合 Π 的损益可以表示如下：

$$P\&L(\Pi) = \int_0^T \frac{1}{2} \Gamma (\sigma_{realized}^2 - \sigma_{imp}^2) S^2 dt \quad (8-4)$$

如果对于 $dS = \pm \sigma_{realized} S Z(0, 1) \sqrt{dt}$ 不好理解，或者不喜欢标的资产运动的几何布朗运动假设，可以采取第二种思路，直接推导。

事实上，常见的收益率处理方式使用的是对数收益率：

$$r = \ln \frac{S + \Delta S}{S} = \ln\left(1 + \frac{\Delta S}{S}\right) \sim \frac{\Delta S}{S}$$

在计算实际波动率时，$\sigma_{realized}^2 = \frac{1}{N} \sum_{i=1}^{N} (r_i - \bar{r})^2 \approx \frac{1}{N} \sum_{i=1}^{N} r_i^2$，可以近似地获得 $\sigma_{realized}^2 \approx r^2$。因此，$\left(\frac{\Delta S}{S}\right)^2 \approx \sigma_{realized}^2$，再加上在极短的时间里 $d\sigma \approx 0$，投资组合 Π 的损益同样可以表示如下：

$$d(P\&L) \approx \frac{1}{2} \Gamma \times S^2 \times [\sigma_{realized}^2 - \sigma_{imp}^2] dt$$

同样可以获得式(8-4)的结果：

$$P\&L(\Pi) = \int_0^T \frac{1}{2} \Gamma (\sigma_{realized}^2 - \sigma_{imp}^2) S^2 dt$$

到这里,就非常清楚了,一笔期权加上对冲头寸构成的投资组合,最终的损益取决于几个重要因素:一是资产价格路径 S;二是期权的 Γ 值;三是期权开仓的隐含波动率与实际波动率之间的差($\sigma_{realized}^2 - \sigma_{imp}^2$),其中波动率的差异是影响损益的核心。

8.3 波动率的期限结构

隐含波动率是期权的价格,期限的差异决定期权必然有不同的期权费,意味着对应的波动率报价也各不相同,因而波动率呈现期限结构特征。所谓的期限结构特征,指的是不同期限的波动率呈现高低不同的价格水平,如图 8-6 所示。

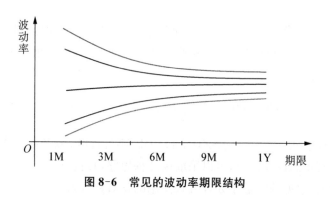

图 8-6 常见的波动率期限结构

如果在二维坐标上将波动率按照不同的期限画成一条曲线,那么,向右上方倾斜是较为常见的形态,如图 8-7 所示,表现为短期限波动率较低,长期限波动率较高。之所以向右上方倾斜较为普遍,原因在于期限越短,对市场而

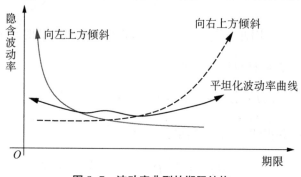

图 8-7 波动率典型的期限结构

言,未来资产价格波动的不确定性相对更小,期限越长,未来价格有波动幅度和频率的概率更大,因而需要为更高的不确定性进行定价,因而波动率曲线的期限结构体现为"短低长高"形态。向左上方倾斜形态,则表现出短期限的波动率报价高,而长期限的报价相对较低,这样的波动率曲线往往出现在资产价格自身波动率上升时,或者资产价格出现大幅度下跌,市场避险情绪上升之时,市场需要为短期的波动率上升进行定价,而又预期未来资产价格波动将收敛。

当然也有相对平坦的波动率曲线,表现为长短期限的隐含波动率报价差异不大,整条波动率曲线斜率不大,相对平缓。

8.4 波动率锥

何为波动率锥

在期权交易中,波动率交易的是未来波动率与当前波动率定价的差异。自然需要交易员了解当前处于何种水平,有学者[1]在1990年提出波动率锥的概念,将不同周期的历史波动率按照特定的分位点进行连接,所形成的图形即波动率锥。如表8-2和图8-8所示,分别计算沪深300的历史波动率,周期为1个月、3个月、6个月和9个月,形成四个时间序列,并取四个时间序列的最大值、最小值、中间值、25%分位和75%分位数据作图,便得到波动率锥。尽管波动率锥的概念始于历史波动率,但在市场中的交易员应该更加关注隐含波动率锥。

表 8-2 沪深 300 历史波动率锥

到期日	30 天	60 天	90 天	180 天	270 天	360 天
2020-06-02	14.1%	22.3%	27.2%	21.1%	20.8%	21.6%
2020-05-06	19.0%	24.3%	26.9%	21.1%	21.5%	21.9%
2020-04-02	30.4%	31.6%	26.8%	21.0%	22.2%	23.0%
2020-03-02	35.7%	26.7%	22.8%	19.4%	22.1%	23.1%
2020-02-03	30.6%	23.1%	19.9%	18.7%	21.4%	22.8%

---

[1] Burghardt G, Lane M. How to Tell if Options are Cheap[J]. The Journal of Portfolio Management Winter, 1990, 16(2): 72-78.

（续表）

到期日	30 天	60 天	90 天	180 天	270 天	360 天
2020-01-02	12.9%	12.5%	12.2%	17.4%	19.7%	21.7%
2019-12-02	11.6%	12.0%	13.0%	18.7%	20.6%	22.3%
2019-11-01	12.6%	14.1%	13.8%	21.7%	23.0%	22.5%
2019-10-08	12.0%	13.4%	15.3%	21.9%	23.3%	22.6%
2019-09-02	15.2%	16.6%	20.3%	22.2%	23.9%	22.9%
2019-08-02	14.3%	18.2%	22.6%	22.7%	24.3%	23.2%
2019-07-02	17.6%	23.9%	26.9%	25.6%	24.7%	23.4%
2019-06-03	26.5%	26.2%	26.9%	26.3%	24.4%	23.2%
天数	30 天	60 天	90 天	180 天	270 天	360 天
最大值	35.7%	31.6%	27.2%	26.3%	24.7%	23.4%
75%分位	29.3%	26.1%	26.8%	25.2%	24.0%	23.0%
中间值	18.3%	23.3%	23.5%	21.8%	23.2%	22.7%
25%分位	13.8%	16.0%	18.8%	20.6%	21.5%	22.0%
最小值	11.6%	12.0%	12.2%	17.4%	19.7%	21.1%

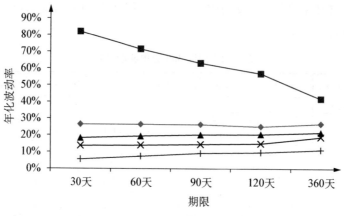

图 8-8　沪深 300ETF 波动率锥①

---

① 时间范围：2012-05-28—2020-06-02，历史波动率采用 close-close 方法计算。

历史波动率锥

波动率锥呈现短期限发散、长期限收敛的特点。相同分位数下,长期限波动率向中位收敛,而短期限波动率则更为发散,形如锥。在不同分位数之间,从高低分位来看,高分位下资产短期的波动率一般高于长期波动率,之所以呈现这样的形态,与波动率的均值回归和聚簇特性有关。

在实际交易中,交易员可以对比当前隐含波动率在历史波动率锥中的相对位置,并据此判断隐含波动率定价是否合理,形成交易策略。例如,当隐含波动率处于历史波动率锥的最小值或低分位区间,意味着隐含波动率有可能被低估,反之,如果隐含波动率处于历史波动率锥的高分位区间,则意味着隐含波动率可能已经高估。当然,交易员在实际使用波动率锥的概念时,还需要多角度考虑基本面和消息面对短期波动率的冲击,进行更为准确的风险管理。

当然,在实际的交易中,单纯依靠历史波动率锥判断当前波动率定价是否合理进而评判交易机会,其实仍然是不完全的,原因有二:其一,历史波动率反映的是过去的信息,对于未来的波动率变化,需要结合技术面、基本面和市场的势头才能做出更合理的判断;其二,即便波动率宏观上有均值回归的特征,但微观上需要把握均值回归的节奏,毕竟作为交易员有严格的敞口和止损限额要求。

隐含波动率锥

隐含波动率锥的原理与历史波动率类似,不同的地方在于权益类期权的隐含波动率需要计算而来,外汇期权的隐含波动率可能来自市场直接交易。如图8-9所示,把USD/CNH之平值期权的隐含波动率按照不同的分位数作图,便可以让交易员清晰了解到当前交易的隐含波动率在历史上处于何种水平。以2020年3月19日的USD/CNY期权隐含波动率来说,3个月期限的市场成交于7.925%,1年成交于6.975%,已经远远高于25%分位数水平。通过波动率锥图,交易员已经清楚波动率报价所处的相对估值水平,而造成隐含波动率上升的核心原因是新冠肺炎病毒带来的恐慌情绪影响,市场担忧美元流动性出现枯竭,历次金融危机实质上都是流动性枯竭危机,而流动性枯竭往往导致的结果是权益、商品和债券资产价格同时下跌,新兴市场国家货币汇率贬值。但如果交易员相信美联储的一系列激进操作之有效性,如果相信美元流动性不会出现更大问题,那么在隐含波动率出现脉冲式上涨时，也正是做空波动率的好时机。

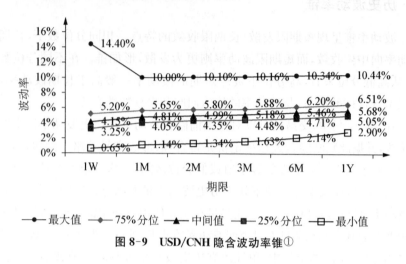

图 8-9　USD/CNH 隐含波动率锥[1]

8.5　交易波动率期限结构

交易波动率的期限结构是重要的策略。交易期限结构的策略主要有两个方向。

第一，危急时刻，可以做多波动率期限结构反转。当标的资产价格快速下跌时：一方面，短期波动率往往出现大幅度上升，需要期权的波动率反映资产价格的波动，因而短期限隐含波动率上升；另一方面，资产价格下跌，也会带动市场避险需求上升，因而买入短期限的期权需求上升。此外，原来期权的卖空方，在波动率剧烈上升时也必须买回波动率，即买入期权进行止损。三个层次共同作用，可能会导致整条波动率曲线上移，但往往短期限的波动率上升较快且幅度更大，因而表现为期限结构曲线向左上角倾斜。对交易员而言，如果认为市场恐慌情绪仍未完全爆发，可以做多短期限期权，而做空长期限期权，本质上这个策略是做多波动率期限结构陡峭化；反之，如果交易员的观点是认为市场情绪过度反应，短期限的波动率定价过高，则可以做空短期限期权，而做多长期限期权，本质上是做多波动率期限结构平坦化。

---

[1] 数据来源：Eikon，2015-06-05—2020-06-05。

第二，危机发酵峰值之后，交易波动率期限结构回归常态。短期限波动率定价水平相对较低，而长期限波动率定价相对较高，这是波动率期限结构的常态（见图 8-10），意味着当突发事件冲击结束，市场恐慌情绪得到缓和之后，反转的波动率期限结构有较大的概率恢复至常态。此时，可以根据波动率期限结构反转的程度，选择合适的期限做空短期限波动率，同时做多长期限波动率。但需要注意，要审慎评估危机情绪是否真的达到顶峰，事件冲击往往有多个层次和多个波浪，以新冠肺炎疫情来说，其对全球的影响是多层次的。疫情在中国出现后，因为恰逢春节假期，所以在 2020 年 2 月 3 日市场重新开放后，市场卖出需求一次集中爆发，但此时管制措施已经显示出有效对抗疫情的效果，加上央行 1 月份已经全面降准，而且 2 月 3 日在公开市场开展 1.2 万亿逆回购，因此，一次性下跌后，并未引发恐慌情绪。此时，短期限的沪深 300 期权的隐含波动率急剧上升，但长期限的隐含波动率则表现为黏性。类似的情景在 2020 年 3 月 16—17 日再次出现，当欧美疫情暴发后，欧洲与美国股市开始大幅度下跌，尽管此时中国疫情已经得到有效控制，但全球经济的不确定性同样引发国内的恐慌情绪，沪深 300 的隐含波动率再次整体上升，并且表现为短期限上升更快，而长期限隐含波动率上升相对较慢，波动率曲线向左上方倾斜的斜率抬升。

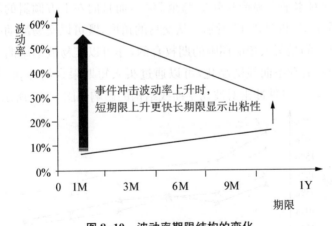

图 8-10　波动率期限结构的变化

以沪深 300 期权为例，2020 年 1 月 7 日之前市场仍然有较好的预期，沪深 300 持续上涨，此时 ETF 期权的隐含波动率期限结构如图 8-11 所示，处于平值状态（ETF 价格/行权价接近 100%）合约的隐含波动率不仅绝对水平处于17%～19%的地位,而且平值期权的隐含波动率曲线非常平坦。尽管处于120%实值状态合约的隐含波动率曲线也呈现出向左上倾斜的形态,但整体程度相对平坦,而虚值期权的隐含波动率曲线则呈现出更显著的向左上方倾斜形态。

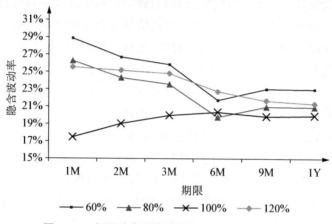

图8-11 新冠肺炎疫情之前的沪深300期限结构

当时经历大幅度波动之后,2020年3月20日,沪深300的隐含波动率曲线不仅绝对水平大幅抬升至25%至50%,而且向左上方倾斜的斜率明显增大,如图8-12和图8-13所示。从交易的角度,既可以交易波动率曲线抬升,此时要做的是买入相应期限的期权合约,亦可以交易波动率曲线形态的变化,如做多波动率曲线陡峭化,可以通过买入短期限合约,同时卖出长期限合约来实现。事件冲击对波动率曲线结构的影响如图8-14所示。

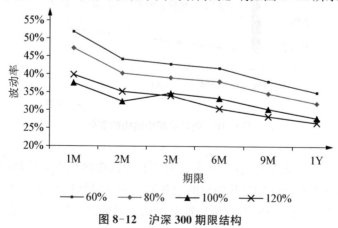

图8-12 沪深300期限结构

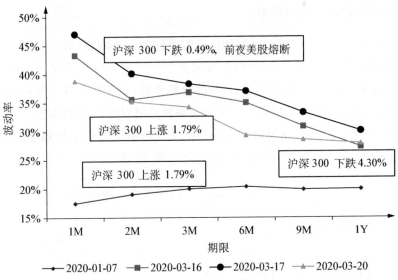

图 8-13 剧烈波动环境下沪深 300 期权波动率曲线的演变

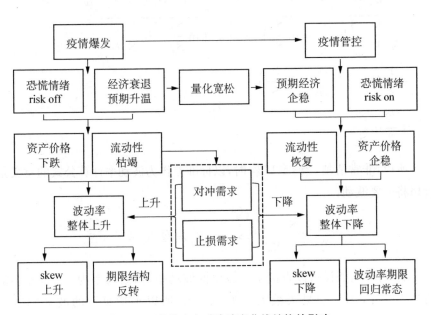

图 8-14 事件冲击对波动率曲线结构的影响

交易波动率期限结构

当要交易波动率期限结构之时,就需要回答一个问题,如何衡量一个期限的期权合约价格是贵还是便宜,或者其"估值"处于什么水平上。回答这个问题,才能发现不同期限合约之间的价格差异,也才能更好地分析交易期限结构的收益和潜在的风险。至少有三种思路可以回答上述问题。

(1) 第一个思路,交易波动率隐含的资产价格波动的平均幅度。例如,最为传统的波动率表示变量,资产价格收益率的标准差 $s = \sqrt{\frac{1}{n-1}\sum_{i=1}^{n}(u_i - \bar{u})^2}$,其中 $u_i = \ln\left(\frac{S_i}{S_{i-1}}\right)$,为了更清楚地说明收益率标准差的含义,假设只有 $n=2$,此时:

$$s = \sqrt{\left(\ln\frac{S_1}{S_0} - \bar{u}\right)^2 + \left(\ln\frac{S_2}{S_1} - \bar{u}\right)^2}$$

$$= \sqrt{\left[\ln\frac{S_1}{S_0} - \frac{1}{2}\left(\ln\frac{S_1}{S_0} + \ln\frac{S_2}{S_1}\right)\right]^2 + \left[\ln\frac{S_2}{S_1} - \frac{1}{2}\left(\ln\frac{S_1}{S_0} + \ln\frac{S_2}{S_1}\right)\right]^2}$$

$$= \sqrt{\frac{1}{4}\times\left(\ln\frac{S_2}{S_1} - \ln\frac{S_1}{S_0}\right)^2 + \frac{1}{4}\times\left(\ln\frac{S_2}{S_1} - \ln\frac{S_1}{S_0}\right)^2}$$

$$= \frac{1}{2}\sqrt{2}\times\left(\ln\frac{S_2}{S_1} - \ln\frac{S_1}{S_0}\right)$$

$$= \frac{\sqrt{2}}{2}\ln\frac{S_2}{S_0}$$

所以,非常清楚,当 $s=16\%$ 时,以标准差作为波动率计算公式的意义是价格将需要波动:

$$s = \frac{\sqrt{2}}{2}\times\frac{S_2 - S_0}{S_0} \Rightarrow S_2 - S_0 = \sqrt{2}\times 16\%\times S_0$$

更具体地,假设可以直接交易股票的波动率,当波动率为 16%,股票价格为 100 元,因为交易天数大致为 252 天,所以平均每天的波动幅度为 $\frac{16\%\times 100}{\sqrt{252}} \approx \frac{16}{15.87} \approx 1$,即 16% 的波动率表示平均波动的价格幅度要接近

1元,波动率带来的收益,16%的股票波动率报价才能算公允。通过这个思路,便可以分析不同期限波动率价格所处的水平位置,从而确定期限结构交易中买入和卖出的合约。

(2) 第二个思路,交易标准化后的波动率期限差异。既然是交易期限结构,自然会涉及在一个策略里构建不同期限的期权组合,基本逻辑是卖出当前贵的合约,买入便宜的合约,博弈的是更合理期限价差的回归;反向交易,则是买入(卖出)未来潜在上涨(下跌)幅度更大的合约,卖出(买入)未来下跌(上涨)幅度更小的合约,博弈的是期限价差的扩大。在实际的交易中,这些策略可能会中途退出,也可以视情况持有到期。

执行这个策略,需要解决的问题是在不同的市场情绪和波动环境下不同期限之间的价差走势有何特征。例如,代表更短期限之间的价差,如1个月与1周的价差、3个月与1个月的价差,短期限的价差走势特征可能与9个月与6个月或1年对9个月价差的走势特征有所不同,需要做的是尝试将不同期限的波动率按照波动率的时间关系进行标准化。

$$Vol_{ATM_1} = a \times \frac{1}{\sqrt{T_1}} Vol_{real_1}, \ Vol_{ATM_2} = a \times \frac{1}{\sqrt{T_2}} Vol_{real_2},$$

$$Vol_{ATM_2} - Vol_{ATM_1} \sim Vol_{real} \times \left(\frac{1}{\sqrt{T_2}} - \frac{1}{\sqrt{T_1}} \right)$$

$$= Vol_{real} \times \frac{\sqrt{T_2} - \sqrt{T_1}}{\sqrt{T_2}\sqrt{T_1}}$$

$$\Rightarrow Vol_{real} \sim z = (Vol_{ATM_2} - Vol_{ATM_1}) \times \frac{\sqrt{T_2 T_1}}{\sqrt{T_2} - \sqrt{T_1}}$$

因此,可以得到将不同期限波动率价差进行"标准化"的因子 $\frac{\sqrt{T_2 T_1}}{\sqrt{T_2} - \sqrt{T_1}}$。

有了这个逻辑,便可以比较不同期限结构的策略,交易期限结构往往包含短期限合约和长期限合约,既有买入短期限、卖出长期限,也有卖出短期限、买入长期限。例如,以外汇期权为例,如果要进入交易隐含波动率期限结构策略,交易期限结构本质上是博弈期限价差扩张或者期限价差收敛。如果正向做多期限价差扩张,需要买入长期限合约,卖出短期限合约;如果反向做多期限价差扩张,则是买入短期限合约,卖出长期限合约。因此,自然要回答要做哪两个期限之间的价差,同时也需要在两个长短期限合约之间选择进行做多或做空。一个简单的做法,便是将不同期限的价差乘以上述的因子,并进行直观的比较。经过标准化处理之后,假设长期限波动率为XY,短期限波动率为YZ。当XY-YZ的曲线偏离长期的均衡水平更高,意味着该期限价差有更大的收敛空间;而当XY-YZ的曲线稳定运行在均衡水平时,则需要考虑短期的因素对XY-YZ期限结构的影响。

如图8-15所示,以EUR/USD期权为例,可以看出,在2017年4月出现英国脱离欧盟公投事件,以及2020年新冠肺炎疫情全球蔓延时,EUR/USD期权隐含波动率均出现大幅度上升,在这样的环境下,3M-1M、1Y-6M、6M-3M和9M-3M的走势不尽相同。比较明显的特征是,1M代表更短期限的波动率,更加灵敏地反映市场的波动和情绪,因而往往上升更快,而长期限的波动率往往有更明显的黏性,因而3M-1M的特征是上升更快、幅度更大,回落也更快,但在多数时候,3M与1M的期限价差又更加贴近平均水平。当然,交易员在进入期限结构交易策略时,还需要考虑组合的Delta、Gamma及Vega头寸,如果需要对某些风险头寸进行中性化处理,那么标准化后的走势特征可能又有所不同。

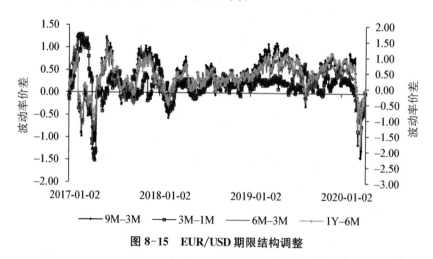

图8-15　EUR/USD期限结构调整

(3)第三个思路,交易不同期限波动率曲线变换的幅度偏差。波动率出现变化时,不同期限波动率曲线的移动幅度各有差异,有时这个差异远远超出各期限之间理论上的时间关系,交易员可以把握其中的交易机会。

考虑以标准差为计量方式的历史波动率，计算过程中先计算期限内的平均偏离程度 $\sum_{i=1}^{n}(u_i-\bar{u})^2$，下一步是进行年化处理，而年化处理的因子便是开根号期限的倒数 $\dfrac{1}{\sqrt{T}}$，因而可以简略为 $\Delta Vol_T \sim \dfrac{1}{\sqrt{T_1}}\Delta Vol_{real}$，$\Delta Vol_{1Y} \sim \dfrac{1}{\sqrt{1}}\Delta Vol_{real}$。因此，其他期限和 1 年期限的波动率变化理论上有以下关系式：

$$\Delta Vol_T = \dfrac{\Delta Vol_{1Y}}{\sqrt{T_1}}$$

当然，可以把上面的 1 年扩展成为其他期限，仍有理论关系式：

$$\Delta Vol_{T_1} = \dfrac{\sqrt{T_2}}{\sqrt{T_1}}\Delta Vol_{T_2}$$

因此，如图 8-16 所示，3 个月（0.25 年）和 1 年的隐含波动率曲线偏差，两者之间的变化关系甚至远远超过 $\dfrac{\sqrt{1}}{\sqrt{0.25}}=2$ 的倍数关系，那么可以通过期权价差组合进行交易，博取这个理论偏差回归带来的收益。实际上，交易员可以将所关注的期权合约总结为表 8-3 和表 8-4，以方便交易时参考。

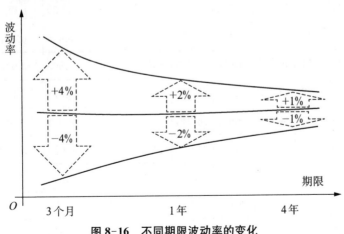

图 8-16　不同期限波动率的变化

表 8-3 偏斜的时间调整

到期日	05-15	06-19	07-17	09-18	10-16	12-18
期限(年)	0.12	0.22	0.29	0.47	0.54	0.72
调整因子=期限开方	0.35	0.47	0.54	0.68	0.74	0.85
波动率(80%)	75.9%	64.3%	58.4%	51.4%	49.1%	45.6%
波动率(90%)	67.4%	58.1%	52.9%	47.0%	45.2%	42.2%
ATM 波动率	59.2%	52.1%	47.7%	43.1%	41.6%	39.2%
$skew1=80\%-100\%$ 波动率	16.6%	12.3%	10.8%	8.3%	7.5%	6.4%
$skew2=90\%-100\%$ 波动率	8.2%	6.0%	5.2%	3.9%	3.6%	3.0%
80% $skew1$ × 调整因子	5.77%	5.71%	5.83%	5.65%	5.53%	5.37%
90% $skew2$ × 调整因子	2.84%	2.81%	2.82%	2.69%	2.64%	2.54%

表 8-4 波动率调整因子

到期日	期限(年)	90%	ATM	110%	V2−V1	调整因子	ATM	90%	110%
2020-04-17	0.04	78.3%	64.9%	53.7%					
2020-05-15	0.12	67.4%	59.2%	51.5%	−0.06	0.53	−0.030	−0.057	−0.012
2020-06-19	0.22	58.1%	52.1%	46.3%	−0.13	0.38	−0.049	−0.077	−0.028
2020-07-17	0.29	52.9%	47.7%	42.9%	−0.17	0.34	−0.059	−0.087	−0.037
2020-09-18	0.47	47.0%	43.1%	39.6%	−0.22	0.30	−0.066	−0.094	−0.042
2020-10-16	0.54	45.2%	41.6%	38.5%	−0.23	0.29	−0.068	−0.097	−0.045
2020-12-18	0.72	42.2%	39.2%	36.7%	−0.26	0.28	−0.071	−0.100	−0.047
2021-01-15	0.79	41.3%	38.6%	36.2%	−0.26	0.27	−0.072	−0.101	−0.048
2021-06-18	1.21	38.5%	36.6%	34.9%	−0.28	0.26	−0.073	−0.103	−0.049
2021-09-17	1.46	37.3%	35.6%	34.1%	−0.29	0.25	−0.074	−0.104	−0.050
2022-01-21	1.81	36.4%	35.1%	34.0%	−0.30	0.25	−0.074	−0.104	−0.049
2022-06-17	2.21	35.6%	35.0%	34.4%	−0.30	0.24	−0.073	−0.104	−0.047

8.6 交易波动率偏斜形态

波动率曲线的倾斜方面,相同期限的波动率曲线,不同的行权价对应的合约有不同的隐含波动率,也就意味着价外、平价和价内期权的隐含波动率并不相同。简单地说,以现货/行权价或 Delta 为横坐标、以隐含波动率为纵坐标所画出来的波动率曲线呈现出的弯曲状态。当曲线向左上方倾斜时,称为"假笑"(smirk)曲线,而称向右上方倾斜的为"微笑"(smile)曲线。

为什么波动率曲线会呈现偏斜现象?这个问题等价于,为什么市场愿意支付更高的价钱买入虚值程度更高的期权?

所谓波动率的偏斜,指的是以价值状态(Delta 或价格/行权价)为横轴、以波动率水平为纵轴画出的隐含波动率曲线所呈现出来的左偏或右偏形态,如图 8-17 所示。一般而言,当价值状态处于较低水平,即 Delta 值或标的资产价格/行权价处于较低数值时,虚值程度越高,隐含波动率越高,而越接近平值或实值状态,隐含波动率越低,整条隐含波动率曲线呈现左高右低的左偏形态。

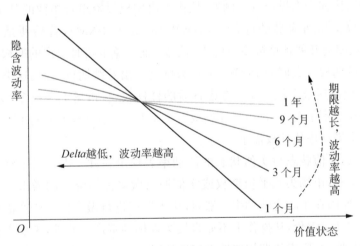

图 8-17 常见的波动率偏斜形态

虚值程度越高,意味着行权价越远离当前的标的资产价格,一旦虚值状态的期权被触发,意味着更大幅度的市场波动和更大的风险暴露。因此,虚值状态期权隐含波动率定价较高,隐含的经济含义是市场对尾部风险的定价进行风险溢价补偿。

波动率加剧偏斜先升后降

首先，在第一阶段，市场剧烈下跌或恐慌情绪加剧时，虚值期权的买入需求增加，虚值状态隐含波动率上升更快，上升幅度更高。购买需求至少来自三个方面。第一，当恐慌情绪发酵，购买下跌保护的需求增加，尤其是机构投资者往往通过购买虚值期权的方式对冲其持有的投资组合的下跌风险，而不是轻易地大规模卖出资产以形成互相踩踏。此外，当市场恐慌时，一些新的期权买入方也会加入购买期权的行列，博弈市场的大幅度下跌，往往通过买入相对便宜的虚值期权博弈市场大跌带来的丰厚收益。第二，当资产价格下跌后，原来处于虚值的行权价逐步向平值或实值状态转变，期权风险参数 Vega 和 Gamma 存在的凸性使得原先虚值期权空头的 Vega 和 Gamma 空头头寸增加。这也意味着，原本的期权空头方不仅需要买回其做空的期权头寸，而且需要买回凸性特征带来的新的空头头寸，叠加买保护的需求增加，将导致虚值期权的隐含波动率快速上升。第三，市场结构的不平衡也会加剧虚值期权的买入需求。在成熟市场，存在大量卖出期权收取期权费的机构和个人投资者。例如，挂钩卖出期权投资组合指数的基金，如芝加哥期权交易所交易的标普 500BuyWrite 指数（BXM），背后便是对标普 500 指数期货开展备兑策略所构建的指数，而备兑策略时卖出的期权往往是偏虚值的期权。类似的 PutWrite 指数则是卖出看跌期权，挂钩这类指数的 ETF 规模高达数十亿美元。考虑背后的杠杆效应，市场上期权多空头存在较为明显的不平衡，一旦市场往期权空头不利方向运动，不平衡市场结构的调整也会带动虚值期权需求。

其次，平值状态与实值状态的波动率表现出黏性。当市场下跌或恐慌情绪发酵时，市场买入平值期权或实值期权做多标的资产的需求并不会大幅上升，原因在于隐含波动率上涨时，买入期权进行做多标的资产需要付出更高的波动率溢价，从操作上不如直接买入标的资产。此外，考虑期权风险参数的凸性，买回虚值期权能够更好地补回 Gamma 和 Vega 头寸，并且随着标的资产价格的下跌，原来卖出的虚值期权逐渐进入平值或实值状态，而 Vega 和 Gamma 的局部极值都在远期平值价格附近最大，也就意味着需要补回更多的期权空头才能止损。

最后，从效费比来看，市场下跌波动加剧时买入虚值更有效率。如

图 8-18 所示,在 2020 年春节假期后的 2 月 3 日,疫情暴发导致沪深 300 指数大幅度下跌,并且处于虚值程度更高的 6 月 3.7 看跌期权的 $Vega$ 和 $Gamma$ 与期权费的比值上升更快,这意味着单位资金可以买回更多的 $Vega$ 和 $Gamma$ 风险敞口;而行权价为 4.1 的看跌期权合约很快随着 ETF 价格下跌进入实值状态,$Vega$/期权费和 $Gamma$/期权费快速下跌,其隐含的经济含义是要更好地回补期权的 $Vega$ 和 $Gamma$ 敞口,需要支付更多的期权费。

这些原因都会导致隐含波动率曲线的尾部风险溢价上升更快,呈现出偏斜上升,但随着隐含波动率曲线的整体上升,整个隐含波动率曲线都在比较高的水平下,整体的偏斜反而有所下降,所以呈现出"先升后降"的形态。

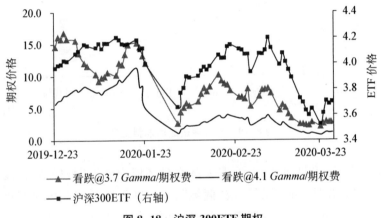

图 8-18 沪深 300ETF 期权

波动率趋缓偏斜有黏性

当资产价格止跌企稳,恐慌情绪缓和,市场买入方对于平值期权的需求自然下降,毕竟买入期权进行对冲风险本身具有较高的成本,因而平值期权隐含波动率会出现较为明显的下降。但对于虚值期权或者低 $Delta$ 的期权:一方面,市场投资者对于虚值期权的定价就包含尾部风险的溢价,如财务报表发布、外部市场环境突然恶化和瘟疫等自然灾害等尾部风险事件都可能对虚值期权的价值造成剧烈的影响;另一方面,即使市场价格企稳,仍然会有风险对冲和购买"末日期权"的需求;此外,专业的投资者也熟悉期权头寸中Gamma和Vega的凸性,市场价格一旦朝着不利方向移动,虚值期权卖出者就会遭遇标的资产价格变动方向不利Delta头寸,隐含波动率升高导致Gamma和Vega空头头寸增加,同时凸性特征还会导致Gamma带来额外的不利Delta头寸,对期权卖出方造成"三连击",因而卖出方需要时刻防范虚值期权的风险。这些因素,就导致虚值期权的隐含波动率在下行时表现出下降缓慢的"黏性"特征,从而使得整个波动率曲线更加陡峭化,偏斜随着隐含波动率下降而上升,如图8-19所示。

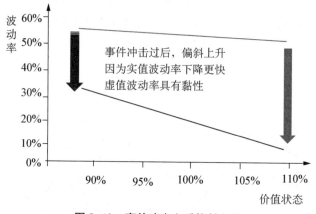

图8-19 事件冲击之后偏斜上升

如图8-20和图8-21所示是实际交易环境中外汇期权的隐含波动率曲线,均呈现出明显的"微笑"或"假笑"特征,即下跌的尾部风险有更高的溢价。从人民币兑美元的期权来看,2020年3月,美元流动性危机造成一定的恐慌情绪,人民币有一定的贬值,隐含波动率曲线整体抬升,同时偏斜效应也在3月19日达到高峰,伴随着的是汇率从6.94贬值至7.10的水平;再看权益类期权,如图8-22和图8-23所示是沪深300期权的隐含波动率曲面,从两个完整波动率曲面的比较也可以看出偏斜效应的变化。1月7日的波动率曲面整体水平较低,但曲面的凸度更大,显示出平静水面下的暗流涌动,3月17日的隐含波动率曲面由于已经遭遇市场下跌的冲击,整体波动率水平明显更高,但凸度反而有所下降,可以预期的是随着恐慌情绪逐渐消退,曲面的凸度将会再次回归,并且以平值下降更快、虚值期权下降较慢的方式来呈现。

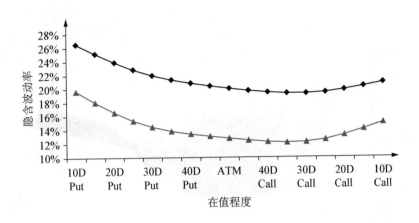

图 8-20 欧元与英镑兑美元汇率的"假笑"曲线

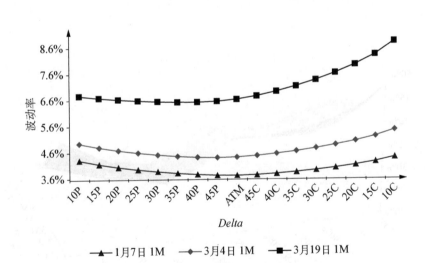

图 8-21 美元兑人民币的波动率"微笑"曲线

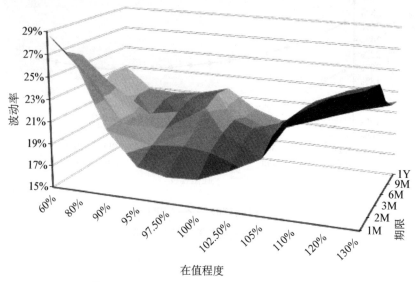

图 8-22 2020 年 1 月 7 日沪深 300 波动率曲面

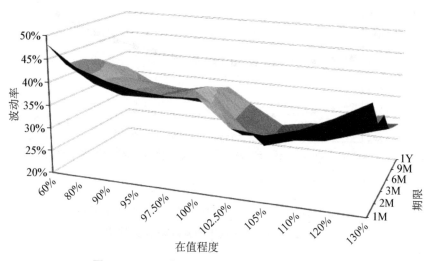

图 8-23 2020 年 3 月 17 日沪深 300 波动率曲面

偏斜与峰度

偏斜在前面已经多次提到，虚值期权相对平值期权的波动率溢价是偏斜的朴素意义，实际上，隐含波动率曲线的偏斜与统计术语的偏斜（skewness）也有密切联系。传统统计领域的偏斜用于描述分布非对称程度的数字特征：偏斜为负数表示分布曲线左偏分布，在左边有长尾分布；偏斜为正表示右偏分布，长尾在右边。类似的概念用于波动率曲线，描述波动率曲线长尾分布的特征：当长尾位于右边，则表现为曲线左侧的斜率高于右侧，曲线左侧陡峭而向右侧延伸，波动率曲线左上方偏斜；反之，长尾位于左侧，右侧的波动率曲线斜率更高，曲线向右上方偏斜。

偏斜的数学定义是样本的三阶标准化矩：

$$skew(X) = E\left[\left(\frac{X-\mu}{s}\right)^3\right] \qquad (8\text{-}5)$$

其中：μ 为样本的均值；s 为样本的标准差。其计量公式如下：

$$s = \{E[(X-\mu)^2]\}^{\frac{1}{2}}$$

如果引入统计中的矩的概念，也可以将偏斜的公式表示如下：

$$skew(X) = \frac{k_3}{s^3} = \frac{k_3}{k_2^{3/2}}$$

其中：$k_n = E[(X-\mu)^n] = \int_{-\infty}^{+\infty}(x-\mu)^n f(x)\mathrm{d}x$ 是样本的 n 阶中心矩；$\mu = E[X] = \int_{-\infty}^{+\infty} x \cdot f(x)\mathrm{d}x$。

当样本的偏斜大于 0 时为正偏态，表现为分布曲线的长尾部分从左延伸至右侧，经济含义是样本的次数分布的众数在较大分位数或量数的左侧，而长尾部分在较小分位数或量数的右侧；反之，当偏态小于 0 时为负偏态，分布的众数在较小分位数或量数的右侧，而长尾部分在较大分位数或量数的左侧，如图 8-24 所示。

在期权交易中，交易者自然关心资产价格分布情况。如果资产价格在固定的期限里，下跌的次数少，幅度更大，上涨的次数多，但幅度小，那么资产价格的收益率分布可能就会呈现出明显的偏斜特征；反之，如果资产出现非常优秀的财务报告等利好因素,其价格在上涨方向次数更多,幅度更大,那么其收益率分布也会出现明显偏斜。因此,偏斜有明显的方向,既可能往下跌方向偏斜,也可能在上涨方向产生偏斜。

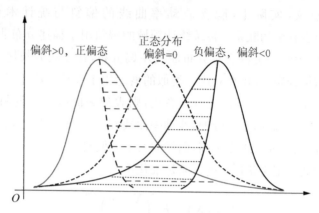

图 8-24 不同偏态的典型分布

实际上,隐含波动率曲线的偏斜就是隐含市场对于未来资产价格分布的预期,当市场预期未来价格大幅度下跌的概率上升,买入尾部期权的交易就会增多,从而提升隐含波动率曲线的偏斜。所以实际上,交易期权的偏斜就是交易未来资产价格的分布。那么对应的期权组合又是什么呢?先看另一个统计术语。

期权交易中也常常会提到隐含波动率的凸度。在统计中,峰度(kurtosis)也被称为峰态系数,用来描述样本分布的集中与分散程度,峰度有三种形态,尖峰态(leptokurtic)、低峰态(platykurtic)和标准态(正态分布)。当样本值分布比正态分布更集中和陡峭,称为尖峰态,此时峰度值>3,表现为分布曲线中间尖峰样隆起,而两侧陡峭;当样本的值分布比正态分布更加分散,称为低峰态,此时峰度值<3,表现为样本值次数分布曲线相比正态分布低矮且平缓。有些资料中也将峰度计算值统一减去 3,以是否大于 0 作为峰度形态的判断依据。

作为一个统计变量,其计量数学公式如下:

$$Kurt(X) = E\left[\left(\frac{X-\mu}{s}\right)^4\right] = \frac{E[(X-\mu)^4]}{\{E[(X-\mu)^2]\}^2}$$

除了资产价格分布的偏斜,期权交易者还关心资产分布的集中情况,如果资产价格分布非常集中,此时对应的峰度会非常大(见图 8-25),隐含的是资产价格在一个集中区域内震荡,资产价格在特定期限里远离集中区域的概率较小。

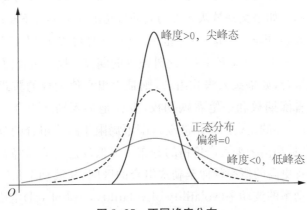

图 8-25　不同峰度分布

偏斜、峰度与期权

引入偏斜和峰度的概念之后,可以做或应该做的事情是通过其数学公式,立刻监控交易员所关注资产的偏斜和峰度,并把观测的结果与期权联系起来。在经典的统计分析中,如果资产收益率服从正态分布,那么资产价格的变化将有 68.2% 的概率落在均值左右 1 个标准差之内,有 95.4% 的概率落在均值左右两个标准差内,有 99.6% 概率落在 3 个标准差范围内。标准差是一个典型的波动率计量方式,那么如何与期权衔接起来呢?

期权的隐含波动率是交易员对未来资产价格波动率的预期,而期权到期时根据已经实现价格计算的标准差可以视为已实现波动率,先前交易的隐含波动率与已实现波动率之差异,可以视为该期权交易的盈利源泉。

期限为 N 个交易日的标准差计算如下:

$$s = 标准差(N) = \frac{\sqrt{N}}{\sqrt{252}} \times 年化标准差$$

隐含波动率作为对未来的预期,也暗含了市场对于未来波动区间的预期,因而可以与资产价格收益率的标准差联系起来:

$$s_{IV} = 标准差(N) = \frac{\sqrt{N}}{\sqrt{252}} \times 隐含波动率 \times 资产价格$$

当 ATM 隐含波动率预期的波动 $[F-s_{IV}, F+s_{IV}]$ 与现实的波动有较大差异时，例如，如果交易员认为市场波动将超出 $[F-s_{IV}, F+s_{IV}]$，但一定落在更大的波动 $[F-s', F+s']$ 范围之内，交易可以买入 ATM 隐含波动率，而卖出预示 $[F-s', F+s']$ 之外波动的期权。蝶式组合便是专门交易策略的期权组合，如果买入蝶式组合，则是卖出平值期权的鞍式组合，买入虚值的一笔看涨期权和一笔看跌期权，也就是买入勒式组合。因此，本质上，这个组合博弈的是资产价格波动范围不局限于跨式组合的范围；从分布角度看，交易员相信未来资产价格的分布更像低峰态而非高峰态，也就意味着资产价格有更高的概率延伸至勒式组合的区间；从波动率角度看，交易员相信当前波动率的波动率(volatility of volatility, vol of vol)定价过低，因而愿意做多蝶式组合以博弈波动率的波动率上升。

在期权世界，参数 $Volga$ 是期权价格对隐含波动率的二阶导数，其代表期权价格的波动率凸性，也往往用以度量和交易蝶式组合的敞口，买入蝶式组合获得正的 $Volga$ 头寸，卖出则获得负数的 $Volga$。下面进一步分析蝶式组合与 $Volga$ 的关系。

对于更为直接的关系，也有两个结论。第一个结论是，偏斜越大，意味着资产价格涨或跌的方向上有更大的长尾概率分布，自然往往是跌的方向为主，因此，资产价格分布的偏斜现象往往导致虚值看跌期权的隐含波动率更高，而导致虚值看涨期权隐含波动率更低，如图 8-26 所示。看跌期权-看涨期权隐含波动率所得到的报价就是风险逆转(risk reversal)，对应的典型风险参数是 $Vanna$。

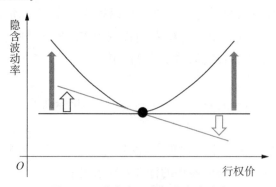

图 8-26　分布有形态与隐含波动率

第二个结论是,资产价格分布的峰度形态呈现低峰态分布,反映的是资产价格分布有更大的概率扩散至两端,也就意味着资产价格波动率变化的速度相比正态分布所隐含的波动率变化速度更快,也就是波动率的波动率更大。因此,峰度越小,虚值的看涨期权和看跌期权的隐含波动率更高;而虚值看涨和看跌组成的勒式组合,与接近平值的鞍式组合波动率的报价之差,也就是蝶式组合的报价,蝶式组合对应的典型参数是 $Volga$。

例如,在外汇市场,典型的 $25\%\,Delta$ 的风险逆转和蝶式组合的报价应该满足关系式:

$$\sigma_{RR25} = \sigma_{25\Delta P} - \sigma_{25\Delta C}$$

$$\sigma_{BF25} = \frac{\sigma_{25\Delta C} + \sigma_{25\Delta P}}{2} - \sigma_{ATM}$$

蝶式组合与 *Volga* 的联系

蝶式组合实际上交易的是隐含波动率曲线的凸性。直观上,当蝶式组合两翼的波动率上升快于中间主干的波动率时,波动率曲线凸性上升,反之则下降。在实际的交易中,蝶式组合由四笔期权组成,并有多种组合方式,如表 8-5 所示。

表 8-5 买入 Butterfly 的几种组合形式

买入 Butterfly	买入	卖出
鞍式及勒式	$Put@K_1$, $Call@K_3$	$Call@K_2$, $Put@K_2$
$Call$ 价差	$Call@K_1$, $Call@K_3$	2 份 $Call@K_2$
Put 价差	$Put@K_1$, $Put@K_3$	2 份 $Put@K_2$
行权价	$K_1 < K_2 < K_3$	

无论何种组合模式,实质上并无差异,以勒式组合加鞍式组合构成的蝶式组合为例,对组合的收益变化进行分解,以分析收益与风险参数 $Volga$ 的关系。

假设蝶式组合的收益 $\Pi = \alpha C(K_1) + \alpha P(K_3) - C(K_2) - P(K_2)$,其中 α 表示买入的勒式组合数量系数,原因在于,相同数量的鞍式与勒式组合的

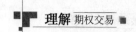

Vega 并不相同,勒式组合的 Vega 敞口要少于鞍式组合,使得整个组合出现负 Vega 敞口,为了实现组合的 Vega 中性,往往需要买入更多数量的勒式组合,如在外汇期权领域,经纪商报出的蝶式组合价格,一般情况下指的就是 Vega 中性的报价。对组合收益 Π 进行泰勒展开。

$$d\Pi = dC(K_1) + dP(K_3) - dC(K_2) - dP(K_2)$$

$$\approx \frac{\partial C(K_1)}{\partial S}dS + \frac{\partial C(K_1)}{\partial t}dt + \frac{1}{2}\frac{\partial^2 C(K_1)}{\partial S^2}(dS)^2$$

$$+ \frac{\partial C(K_1)}{\partial \sigma}d\sigma + \frac{1}{2}\frac{\partial^2 C(K_1)}{\partial S \partial \sigma}(dSd\sigma) + \frac{1}{2}\frac{\partial^2 C(K_1)}{\partial \sigma^2}(d\sigma)^2 + \cdots$$

为符号简单,假设 $\Pi = \alpha C(K_1) + \alpha P(K_3) - C(K_2) - P(K_2)$ 中的四笔期权的风险参数分别用编号表示,如 $\frac{\partial C(K_1)}{\partial S} \sim \Delta_1$, $\frac{\partial P(K_3)}{\partial S} \sim \Delta_3$, $\frac{\partial C(K_2)}{\partial S} \sim \Delta_{21}$, $\frac{\partial P(K_2)}{\partial S} \sim \Delta_{22}$。因此可以得到:

$$d\Pi = \Delta_1 dS + \theta_1 dt + \frac{1}{2}\Gamma_1(dS)^2 + Vega_1 \times d\sigma + \frac{1}{2}Vanna_1(dSd\sigma)$$

$$+ \frac{1}{2}Volga_1(d\sigma)^2 + \Delta_3 dS + \theta_3 dt + \frac{1}{2}\Gamma_3(dS)^2 + Vega_3 \times d\sigma$$

$$+ \frac{1}{2}Vanna_3(dSd\sigma) + \frac{1}{2}Volga_3(d\sigma)^2 - \Delta_{21}dS - \theta_{21}dt$$

$$- \frac{1}{2}\Gamma_{21}(dS)^2 - Vega_{21} \times d\sigma - \frac{1}{2}Vanna_{21}(dSd\sigma)$$

$$- \frac{1}{2}Volga_{21}(d\sigma)^2 - \Delta_{22}dS - \theta_{22}dt - \frac{1}{2}\Gamma_{22}(dS)^2$$

$$- Vega_{22} \times d\sigma - \frac{1}{2}Vanna_{22}(dSd\sigma) - \frac{1}{2}Volga_{22}(d\sigma)^2$$

在蝶式组合中的四个期权还有一些规律。首先,蝶式组合的整体 Delta 为 0。原因在于,$C(K_1)$ 与 $P(K_3)$ 源自勒式组合,具有绝对值相同但符号相反的 Delta,$C(K_2)$ 和 $P(K_2)$ 则源自鞍式组合,在多数时候为远期平值期权,因而也具有绝对值相同但符号相反的 Delta。当然,交易员在真实的交易中可以不按照上述两条操作,但并不影响分析结论。并不相同的

$Delta$,意味着交易如果希望保持 $Delta$ 中性,只需要对期权数量进行调整即可。因此,在前述假设下,得到第一个结论,即蝶式组合的整体 $Delta$ 为 0,即 $\alpha \Delta_1 + \alpha \Delta_2 - \Delta_3 - \Delta_4 + \Delta_P = 0$。

其次,蝶式组合的 $Vega$ 往往也为中性。在实际的交易中,往往采取 $Vega$ 中性的策略,即调整两翼的头寸数量,使得两翼的 $Vega$ 与鞍式组合的 $Vega$ 相同而相互抵消,也就意味着 $\alpha(Vega_1 + Vega_2) = Vega_3 + Vega_4$。根据 $Vega$ 与 $Gamma$ 以及 $Gamma$ 与 $Theta$ 的关系,显然 $Vega$ 头寸被消除的同时,$Gamma$ 与 $Theta$ 头寸也被消除。

最终,蝶式组合实际上交易的是 $Volga$ 的变化。在进入蝶式组合之处,如前面的分析,一开始是将 $Delta$ 和 $Vega$ 做了中性处理,方式是调整期权的数量配平,因而初始留下的便是 $Volga$ 敞口。当然,在策略持续阶段,随着时间和资产价格的推移,原本中性的参数会发生改变,交易员只需要明确其策略重心是在 $Volga$ 上,就仍然可以通过 $Delta$ 和 $Vega$ 的综合头寸管理,配平相应敞口,从而只留下 $Volga$ 敞口:

$$d\Pi = \alpha \frac{1}{2} Volga_1 (d\sigma)^2 + \alpha \frac{1}{2} Volga_2 (d\sigma)^2 - \frac{1}{2} Volga_3 (d\sigma)^2 - \frac{1}{2} Volga_4 (d\sigma)^2$$

针对上述结论,做多 $Vega$ 中性的蝶式组合,则在远期平值附近,承受负 $Volga$,来自 $-\frac{1}{2} Volga_3 (d\sigma)^2 - \frac{1}{2} Volga_4 (d\sigma)^2$;而在两翼,获得正 $Volga$,来自 $\alpha \frac{1}{2} Volga_1 (d\sigma)^2 + \alpha \frac{1}{2} Volga_2 (d\sigma)^2$。因此,一旦两端的隐含波动率上升超过远期平值上升幅度,则蝶式组合将通过 $Volga$ 获得整体的正面收益,两翼隐含波动率上升,远期平值隐含波动率下降,反映在隐含波动率曲线上是其凸性上升;反之,如果做空蝶式组合,则在远期平值附近获得正 $Volga$,而在两翼承受负 $Volga$,两翼隐含波动率下降,远期平值隐含波动率上升,则获得正收益,反映在隐含波动率曲线上是其凸性下降。因此,做多蝶式组合实际上是做多隐含波动率曲线凸性,做空蝶式组合实际上是做空隐含波动率曲线凸性蝶式组合的到期损益图如图 8-27 所示。

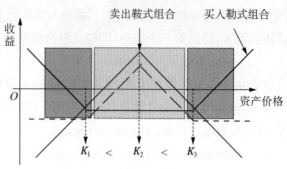

图 8-27 蝶式组合的到期损益图

Volga 度量的是 Vega 的凸性

同时,从 Volga 的公式可以看出,$Volga = \dfrac{\partial^2 V}{\partial \sigma^2}$,因此,Volga 度量的是隐含波动率曲线的凸度,也是波动率的 Gamma 头寸。这个结论有两个意义:一是,如果要交易隐含波动率曲线凸度的变化,可以通过交易蝶式组合来实现,而交易蝶式组合产生的 Volga 头寸则是建立凸度敞口的数量化,这个在蝶组合的分解中已经可以看出;二是,Volga 作为隐含波动率的 Gamma 和凸度,带来"加速器"和"减震器"的作用,这个与 Gamma 之于 Delta 的作用完全相同,因而也就带来隐含波动率的动态对冲交易。但显然,期权的 Volga 的变化要更复杂一些,如图 8-28 所示。即使对于简单的单笔看涨期

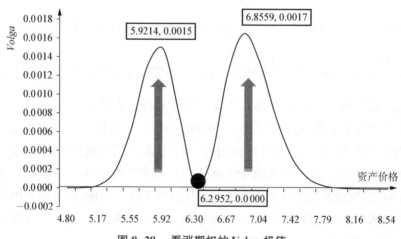

图 8-28 看涨期权的 Volga 极值

权,在实值和虚值两端都会出现极值,在这样的情况下,自然关心组合之后的 Volga 是什么形态,以及应该如何交易蝶式组合。

蝶式组合的交易

蝶式组合的交易机会来自市场对于资产价格波动率的波动率(vol of vol)观点的分歧。当交易员认为资产价格分布将要从常态分布向低平态分布变化,而反映这个趋势的蝶式组合报价却过低,当出现这样的分歧时,交易机会出现。

在实际的交易中,可以通过鞍式与勒式组合构建蝶式组合策略,也可以通过看涨垂直价差或者看跌垂直价差组合构建,不同的组合形式并不影响蝶式组合的风险收益特征。但必须注意几点风险。

首先,蝶式组合的 Delta 是否配平,以及是否需要进行动态调整。在外汇领域,当交易员进入蝶式策略时,往往进行远期平值的鞍式组合结合相同 Delta 勒式组合的形式构建头寸。其中,远期平值的鞍式组合的 Delta 非常小,甚至外汇期权的经纪商可以为交易员按照 Delta 中性进行开仓,而勒式组合往往也是 25%Delta 或 10%Delta,意味着 Call 和 Put 都有绝对值相同但符号相反的 Delta,因而整体的蝶式组合接近于 0。股票期权和期货期权的交易员则可能没那么幸运,如果需要构建 Delta 中性的蝶式组合,则需要经过精心的计算,但无论外汇还是股票和期货期权,随着时间和资产价格的变化,要保持 Delta 中性,都需要经过精心的动态对冲。

其次,Vega 与 Volga 头寸的分布并不均匀。做多蝶式组合,由于买入两翼的勒式组合,卖出主体的鞍式组合,或者买入 Call@K_1 和 Call@K_3,卖出两份 Call@K_2,$K_1 < K_2 < K_3$,如图 8-29 所示,无论哪种组合形式,都意味着做多"蝴蝶"的两翼部分,做空主体部分。因此,Vega 头寸的分布是两翼为正,主体为负数,如图 8-30 所示。

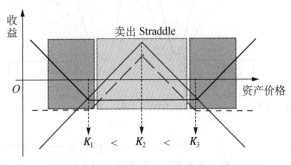

图 8-29 碟式组合的示意图

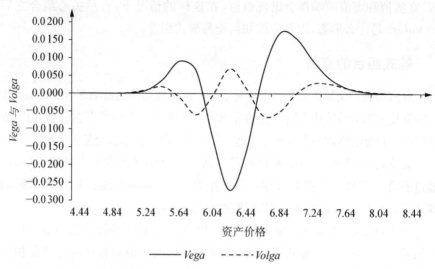

图 8-30 蝶式组合的 *Vega* 和 *Volga* 分布

$Volga$ 的分布更为复杂：即便是单笔期权，其 $Volga$ 本身已经有多个局部极值；对于单笔的看涨或看跌期权，其 $Volga$ 拥有 3 个极值，局部最小值位于行权价附近，但局部最大值出现在深度虚值和实值位置。由 4 笔期权构成的蝶式组合的 $Volga$ 更为复杂，虚值看涨期权和看跌期权为蝶式组合带来更加偏离行权价的 $Volga$。如图 8-31 所示，行权价为 6.9148 的虚值看涨期权，

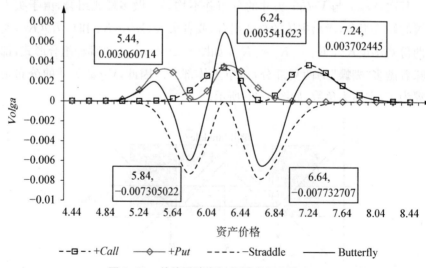

图 8-31 单笔看涨期权与蝶式组合的 *Volga*

其两个 Volga 极值出现在 6.24 和 7.24 附近,行权价为 6.0879 的看跌期权,其局部最大值出现在 5.64 和 6.44 的位置,从而两笔虚值的看涨和看跌期权为蝶式组合带来 5.44~7.24 大范围的 Volga,构成蝶式组合开阔两翼的 Volga 多头。卖出鞍式组合的 Volga 分布上则更靠近蝶式的主体,呈现的是行权价附近 Volga 较小,而偏离行权价的实值和虚值位置在 5.84 和 6.64 附近。显然,只有当波动率上升足够快,处于更为虚值位置的 Volga 才能为交易员带来收益。

因此,蝶式策略交易本质上是交易 Volga 敞口,做多蝶式组合,本质为做多波动率的波动率,博弈的是波动率的波动率上升;反之,做空蝶式,本质上是做空波动率的波动率,如图 8-32 所示。

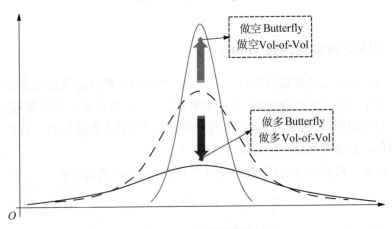

图 8-32　分布与蝶式组合交易

风险逆转交易

如果说蝶式组合是交易资产价格分布的峰态的重要组合,那么风险逆转组合则是交易资产价格分布偏态的不二选择。风险逆转组合正如其名所示,由一笔看跌期权和一笔看涨期权组成。一般而言,买入资产之后,为防范资产价格下跌的尾部风险,可以买入看跌期权进行保护。但买入看跌期权意味着直接地损耗时间价值,如果资产价格最终并未下跌,则投资者负担买入看跌期权的成本,因而通常的做法是买入看跌期权,而且是虚值看跌期权($@K_1$),同时卖出虚值的看涨期权 $@K_2$,$K_1 <$ 资产价格 $< K_2$,如图 8-33 所示,从而降低对冲资产价格下跌尾部风险的成本。代价是如果资产价

格上涨，突破看涨期权行权价 K_2，则投资者需要放弃资产价格 $-K_2$ 部分的收益。

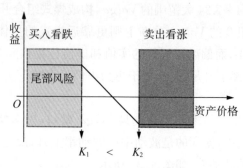

图 8-33　风险逆转的构造

风险逆转交易的是 Vanna

风险逆转是最重要的期权组合之一，代表的是期权隐含波动率曲线交易。对于风险逆转组合而言，有两个鲜明的方向：要么买入看涨期权，同时卖出看跌期权；要么反过来，卖出看涨期权，同时买入看跌期权。这两个方向的核心差异在哪里呢？分解之，分析之。

构造看涨期权多头，看跌期权以及 Delta 对冲的投资组合，

$$\Pi = C(K_1) - P(K_2) - \Delta_P S$$

其中：$\Delta_P = (\Delta_1 - \Delta_2)$。投资组合 Π 的瞬间变化可以分解如下：

$$\begin{aligned} d\Pi &= dC(K_1) - dP(K_2) - \Delta_P dS \\ &= \Delta_C dS + \theta_C dt + Vega_C \times d\sigma + \frac{1}{2}\Gamma_C (dS)^2 + \frac{1}{2}Vanna_C (d\sigma dS) \\ &\quad + \frac{1}{2}Volga_C (d\sigma)^2 - \Delta_P dS + \theta_P dt + Vega_P \times d\sigma + \frac{1}{2}\Gamma_P (dS)^2 \\ &\quad + \frac{1}{2}Vanna_P (d\sigma dS) + \frac{1}{2}Volga_P (d\sigma)^2 \\ &= \frac{1}{2}Vanna_C (d\sigma dS) - \frac{1}{2}Vanna_P (d\sigma dS) \end{aligned}$$

第二个等号用到几个关系式，$\Gamma_C = \Gamma_P$，$\theta_C = \theta_P$，加上 $Vega_C = Vega_P$，自

然也有 $Volga_C = Volga_P$，而看涨期权与看跌期权的 Delta 仅仅是符号不同，因此：

$$d\Pi = \frac{1}{2}Vanna_C(d\sigma dS) - \frac{1}{2}Vanna_P(d\sigma dS) > 0 \qquad (8-6)$$

式(8-6)有什么启示呢？Vanna 多头意味着，当隐含波动率上涨，其 Delta 将增大，也就是说，做多风险逆转意味着做多隐含波动率曲线右端的斜率；反之，做空风险逆转意味着做空隐含波动率曲线左端之斜率。

在风险逆转组合的波动率交易中，操作方式往往是同步进行 Delta 对冲，25% Delta 的 Call 与 Put 组成的风险逆转，在初始交易时便开展50%的 Delta 对冲，因而初始整体 Delta 头寸较小。随着标的资产的运动，风险逆转组合的 Delta 可能出现巨大的变化，如图8-34所示，因而风险逆转同样需要进行动态对冲，并且从 Vanna 和 Volga 维度来看有更复杂的变化特征。

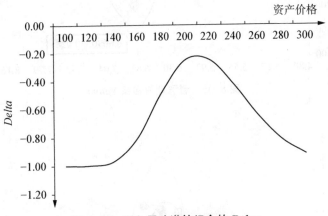

图8-34 买入风险逆转组合的 Delta

Vanna 衡量的是偏斜的头寸

通过定义 $Vanna = \dfrac{\partial^2 V}{\partial \sigma \partial S}$，Vanna 实际上是隐含波动率对于资产价格的导数，也是 Delta 对隐含波动率的导数，Vanna 越大，隐含波动率上升，则 Delta 越大，这就意味着将隐含波动率与 Delta 画成的隐含波动率曲线越陡峭，这也就是 Vanna 度量曲线偏斜；通过式(8-6)，还可以看出做多风险逆转实际上持有正的 Vanna 头寸，反之为负 Vanna 头寸。

接下来，一是需要交易员清楚认识期权及期权组合之后 Vanna 的变化规律，从图 8-35 和图 8-36 可以看出，即使是单笔期权，Vanna 的变化也较为复杂，在虚值和实值水平上都有极值出现，组合之后则更为复杂；此外，需要回答的是应该如何交易好波动率曲线的偏斜。至此，主要的希腊风险参数已悉数登场，这些参数与交易观点之间的简单关系总结如表 8-6 所示。

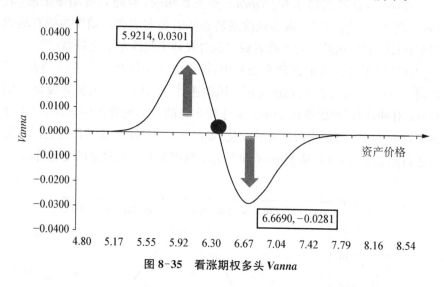

图 8-35　看涨期权多头 Vanna

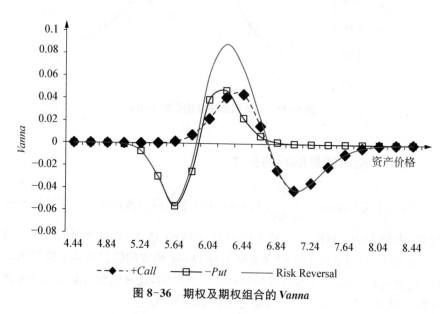

图 8-36　期权及期权组合的 Vanna

表 8-6　波动率曲线交易的核心参数

统计量	时间关系	投资组合	核心期权参数	损益来源
现货/远期价格	随机游走	现货/期货	Delta	价格
波动率	均值回归	平值期权	Vega/Gamma	隐含波动率
偏态	随时间的平方根衰减	风险逆转	Vanna	偏斜
峰态	随时间衰减	蝶式组合	Volga	波动率的波动率

偏斜交易的成本

偏斜代表性的交易策略就是风险逆转，做多风险逆转，意味着买入看跌期权，卖出看涨期权。在实际的交易中，必须非常注意偏斜交易的成本。

看跌期权往往有溢价，可能导致做多偏斜的成本过高。持有资产，同时买入看跌期权进行保护是许多机构投资者的常规操作，个人投资者也有诸多买入虚值看跌期权，博取"末日期权"可能带来的收益。当然，也有一些"黑天鹅"基金，就是通过不断买入看跌期权博取市场下跌带来的高额回报。例如，2020 年新冠肺炎全球肆虐，马克·斯皮茨纳格尔（Mark Spitznagel）创办的普世投资（Universal Investments）就一度获得 3 600% 的回报，其策略便是常年持续买入看跌期权，以博取市场下跌带来的超额收益。市场对于看跌期权的额外需求，往往会导致隐含波动率曲线呈现微笑形态的偏斜现象，因此，交易偏斜策略中买入看跌期权，支付的隐含波动率费用要高于卖出的看涨期权。因此，持有风险逆转多头，就意味着要负 Theta 头寸，也就意味着遭受时间价值的衰减，也称为偏斜 Theta 成本。风险逆转组合的 Theta 如图 8-37 所示。

偏斜交易的盈利来源

偏斜交易策略获利的源泉是资产价格与隐含波动率偏斜相关性的上升或下降。如果期权的隐含波动率曲面与资产价格呈现负相关性，这种相关性在资产价格大幅度下跌时往往会得到加强，而在资产价格平稳或缓慢上升时减弱。以交易员做多偏斜策略为例子，假设交易员通过买入风险逆转来实现，此时，其持有的头寸是看跌期权的多头和看涨期权的空头，当资产价格快速下跌时：一方面，看跌期权的隐含波动率上升更快，尽管看涨期权

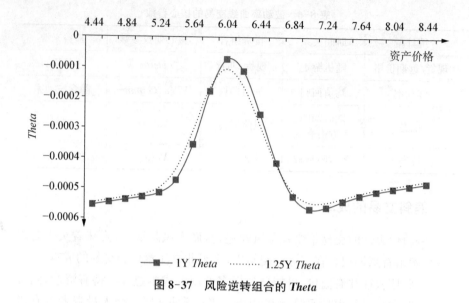

图 8-37　风险逆转组合的 *Theta*

的隐含波动率也可能上升;另一方面,原来处于虚值状态的看跌期权的在值程度可能快速接近平值的水平,其 *Delta* 和 *Gamma* 的绝对水平快速上升,而卖出的看涨期权则相反,因而整体头寸获得盈利。因此,交易偏斜,本质上交易的是资产价格与隐含波动率曲面的相关性变化。如图 8-38 所示,当

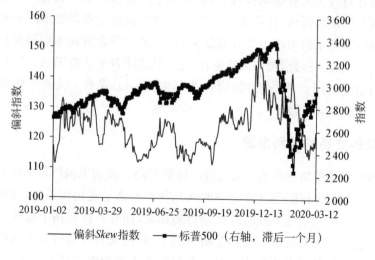

图 8-38　标普 500 指数走势与偏斜指数

标普500快速下跌,标普500的偏斜指数则明显上升,或者偏斜大幅度上升之后,标普500也在一定的时间出现明显下跌。实际上,偏斜指数计算的正是期权市场所预期的未来30天标普500指数下跌的尾部风险[①]。

再以国内的美元兑人民币(USD/CNY)期权为例子,在我国,人民币是本币资产,美元是外币资产。当USD/CNY汇率上升时,意味着人民币贬值(下跌)而美元升值;反之,当USD/CNY汇率下降,意味着人民币升值而美元贬值。因此,对于USD/CNY全球而言,其风险逆转便是做多USD/CNY看涨期权和做空看跌期权的组合,即 $+RR=+Call-Put$。当人民币贬值,意味着交易市场恐惧本币资产下跌,往往伴随着USD/CNY期权隐含波动率的上升,看涨期权一端的隐含波动率上升更快,偏斜程度上升,所以导致结果风险逆转组合估值上升,即 $+RR\uparrow=+Call\uparrow-Put\searrow$;反之,当人民币升值,乐观的情绪往往使得隐含波动率曲线平坦化,此时风险逆转多头估值下跌,即 $+RR\nearrow=+Call\downarrow-Put\nearrow$,如图8-40所示。2014年,人民币兑美元升值到顶峰,市场普遍认为USD/CNY汇率跌破6只是时间问题,在那样的环境下,1年期限的风险逆转报价升值低至0.1,也就意味着隐含波动率曲线平坦化,偏斜策略的空头获利而多头损失。简而言之,偏斜交易的盈亏源自波动率曲面的重新定价。风险逆转组合期权费变化如图8-39所示。

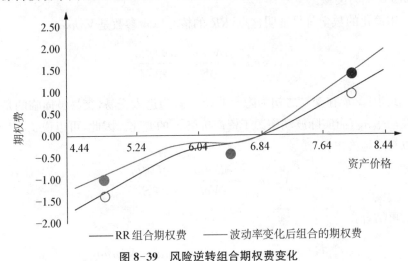

图8-39 风险逆转组合期权费变化

---

① 对于能否将skew指数作为交易的预测指标,市场仍然存在争议,读者可以阅读"Does the Skew Index Have Predictive Value,Should We Watch Skew?"等文章。总体来说,本书作者认为,如果希望通过skew指数预测股票指数走势,那么skew指数将是无效的。

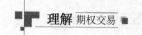

交易偏斜如何做 Delta 对冲呢?

如果策略是通过偏斜的重定价获利,那么在建立头寸后就需要对风险逆转组合的 Delta 头寸进行动态对冲,并且原理与普通期权的 Gamma 交易类似。在外汇期权市场,在开展风险逆转交易时,经纪商往往会询问双方交易员,是否需要做成 Delta 中性,如果双方确认,那么在交易时便同步进行一笔反向的远期,金额等于风险逆转的 Delta 金额。例如,如果交易员做多期限为 1 年的 25D 风险逆转,名义金额为 100 万美元,意味着其要买入一笔 -25% Delta 的看跌期权,同时卖出一笔 25% Delta 的看涨期权,那么交易员就需要同步做多一笔期限 1 年的远期,名义金额为 50 万美元[$100\times(25\%+25\%)$]。

$$RR\ Delta = Delta_{Put} - Delta_{Call}$$

即使在交易初期交易员所持有的风险逆转已经进行了 Delta 中性操作,随着资产价格的变化以及波动率曲线偏斜形态的演变,风险逆转仍然可能产生出新的 Delta 头寸。此时,如果交易员的策略是 Delta 中性,就需要类似单笔期权的 Delta 动态对冲。交易的实质上,风险逆转的 Delta 变化源自期权价格对于资产价格的凸性,也就是 Gamma,因此,交易偏斜实质上与 Gamma 交易类似。

用简化的数学符号证明这点,RR 的核心风险参数是 Vanna:

$$Vanna = \frac{\partial Vega}{\partial S} = \frac{\partial Delta}{\partial Vol}$$

其中:Vol 在交易之初为隐含波动率 σ;当进入交易,交易员面临的是实际波动率 σ_R,而实际波动率源于资产价格 S 的变化。因此,可以说 $\sigma_R \propto S$,可以粗略地推出:

$$Vanna = \frac{\partial Delta}{\partial Vol} \propto \frac{\partial Delta}{\partial S}$$

再结合:

$$Gamma = \frac{\partial Delta}{\partial S} \Rightarrow Gamma \propto Vanna$$

实际上,Gamma 交易的资产价格与波动率之间的负相关性恰恰也是偏斜交易的内核。当这种负相关性加强时,做多 Gamma 和做多偏斜能够获得收益;反之,当负相关性减弱甚至消失时,做多 Gamma 和偏斜都需要付出 Theta 流失的代价。

交易偏斜的 Theta 代价

Gamma 多头带来的凸性优势,对应的是 Theta 的时间价值衰减,所谓彼之蜂蜜,汝之砒霜。当做多风险逆转组合,由于隐含波动率曲线的偏斜,将会导致买入资产看跌期权的隐含波动率更高,而卖出的看涨期权波动率相对较低,因而做多偏斜意味着需要支付期权费而获得正的 Gamma,代价是时间价值的衰减。这个时间价值来源于隐含波动率曲线偏斜,因而也成为偏斜 Theta。另外,做多偏斜,一端买入看跌期权,另一端卖出看涨期权,意味着标的资产运行到不同的区间,整个组合的 Gamma 和 Theta 符号将会发生改变,如图 8-40 所示。以 USD/CNY 期权为例,做多偏斜意味着做多 USD/CNY 的看涨期权,而做空看跌期权,因而当 USD/CNY 汇率上升到看涨期权的行权价附近,看涨期权的 Gamma 上升到局部最大值,且为正。对应地,此时的 Theta 也将出现负数的局部极小值,此时的时间价值衰减称为 Gamma Theta。

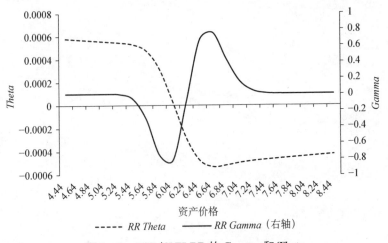

图 8-40　USD/CNH RR 的 Gamma 和 Theta

8.7　本章小结

本章介绍波动率与期权的波动率交易。要深入理解期权,就必须对波动率进行深入的研究。不同的资产价格演变方式,其隐含的波动率大不相同,而波动率的变化情况不仅会影响预期,也直接影响期权交易的方式:当期权交易实际波动率时,往往采用动态对冲的 $Gamma$ 交易方式;当期权交易隐含波动率时,往往采用交易 $Vega$ 的方式。此外,波动率还有期限结构,一般而言,期限越长,隐含波动率越大,构成具有斜率的隐含波动率曲线。在事件冲击之下,波动性曲线斜率将会变化,可以通过期权构成的日历价差组合交易隐含波动率曲线斜率的变化。隐含波动率曲线还有"微笑"或者"假笑"特征,即不同 $Delta$ 对应的隐含波动率并不相同。一般而言,$Delta$ 越小的期权,其隐含波动率越高,这便是波动率曲线的偏斜现象。当市场恐慌情绪上升,可以通过风险逆转期权组合交易隐含波动率曲线偏斜的变化。类似地,隐含波动率曲线的凸度也会随着市场情绪而改变,可以通过蝶式期权组合交易隐含波动率曲线凸度的变化。

CHAPTER 9 波动率交易衍生产品

> 投资中最危险的五个字,这次不一样。
> ——约翰·邓普顿(John Templeton)

虽然期权为市场提供了良好的波动率交易工具,但期权交易过程中涉及复制的动态对冲,鉴于此,市场需要更为直接的波动率交易工具。波动率互换、方差互换和 VIX 衍生产品应运而生,对于希望更为直接地交易波动率的投资者,这些产品也是不错的选项(见图 9-1)。此外,无论是波动率互换和方差互换,还是 VIX 期货期权产品,其背后的定价原理与期权理论有非常直接的联系,理解这些特殊的波动率金融衍生工具,也有助于更好地理解波动率交易的特征。

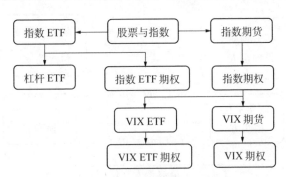

图 9-1 期权与波动率衍生交易产品概览

9.1 波动率互换与方差互换

波动率互换

我们先从波动率互换(volatility swaps)的基本概念说起。在期权交易中,我们已经很清楚,本质上期权交易的是未来的隐含波动率,期权确实可以作为波动率的对冲工具,但是引入期权,意味着可能也随之带来 Delta、Gamma 和 Theta 等头寸。此外,如果进行纯粹的波动率交易,引入期权就意味着动态调整,而动态调整之后的损益也具有路径依赖特征。因此,业界需要交易单纯的波动率的金融工具,从而波动率互换应运而生,其英文名称为"volatility swap","swap"在国内也常常被称为"掉期",所以国内也常常称波动率互换为"波动率掉期"。

波动率掉期是一种已实现波动率与约定波动率进行互换交易的合约,约定波动率是互换合约中的固定端,而未来合约到期后,已实现的实际波动率是互换合约中的浮动端。浮动端与固定端波动率的差,乘上合约的名义金额,便是最终合约买卖双方需要交割的资金,即双方交割的损益如下:

$$(\sigma_R - \sigma_s) \times N$$

其中:σ_R 表示合约到期时的已实现波动率;σ_s 表示合约中约定的波动率;N 表示波动率互换合约的名义金额。为了更便于区别,我们常常使用 $K^{vol} = \sigma_s$ 表示合约约定的波动率,$\sigma_R^{vol} = \sigma_R$ 表示到期实际波动率,因而方差互换的损益也可以表示如下:

$$(\sigma_R^{vol} - K^{vol}) \times N$$

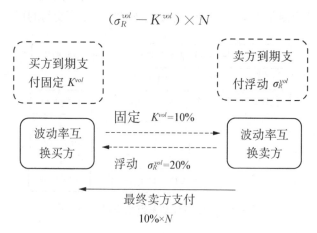

如果方差互换合约的名义金额 N 为 100 000 美元,合约约定的波动率为 10%,合约到期时实际的波动率为 20%,那么最终,卖方实际需要向买方支付 1 000 000 美元[(20−10)×100 000]。其中:$\sigma_R = \sqrt{\dfrac{252 \times \sum_{t=1}^{N}\left(\ln\dfrac{P_t}{P_{t-1}}\right)^2}{N}} \times 100$。

波动率互换作为一种波动率远期合约,为交易员直接交易未来波动率提供便利的工具,而期权交易必须考虑隐含波动率的偏斜和期限结构,如买卖期权时,必须要考虑行权价偏离标的资产价格时所产生的在值程度。不同在值程度对应不同的隐含波动率已经成为市场的共识,当交易员要去交易波动率的倾斜(volatility skew)时,必须构建一个期权组合,并且为了将 Delta、Gamma 或 Vega 等头寸控制为中性状态,需要不断地对头寸进行动态调整,而这样的动态调整,将面临越来越多的交易费用而难以执行。对于波动率互换而言,由于合约并无考虑针对标的资产的行权价设定,只有波动率本身的远期合约价格,也就不需要考虑所谓的在值程度问题,因而方差互换在交易时更为便利。

但波动率互换的缺点也很明显。在波动率互换定价或对冲时,第一步需要通过波动率模型对波动率进行建模,往往需要构建一个包含波动率的随机波动率模型。但在现实中,即便如此也难以用一系列期权对波动率互换头寸进行复制和对冲,原因就在于引入期权对冲波动率的期限结构的同时,也往往被动引入隐含波动率的偏斜头寸,进而需要更多的期权对冲,从而导致没有执行的可行性。

方差互换

方差互换(variance swaps)并非期权,而是一个远期合约,当交易员预期未来波动率将会上升,就可以做买入一笔方差互换,到结算日,最终实际波动率(realized variance)和方差行权价(variance strike)之间的差乘以名义金额,就是最终需要结算的现金损益。从这个原理可以看出,方差互换的核心是确定方差行权价。

实际上,方差互换与期权具有非常直接的关系,与一些期权的隐含波动率指数,如波动率指数 VIX,还有非常直接的关系,方差互换的定价逻辑也是 VIX 指数编制的基本原理。方差互换与波动率互换的最大区别在于其损益函数的差异,方差互换的最终损益源自实际方差与合约约定方差的差异,其损益函数如下:

$$(\sigma_R^2 - K_{VAR}^2) \times N_{VAR}$$

对于 $K_{VAR}=10\%$, $N_{VAR}=100\ 000$, $\sigma_R=20\%$,那么方差互换合约最终双方需要交付的金额为 30 000 000 美元[$(20^2-10^2)\times 100\ 000$]。

当然方差掉期与波动率互换的最大差异,还是在于方差互换终于找到了更为坚实的理论基础。方差互换被证明可以通过远期合约和一系列的期权合约进行复制,这个发现不仅为交易员提供了估值定价方差掉期的理论依据,也为交易员在实践中复制和对冲提供理论指导,非常值得进一步学习。

方差互换的定价原理

F_t 表示标的资产,遵循几何布朗运动,$dF_t = \mu_t F_t dt + \sigma_t F_t dW_t$,假设函数 $f(F_t)$ 是标的资产的函数,具有形式 $f(F_t) = \dfrac{2}{T}\left[\ln\left(\dfrac{F_0}{F_t}\right) + \dfrac{F_0}{F_t} - 1\right]$,那么,可以获得 $f(F_t)$ 函数的一阶和二阶导数,$f'(F_t) = \dfrac{2}{T}\left[\dfrac{1}{F_0} - \dfrac{1}{F_t}\right]$,$f''(F_t) = \dfrac{2}{TF_t^2}$,也容易得到 $f(F_0) = 0$,$f'(F_t)|_{F_t=F_0} = 0$。

利用伊藤引理,即 $f(F_t) = f(F_0) + \int_0^T f'(F_t)dF_t + \int_0^T \dfrac{F_t^2}{2}f''(F_t)\sigma_t^2 dt$,如果将 $f(F_t)$ 的一阶导数和二阶导数代入,可以得到:

$$\frac{1}{T}\int_0^T \sigma_t^2 dt = \frac{2}{T}\left[\ln\left(\frac{F_0}{F_t}\right) + \frac{F_t}{F_0} - 1\right] - \frac{2}{T}\int_0^T \left[\frac{1}{F_0} - \frac{1}{F_t}\right]dF_t \quad (9\text{-}1)$$

式(9-1)的左边表示的是 $(0,T)$ 时间内的实际的平均方差,而等式右边的最后一项表示的是持续维持头寸平衡所需的远期头寸,这个头寸是无成本的,符合自融资的要求。右边的第一项是一个静态头寸,它在到期时的损益函数是 $f(F_t)$,它可以通过期权来复制:

$$f(F_t) = f(k) + f'(k)[(F_t - k)^+ - (k - F_t)^+] +$$
$$\int_0^k f''(K)(K - F_T)^+ dK + \int_k^\infty f''(K)(F_T - K)^+ dK \quad (9\text{-}2)$$

式(9-2)的经济含义,本质上说的是任何一个二阶可微的资产合约可以由债券、期货以及无限多的不同执行价格的看涨期权和看跌期权合成。令 $k = F_0$,并且将 $f(F_t)$、$f'(F_t)$、$f''(F_t)$ 分别带入式(9-2),则可以得到:

$$\left[\ln\left(\frac{F_0}{F_T}\right)+\frac{F_T}{F_0}-1\right]=\int_0^{F_0}\frac{(K-F_T)^+}{K^2}dK+\int_{F_0}^{\infty}\frac{(F_T-K)^+}{K^2}dK \tag{9-3}$$

再结合式(9-1)和式(9-3),就可以得到到期时的关系式:

$$\frac{1}{T}\int_0^T\sigma_t^2 dt=\frac{2}{T}\int_0^{F_0}\frac{(K-F_T)^+}{K^2}dK+\frac{2}{T}\int_{F_0}^{\infty}\frac{(F_T-K)^+}{K^2}dK-\frac{2}{T}\int_0^T\left[\frac{1}{F_0}-\frac{1}{F_t}\right]dF_t \tag{9-4}$$

这个等式的经济含义很明显,对于$(0,T)$时间内的已实现波动率的加权平均,可以通过看涨期权和看跌期权,同时配合$\frac{1}{F_t}-\frac{1}{F_0}$的远期(期货)合约进行复制。期权的 BSM 的世界里,连续的 $Delta$ 对冲可以复制出远期的损益,也就意味着式(9-4)的远期合约这一项可以包含在期权的对冲头寸之中,式(9-4)可以转化如下:

$$K_{VAR}^2=\frac{2e^{rT}}{T}\left[\int_0^{F_0}\frac{(K-F_T)^+}{K^2}dK+\frac{2}{T}\int_{F_0}^{\infty}\frac{(F_T-K)^+}{K^2}dK\right] \tag{9-5}$$

式(9-5)的经济含义,意味着在方差互换中的方差行权价格应该等于复制的期权的价值。

Vega 名义金额(Vega notional)

在方差互换合约里,需要约定名义金额,名义金额是一个直观上的"真实"的金额,能够直接地反映方差变化 1 个百分点时合约价值变化的金额,但在期权交易或者说波动率交易中,往往需要计算 1 个 Vega 变化后合约价值变化的金额。为了延续这个习惯,可以将方差名义金额转换成 Vega 名义金额,具体的转换为方差名义金额除以合约敲定的方差 K:

$$N_{Vega}=N_{Variance}\times 2K$$

其中:N_{Vega} 表示 Vega 名义金额;$N_{Variance}$ 表示方差名义金额。此时,合约的损益可以表示如下:

$$P\&L=N_{Vega}\times\left(\frac{\sigma^2-K^2}{2K}\right)=N_{Varoance}\times(\sigma^2-K^2) \tag{9-6}$$

远期方差合约

在实际的交易中,由于交易的是尚未实现的方差,交易员自然关心未来的方差(forward variance)。在市场上,可能存在 1 个月期限的方差互换合约,存在 2 个月的方差互换合约,交易员自然希望通过研究定价曲线获取交易机会。此时,交易员需要研究 1 个月之后开始的 1 个月的方差互换的价格水平。一般而言,1 个月之后开始,期限为 1 个月的合约表示为 1M×2M。对于交易而言,研究 1M×2M 隐含的方差无疑非常有意义,它能够解析出方差期限结构,从而帮助交易员了解方差曲线的形状和未来可能的演变。远期方差示意如图 9-2 所示。

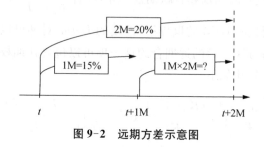

图 9-2 远期方差示意图

分别以 $K_{t,0}$ 和 $K_{T,0}$ 表示 t 时刻到期和 T 时刻到期的方差互换的价格,根据方差的特征,可以得到:

$$K_T^2 = \frac{t}{T}K_t^2 + \frac{T-t}{T}F_{t,T}^2$$

$$F_{t,T} = \sqrt{\frac{T}{T-t}\left(K_T^2 - \frac{t}{T}K_t^2\right)}$$

其中:$F_{t,T}$ 便是 t 时刻到期和 T 时刻到期的两个方差互换合约所隐含的 (t, T) 合约的方差。这个推算逻辑,至少有几个作用。

一是帮助交易员对存续方差互换头寸进行估值。例如,对于起初交易的 1 年期限的方差互换,方差名义金额 1 000 000 美元,合约价格为 25%。3 个月后,市场走出的 3 个月实际波动率为 20%,此时,市场上存在的 9 个月期限的方差互换价格为 30%。要对剩余期限为 9 个月的合约进行估值,需要计算损益:

$$F_1^2 = \frac{3}{12} \times 0.2^2 + \frac{9}{12} 0.3^2 = 0.0775$$

从而,3 个月后,原始的 1 年期的方差互换协议剩余期限 9 个月,该合约到期时的损益如下:

$$P\&L = 1\,000\,000 \times (0.0775 - 0.25^2) = 15\,000(美元)$$

在现实中,还需要将上述计算结果进行折现,从而获得当前的合约盯市(mark-to-market)价值。

二是可以对方差互换的定价或估值进行分解。具体的操作,从定价的基本公式出发,方差互换合约的价值可以表示如下:

$$V_t = e^{-r(T-t)} \times N \times (K^2 - \sigma_{\text{expected}}^2)$$

其中:N 自然表示合约的名义金额;K 是合约约定的方差;σ_{expected} 假设为预期方差。那么根据 $\sigma_{\text{expected}}^2 = \frac{t}{T}\sigma_{0,t}^2 + \frac{T-t}{T}K_{t,T}^2$,代入估值公式:

$$\begin{aligned}
V_t &= e^{-r(T-t)} \times N \times (K^2 - \sigma_{\text{expected}}^2) \\
&= e^{-r(T-t)} \times N \times \left[\frac{t}{T}(K^2 - \sigma_{0,t}^2) + \frac{T-t}{T}(K^2 - K_{t,T}^2)\right] \\
&= Realized\ P\&L + Implied\ P\&L
\end{aligned} \quad (9\text{-}7)$$

通过式(9-7)可以看出,方差互换合约的价值可以分解为已实现波动率对应的已实现损益以及未到期的损益,这个公式实际上也就给出了开展方差互换时的盯市估值方法。

方差互换的希腊字母

对于方差互换交易,交易过程仍然可以利用与期权交易中类似的希腊字母对头寸进行管理,如可以利用 $Vega = \frac{T-t}{T} \cdot \frac{K_{t,T}}{K_0}$ 所计算之数值,作为方差交易的 $Vega$,其经济含义是方差的波动率变化 1% 头寸损益变化的数值。类似地,$Gamma$ 值 $\Gamma = \frac{252}{K_0 T} \times 100$,表示的是方差互换价值对方差的二阶导数,即互换合约价值对方差变化的加速度。类似的还有每日的方差互换 Theta，可以用 $\Theta = \dfrac{-K_{t,T}^2}{2TK_0}$ 计量。当然，交易员还可以去发掘更多的希腊字母风险参数。

9.2 方差互换的作用

作为隐含波动率价格发现

当交易员判断市场隐含波动率定价有所偏差时，固然可以通过期权进行波动率交易，但通过期权进行波动率博弈有两个缺点。

一是需要动态地调整头寸，而动态调整头寸无疑将增大交易员的工作量，并且增加交易的成本，同时由于在市场上存在买价（bid）和卖价（ask）的差异，也会导致在动态对冲时，需要在买价与卖价之间来回询价，买价与卖价的价差（spread）无疑将造成对冲的成本增加。例如，为做多波动率，引入一笔看涨期权，此时就会产生 Delta、Gamma、Vega 和 Theta 等头寸，这些都需要通过动态对冲的方式解决，但动态对冲必然会带来额外的交易成本。

二是通过期权进行波动率交易，动态对冲之后的损益仍然具有价格路径依赖。例如，对于期权交易，当进行动态对冲之后，投资组合的损益 $P\&L = \dfrac{1}{2}\int_0^T S_t^2 \dfrac{\partial^2 V_t}{\partial S^2}(\sigma_{imp}^2 - \sigma_t^2)dt$。在这里，当模拟不同的资产价格路径时，损益 $P\&L$ 明显是依赖所模拟的路径的，也就意味着即使完美动态对冲，最终的损益也是随机过程，取决于资产价格的实际路径，这也就意味着交易员只能知道损益的符号，而很难知道其损益的分布特征。

用于波动率价差交易

这里所说的价差交易，指的是通过方差互换，交易隐含波动率定价与实际波动率之间的价差。博弈隐含波动率与实际波动率之间的价差，是波动率交易的重要策略，被专业期权交易员和对冲基金等广泛采用。这个策略产生的原理，在于市场成交的隐含波动率往往高于最终实现的波动率。这个特征从历史数据中容易获得验证，并且在主要的资产类别中都可以找到类似的特征。产生这个差异的原因可能有很多，其中的一个原因是市场对冲风险的要求。一些基金在配置股票等资产之后，出于对资产价格最大回撤水平的保护，往往更加愿意通过买入期权的方式进行保护；此外，市场上多数人对于卖空期权存在风险厌恶情绪，相比买入期权，卖出期权所暗示的风险厌恶情绪更重，体现为同样买入期权和卖出期权，即便期望损失一样，其效用函数也不一样。同时，市场的交易人员也格外关注尾部风险的定价，而卖出期权定价时，往往被认为需要对尾部风险进行补偿，从而在实操层面和心理层面，都要求提升卖出期权的隐含波动率，从而导致市场上交易的期权隐含波动率出现溢价（见表 9-1），这个溢价也称为波动率风险溢价（volatility risk premium）。

表 9-1 波动率风险溢价的来源

因素	名称
经济因素	• 尾部风险 • 跳跃性风险 • 非对称效用 • 不利回报
行为因素	• 风险与损失厌恶 • 能力偏差 • 对小概率事件的担忧
结构性因素	• 供求的不平衡 • 投资者限制 • 对职业风险的关注

对于交易员来说，需要做的是寻找隐含波动率和与实现波动率之间的差异来源，选择一个合适的时间点切入波动率溢价交易。实际上，通过卖空隐含波动率博取波动率的风险溢价已经得到许多投资机构的重视，波动率溢价交易不仅成为对冲基金和资产管理机构非常重要的策略，甚至被称为阿尔法策略（alpha strategy）。卖空隐含波动率博取波动率溢价收益之所以能够成为阿尔法策略，实质上就是做多标的资产的历史波动率，同时做空隐含波动率，芝加哥期权交易所等交易所甚至开发出一系列波动率溢价交易的指数产品。

例如，备兑策略（covered call）实际上是买入股票，同时卖出相应的看涨期权，本质上，这个策略是通过卖出看涨期权增厚买入资产的收益。在实际的交易中，备兑策略的标的资产可以是股票、指数期货、期货和外汇。此外，还可以将备兑策略打包成为指数化的产品，如表 9-2 所示。其中，标准普尔买入-卖出指数(S&P 500 Buy-Write Index，BXM)就是买入标准普尔指数，同时卖出相应的看涨期权，对于卖出的期权，可以选择不同行权价的期权合约。实际上 BXM 卖出的期权为接近平值的看涨期权；BXMD(CBOE S&P500 30-Delta Buy-Write Index，BXMD)则是买入标准普尔指数，同时每个月卖出 Delta 接近 30% 的看涨期权；PUT(CBOE S&P 500 Putwrite，PUT)则是卖出 50% Delta 的看跌期权；CMBO(CBOE S&P 500 Putwrite，CMBO)则是卖出跨式期权，同时卖出 50% Delta 的看跌期权和 2% 虚值的看跌期权；PPUT(CBOE S&P 500 Putwrite，PPUT)则是买入资产的同时卖出 5% 虚值看跌期权进行保护。这些卖出期权策略所构成的指数基金产品，已经成为市场上备受欢迎的产品，如图 9-3 所示，不少产品在市场中表现也较为突出。

表 9-2 常见期权策略指数基金①

	标准普尔指数	BXM	BXMD	PUT	CMBO	PPUT
2001 年	−11.9%	−10.9%	−8.9%	−10.6%	−10.7%	−2.1%
2002 年	−22.1%	−7.6%	−13.2%	−8.6%	−8.8%	−17.6%
2003 年	28.7%	19.4%	25.9%	21.8%	22.4%	19.3%
2004 年	10.9%	8.3%	10.4%	9.5%	9.5%	6.0%
2005 年	4.9%	4.2%	5.0%	6.7%	4.4%	2.3%
2006 年	15.8%	13.3%	17.8%	15.2%	14.1%	12.3%
2007 年	5.5%	6.6%	6.2%	9.5%	5.5%	−0.5%
2008 年	−37.0%	−28.7%	−31.3%	−26.8%	−30.2%	−20.1%
2009 年	26.5%	25.9%	32.1%	31.5%	28.5%	8.7%
2010 年	15.1%	5.9%	11.2%	9.0%	7.7%	11.7%
2011 年	2.1%	5.7%	7.3%	6.2%	6.4%	−1.4%
2012 年	16.0%	5.2%	11.0%	8.1%	7.5%	10.0%
2013 年	32.4%	13.3%	19.1%	12.3%	16.4%	27.1%
2014 年	13.7%	5.6%	6.2%	6.4%	5.5%	11.2%
2015 年	1.4%	5.2%	4.0%	6.4%	4.3%	−5.1%
2016 年	12.0%	7.1%	8.4%	7.8%	7.9%	8.3%

① Wilshire Analytics. Options-Based Benchmark Indexes: Performance, Risk and Premium Capture (June 1986-Dec 2018).

(续表)

	标准普尔指数	BXM	BXMD	PUT	CMBO	PPUT
2017 年	21.8%	13.0%	16.1%	10.8%	15.4%	18.6%
2018 年	−4.4%	−4.8%	−5.4%	−5.9%	−4.9%	−3.7%

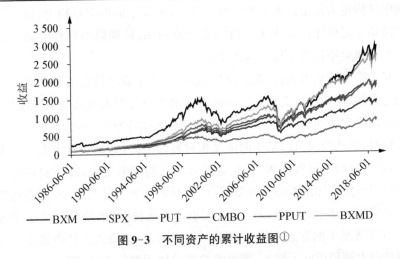

图 9-3　不同资产的累计收益图①

当然,这些卖出期权策略仍然有改良的空间。例如,可以根据 VIX 的变化进行调整。在 BXM 构建过程中,买入标准普尔指数,同时卖出平值看涨期权,但是卖出的数量有可能为 0.5 单位或 1 个单位的股指份额,具体多少取决于 VIX 指数水平的高低。一般而言,当 VIX 水平等于或高于 20,此时可以卖出 1 个单位的平值看涨期权;反之,VIX 低于 20 时,则卖出 0.5 单位的平值看涨期权。这样所构建的指数基金产品,就不再是机械的滚动卖出,而是结合 VIX 这个非常有用的市场情绪指标,所以往往能够获得更好的表现。

用于波动率期限结构交易

在资金的定价中,利率的曲线往往呈现出所谓的期限结构,其理论基础是预期理论(expectation theory)和流动性偏好理论。简单地说,短期的利率反映当前市场的利率水平,而长期利率反映市场的预期,在此基础上增加风险溢价便成为实际利率曲线,而期限长的风险溢价也相对更高。同时,投资都会偏好借入长期限的资金,而对期限较短、流动性较好的资金更有偏好,

---

① 数据来源:芝加哥期权交易所。

为了刺激长期限资金借出，也需要对长期限资金的价格进行补偿。从而一般而言，短期的利率水平低于长期的利率水平。当然，实际的市场中，利率曲线的形状由未来的预期和风险溢价两个核心因素决定，因而向上倾斜和向下倾斜的期限都有可能，特别是在当前负利率国债越来越多的情况下，利率期限结构更为复杂。非常类似地，在隐含波动率的期限结构上，短期限的隐含波动率定价往往取决于当前的实际波动率，长期限的隐含波动率定价由预期+风险溢价两个核心因素驱动。

对于隐含波动率而言，期限越长，意味着未来资产价格受到的影响因素可能越多，波动率也可能更大。不确定性增大自然要求更高的风险溢价，而短期限的隐含波动率，资产价格的影响因素更容易把握。例如，在分析股票的价格时，短期内股票的基本面情况相对容易把握，如是否有重大并购重组发生，是否有财务报告公布，行业是否有重大的政策变化，甚至宏观的流动性和宏观经济指标是否面临重要拐点，相对而言更容易判断，因而隐含波动率相对实际波动率的风险溢价可以更小，"短低长高"的隐含波动率曲线就成为多数情况下的常态。但正如图9-4所示，一条隐含波动曲线往往并非规则地向上倾斜或向下倾斜，期限的差异叠加预期的差异，很可能造成隐含波动率曲线的凸起或凹陷。仔细观察谷歌的平值期权合约，剩余期限为15天的平值期权合约具有最小的隐含波动率，而剩余期限为95天的合约具有最大的隐含波动率。

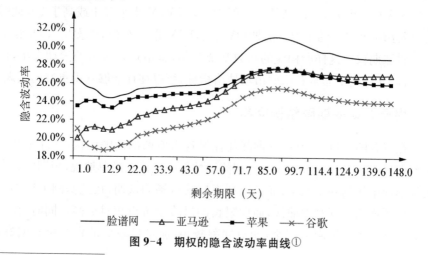

图9-4　期权的隐含波动率曲线[①]

---

① 数据来源：Interactive Broker，2019年8月21日。

当交易员希望用最为直接的工具交易波动率曲线的期限结构时,方差互换就是很好的工具。当预期未来波动率曲线会变得更加陡峭时,则可以买入期限较长的方差互换,而卖出期限较短的方差互换合约;反之,预期波动率曲线将变得平坦时,则可以反其道而行之。

9.3 VIX 衍生交易产品

VIX 作为代表市场恐慌性的指标得到很多投资者的关注,VIX 期货便是基于 VIX 指数所产生的期货合约,主要在芝加哥交易所交易,一些市场机构更进一步,设计出基于 VIX 期货的交易所指数基金产品。例如,巴克莱设计的 VXX 总是持有最近两个月的 VIX 期货合约,由于其特殊的交易结构,也往往被用于交易 VIX 期货的期限结构。类似的产品非常多,也非常值得深入研究。

首先,先更多了解 VIX 及其兄弟指数。芝加哥交易所构造的 VIX 是 30 个自然日标准普尔指数波动率的指数,此外实际上还有反映 9 个自然日的 VXST 指数,以及反映 3 个月(93 个自然日)波动率的 VXV 波动率指数。这三个指数最大的区别就在于观察期限的差异。VXV 观察期限更长,也就意味着如果 VXV 高于 VIX,说明预期的远期波动率高于短期的波动率,借用期货的术语,这种状态可称为升水(contango);反之,如果 VXV 低于 VIX,意味着远期波动率低于短期波动率,称为贴水(backwardation)。许多交易员也常常围绕着这两个指数制定波动率期限结构的策略。例如,一个常用的简单策略便是监控 VIX 与 VXV 的比值,以此作为买入和卖出的指标信号。当 $\frac{VIX}{VXV} \geqslant 1$ 时,意味着市场出现贴水(backwardation),此时可以考虑买入跟踪 VIX 期货指数基金,如 iPath S&P500 VIX 短期 TM ETN(VXX);而当移动平均值 $\frac{VIX}{VXV} < 1$ 时,则可以考虑卖出 VIX 期货指数。有时交易员也会采用 5 天或 10 天的 VIX 与 VXV 比值的移动平均值作为信号。这个策略本质上是一个技术指标策略,与一些交易员在不同期限的移动平均线之间上穿或下插,作为买入或卖出的简单交易系统具有类似的逻辑。

在运用 VIX 期货的时候,也可以直接通过 VIX 期货交易隐含波动率曲线的期限结构,当市场预期长期波动率上升时,长期限 VIX 合约的价格高于短期限合约。在期货交易中,也有一个典型的策略,例如,在升水的市场环境下,买入 VIX 期货对冲系统性风险的基金管理人,将不得不在 VIX 合约接近到期时将头寸转移至下一个活跃合约上。由于隐含波动率呈现斜向上的形态,这就导致移仓时不得不将原有合约卖出,再买入目标合约。虽然合约剩余期限确实不一样,但低卖高买意味着移仓损耗,当然,如果波动率曲线出现贴水,则出现移仓收益,或者称为移仓增值。在实际的交易中,移仓的损耗或增值可能严重影响头寸的盈利能力,非常值得交易员关注。从图 9-5 可以看出,2018 年 12 月 24 日—2019 年 7 月 29 日,VIX 指数从 36.07 跌至 12.83,下跌幅度达到 64.43%,同时 VXX 指数从 49.91 跌至 21.75,下跌幅度达到 56.42%。

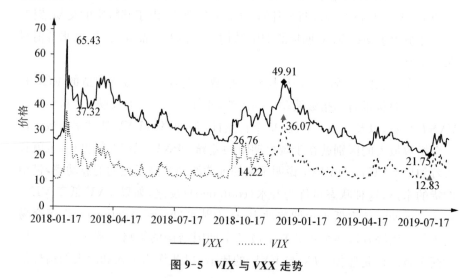

图 9-5 VIX 与 VXX 走势

移仓损耗这个大概率出现的特征,为市场的交易员提供了盈利确定性很高的策略,如在升水的情况下,做空看多 VIX 期货的指数 VXX、VIXY,或者做空加杠杆做多 VIX 期货的指数 UVXY 和 TVIX。当然,此外也可以做多看空 VIX 期货的 XIV 和 SVXY,比较两种策略的风险,做多看空 VIX 期货的指数。即使风险事件发生,VIX 大幅度上涨,做空 VIX 期货的指数也难以跌至 0,因而买入看空 VIX 期货的指数产品风险相对小。

VXX 在 2019 年 1 月 30 日到期,取代它的是重新发行的 VXXB,二者没有本质区别,事实上后来 VXXB 也重新使用 VXX,VXX 代码的生命得到延续。如果使用 \$38.28(VXX 的最终收盘价),其生命周期统计数据

如下：

- 2009 年 1 月 30 日购买时价值 100 万美元的 VXX 的最终价值：96.50 美元；
- 自成立以来的表现：−99.9904%；
- 平均复合年度损失：−40%/年；
- 平均每月复合损失：−4%/月；
- 估计股东累计亏损 67 亿美元（假设平均资产 8 亿美元，120 个月平均每月亏损 7%）；
- 自成立以来进行了五次反向拆分，平均每 20 个月进行一次，如果您一开始就购买了 1 024 股，那么现在将持有一股；
- 一日最大涨幅：+96%（2018 年 2 月 5 日），+32.7%（2016 年 6 月 24 日）；
- 一日最大跌幅：−25.9%（2018 年 2 月 6 日），−18.%（2016 年 6 月 28 日）；
- 2011 年修正期间的升值幅度（2011 年 6 月 29 日—2011 年 10 月 03 日）：164%；
- 在 2008 年金融危机期间，2008 年 7 月—2008 年 11 月市场大幅度下跌期间的升值：250%。

做空 VXX 还是做多 XIV？

在前面，我们分析了 VIX 期货在多数情况下具有远期升水特征（contango），许多交易员都认为基于 VIX 期限结构的升水或贴水特征，再结合 VXX 做多短期 VIX 期货的交易结构，以及 XIV 做空短期 VIX 期货的交易结构，就可以利用这种特征获利。事实真如此吗？许多的研究认为，VXX 是挂钩短期 VIX 期货合约的交易所票据（exchange-traded notes，ETN）[1]，随着时间的推移，VXX 将会因为滚动损耗而出现价格下跌，因而做空 VXX 似乎是一个具有较大胜率的交易策略。那么，先回答第一个问题，这就是最

---

[1] ETN 实际上是投资银行发行的一种挂钩某一个市场指数的证券，可以是股票指数、债券指数和商品指数，甚至可以是波动率指数，以及投行用特定合约构建的特定指数。ETN 并不真正持有这些指数或指数的成分，其回报计算基于挂钩的市场指数的回报，减去相关的费用，往往并不支付固定利息，也不保证本金。ETN 可以在交易所进行交易。ETN 和交易所指数基金 ETF 最大的不同在于，做多 ETN 的投资者并不持有相关证券，实际上与发行机构做对手盘，而做多 ETF 的投资者实际持有相关证券，券商或投行只是交易机构。

好的选择吗,也就是交易员应该持有做空 VXX 头寸,还是应该建立做空 VIX 期货的 ETN 的多头头寸?市场往往还有另一个实现做空短期 VIX 期货的策略。例如,同样由巴克莱银行发行的 XIV,它挂钩的是做空短期 VIX 期货合约的指数,从交易的角度来说,做多 XIV 同样能够实现做空短期限 VIX 期货的策略,那么从交易的角度,交易员应该采用何种策略?

VXX 于 2009 年 1 月启用,而 XIV 于 2010 年 11 月推出。无论 VXX 的价值衰减与 XIV 的上涨是否来自滚动损耗,如果只是观察图 9-6,显然做空 VXX 和做多 XIV 都有较大的盈利机会。那么单纯从交易的角度,交易员应该做空 VXX 还是通过做多 XIV 来攫取这份收益呢?

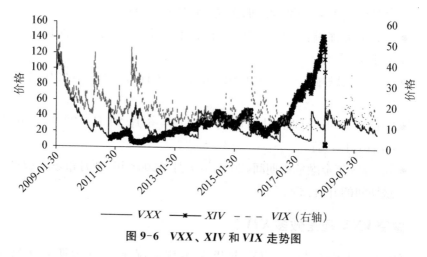

图 9-6 VXX、XIV 和 VIX 走势图

首先,不应该简单比较长期持有的静态 VXX 空头和 XIV 多头。原因在于空头 VXX 头寸的最大利润为 100%,理论上最低值为 0,因为利率之外的金融资产价格难以为负数,而多头 XIV 头寸可以翻倍或翻很多倍,理论上并无上限。所以必须定期重新平衡或滚动这些头寸,这样才能在两种策略之间进行合理的比较,同时也应该从更长一些的持仓回报评估两个策略的绝对收益。

其次,应该从更长时间维度来评估做空 VXX 和做多 XIV 的收益。如图 9-6 所示,从一个更长的时间范围来看,空头 VXX 头寸的平均月回报与 XIV 的平均月回报相近。实际上,也如图 9-7 所示,观察两倍做多短期 VIX 期货的交易所指数基金(ETF)UVXY,以及两倍做空短期限 VIX 期货的 SVXY,从一个较长的时间维度来看,二者具有较高的负相关性。单纯从统计的角度来看,并以月回报作为基准,做空 VXX 将会比做多 XIV 获得更高的收益和更大的盈利概率。

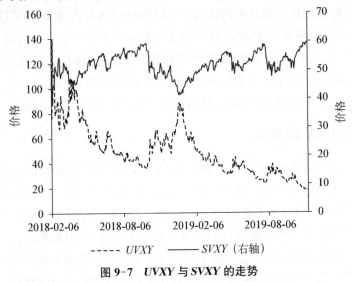

图 9-7　UVXY 与 SVXY 的走势

因此，在波动率降低的月份中，做多 XIV 是更好的策略，而在波动率增大的月份中，做空 VXX 将是更好的策略。但是，在这个基本结论之下，交易员仍然需要深刻理解市场波动对情绪的影响。2015 年 8 月，全球股票市场出现剧烈下跌，恐慌情绪上升，其中 VXX 增长 71%，XIV 下降 48%，在这里，即使当月波动率增加，做多 XIV 的回报表现仍将比做空 VXX 好。为什么是这样？原因在于，当波动率飙升和市场情绪恐慌时，VXX 的价值会增加，XIV 的价值会下跌，但这里有个小小的数学问题，如图 9-8 所示，VXX 上涨会使得 VXX 空头头寸的负收益率复合，放大 VXX 空头的损失。相反，XIV 下跌，在当月资产规模较小的情况下，当月任何进一步的下跌都将发生，并且损失减少了。

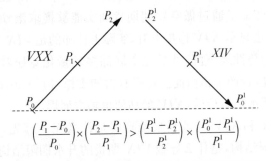

图 9-8　上涨的复合回报大于下跌时的复合回报

最后，必须意识到任何动态的交易工具都是有风险的。前面分析VIX期货自身存在的滚动损耗的理论，诚然支持做空VXX或做多XIV这样的交易工具，但是也应该看到理论背后的实际风险。2012—2017年，做多XIV或SVXY无疑是一项非常有利可图的投资，在此期间，它上涨幅度超过1 000%，但是自该时期结束以来，它们都大幅度下跌，回到了2012年的水平。尽管理论上正确，实际的交易仍然存在巨大的风险。

做空VXX的风险

尽管从统计角度，可以得出做空VXX比做多XIV能够获得更高的收益的结论，但作为交易员必须提防做空VXX的风险。VXX做多的是短期限的VIX期货，尽管从较长的时间尺度来看，VIX期货有更大概率处于升水状态，导致VXX遭受移仓损耗，做空VXX有较大的胜率，但是当标普500指数大幅度下跌时，VIX往往会急剧上升，VXX的空头，如前面提到的2015年8月，股票指数大跌，波动率急剧上升，VXX的空头头寸造成的损失比XIV多头要高出20个百分点以上。这表明，在持续回调或黑市事件的情况下，做空VXX的表现要比做多XIV差得多。尽管从概率上来说，出现2015年8月那样的情形的概率并不大，但往往一发生就会瞬间吞噬掉辛苦累积的获利。

再议VIX期货的升水和贴水

在前面的篇幅中，在谈论VIX期货ETF和ETN的盈利来源时，谈到"市场认为"做空VXX的盈利来源，基于的是VIX期货期限结构的升水现象，导致买入短期VIX期货的VXX不得不承受滚动损耗（rolling cost），而做空VIX短期期货的XIV具有滚动收益（rolling yield）。事实上，从图9-6也可以看出，XIV趋势在诞生之后至2017年年末，经历长达数年的稳定上升，似乎印证了通过做空短期期货确实能够攫取滚动损耗而带来的收益；但图9-6也显示XIV稳步上升，实际上伴随的是VIX期货自2009年金融危机之后趋势性地下降，背后是美联储多轮量化宽松对企业和居民资产负债表的修复，资产价格由此获得强有力的支撑，但当2018年年初，VIX指数无法维持低水平运行后，XIV的估值也随之崩塌。

那么，VXX和XIV的盈利来源到底是什么呢？首先，不妨再次回顾VIX期货的期限结构，是什么导致VIX期货的升水期限结构？又是什么原因导致贴水情况出现？VIX 是基于标普 500 指数期权的隐含波动率构建的波动率指数，VIX 期货的标的资产即该指数。从交易未来波动率的双方来看：买方买入 VIX 期货，目的之一在于投机未来波动率会上升，目的之二在于对冲未来波动率上升的风险；而对于波动率的卖方来说，卖出 VIX 期货合约，意味着其做空未来的波动率，意味着风险，因而往往需要在卖出 VIX 期货时增加一定的风险溢价，这个风险溢价的逻辑可以在很多场合出现。例如，无论是外汇期权还是股票期权，期权的隐含波动率往往高于已实现波动率，其中的溢价便是波动率卖出方寻求的溢价，而且往往期限越长，不确定性越大，风险溢价也就相对越高。VIX 期货也因为类似的原因，长期限合约往往高于短期限合约，这是其升水产生的原因。对于贴水，其产生的原因则较为简单。标准普尔 500 指数快速的下跌或者恐慌的情绪爆发，往往会导致期权的隐含波动率出现脉冲式上升，甚至远远高于历史波动率。当 VIX 指数飙升时，各个期限的 VIX 期货合约可能都会随之上升，但很可能出现 VIX 指数高于短期限期货价格，而长期限合约相对较低，原因在于市场对于波动率的均值回归有所预期，短期的恐慌情绪消散后，隐含波动率将会逐步回落。在这样的市场结构下，便会出现贴水的期限结构。由此可见，VIX 期货升水的期限结构，源自波动率卖方对持续风险溢价的要求，它是结果。

那么第二个问题，VIX 期货的升水期限结构，由此带来的做多 VIX 期货的滚动损耗，以及在贴水期限结构下，做多短期限期货带来的滚动收益，是否能够为做空 VXX 或者做多 XIV 带来盈利呢，升水的期限结构到底是不是做空 VXX 或者做多 XIV 的盈利源泉呢？回答这个问题之前，必须深入研究 VXX 这个交易所票据（ETN）产品的结构，根据 VXX 的产品说明文档，VXX 挂钩的是一揽子的 VIX 期货，这一揽子期货合约不断动态调整，通过买入 1 个月和 2 个月的合约进行调整，使得期货投资组合的加权平均到期日为 1 个月。可以设想，该交易所票据初始时为保证到期期限为 1 个月，在其生命起源之时，应仅持有 1 个月期限的 VIX 期货合约，但随着时间推移，必须补充新的 1 个月和 2 个月的合约，才能重新平衡组合的加权到期期限为 1 个月。总体来说，随着时间推移，1 个月期限的权重将逐步下降，2 个月的权重上升，直到 1 个月期限合约完全到期，所有的合约滚动至原来买入的 2 个月期限合约，旧的 2 个月期限合约变成新的 1 个月期限合约，如此循环。可以用一个不完全准确但足够简单的公式来表示这个投资组合：

$$VXX = (N_1 \times F_1 + N_2 \times F_2) \times C - F_1$$

其中：$-F_1$ 可以理解为期限不足 1 个月的合约，在调整持仓过程中需要卖出的 1 个月期限合约。

理解 VXX 的持仓原理后，也就容易理解 VXX 持仓策略的差异与传统期货交易中的套息交易（carry）策略或者滚动收益（rolling yield）策略。对于升水状态的期货，开展套息交易策略时，本质上投机的是期货相对于现货的升水带来的收益，是买卖双方愿意支付或接受的风险溢价。尽管期货盯市损益在每个交易日的日终进行结算，但最终实现的总收益与期货相对于现货升水的部分相等，当然也等于期货合约每个交易日结算的收益加总。这里提到的期货日终结算，指的是日终，交易所将会根据开仓价格与日终交易所结算价进行计算，为期货持有者结算每个交易日的损益，当日的日终结算价将成为新一个交易日的开仓价。VXX 的持仓则在日终结算之后进行调整，也就意味着每日滚动调整发生在该获利或亏损已经产生之后，并且在操作上，一些最接近到期的期货（称它们为 M1 或 1 个月期限合约）被出售，并购买了较长期的期货（姑且称为 M2 或 2 个月期限合约）。如果用一个形象的说法，就是卖掉几辆老旧的手机，换一台新的旗舰机，因而并不会对 VXX 的估值造成影响，也不能因此认为把旧手机卖给回收商是手机价格下跌的原因。当然，真正的原因是 VIX 期货本身存在的风险溢价以及 VIX 指数在观察期内的长期下跌趋势，VXX 在 VIX 期货合约滚动过程的不断高买低卖是一种症状，而不是原因。

这就能够解释为何 VXX 长期下跌，而 XIV 在 2017 年年底之前都有杰出表现。答案是这源自 VIX 期货相对于 VIX 指数的长期风险溢价，如果把远月合约价格高于近月价格的期限结构称为相对升水期限结构，此时期限结构具有正的斜率。从另一个角度来说，VIX 期货亦反映未来预期的价格。把 VIX 期货相对于 VIX 指数的风险溢价称为绝对的升水，这个绝对的升水正是 VXX 承受长期负回报的真正原因，这也能解释即便相对升水期限结构倒转，呈现负斜率的期限结构时，VXX 仍然呈现负回报的现象。

这个结论对交易有什么启示呢？首先，制定策略时，必须清楚预期的盈利来自何处。如果策略是博取滚动收益，可以通过更加传统的期货套息交易策略开展，如图 9-9 至图 9-11 所示；如果策略意图在于博取 VIX 期货相对 VIX 指数的风险溢价，则可以考虑做空 VXX 或做多 XIV，甚至操作两倍做多或做空的交易所票据，如 UVXY 和 SVXY 等产品。其次，制定策略时，应该根据工具的特点制定风险控制措施。如前面的分析，做空 VXX 和做多 XIV 实质是博取波动率的风险溢价，因而交易策略获利研究的重点在于波动率的均值回归，而将风险控制的关注点放在可能导致波动率飙升（volatility spike）的事件上。交易策略的敌人是不确定性，重大的地缘政治事件、自然灾害或恐怖袭击可能会导致波动性基金出现非常大的，基本上是瞬间的跳跃。近几年来，VIX 指数一日跳升幅度的最高纪录是 2018 年 2 月的 116%；而对于通过期货合约交易期限结构，为避免风险敞口过大，往往采用同时做多和做空长期、短期合约的方式进行，因而需要研究不同期限合约之间的价差的分布。

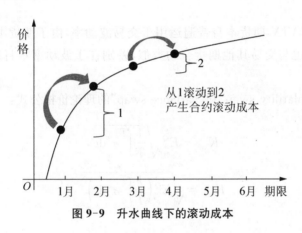

图 9-9　升水曲线下的滚动成本

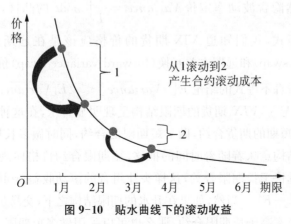

图 9-10　贴水曲线下的滚动收益

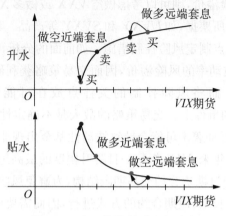

图 9-11 VIX 期货的升水与贴水

实际上，VIX 期货本身普遍运用于交易波动率，由于期货本身的特性，交易的手法也与交易其他期货合约类似，差别在于波动率本身所呈现出来的特征。

根据"volatility swap"和"variance swap"的理论价格公式：

$$K_{vol} = E_0^Q \sqrt{\frac{1}{T}\int_0^T \sigma^2 \mathrm{d}t},$$

$$K_{var} = \sqrt{E_0^Q\left(\frac{1}{T}\int_0^T \sigma^2 \mathrm{d}t\right)}$$

加上显然隐含波动率定价 $Variance = \frac{1}{T}\int_0^T \sigma^2 \mathrm{d}t$ 的凸性，再利用詹森(Jensen)不等式，我们知道 VIX 期货的价格应该是在远期波动率掉期(forward vol swap)和远期方差互换(forward variance swap)价格之间。这里运用的是詹森不等式的结论 $E[\sqrt{Variance}] \leqslant \sqrt{E[Variance]}$。

图 9-12 显示，VIX 期货的期限结构呈现明显升水，在这种期限结构之下，通过做多短期的期货合约，做空短期限的合约，同时做多长期限的合约。陡峭的期限结构意味着随着时间的推移，短期限合约价格向现货价格收敛的速度要远远快于长期限合约，这样头寸组合的滚动收益(rolling yield)为 $F_1^1 - F_1^2 + F_2^2 - F_2^1$。当然，如果在升水的期限结构之下，交易员判断未来短期限上升的速率高于长期限合约，那么也可以采用做多短期限合约、做空长

期限合约的投资组合,但带来的问题便是滚动收益将为负数,变成滚动成本(rolling cost)。

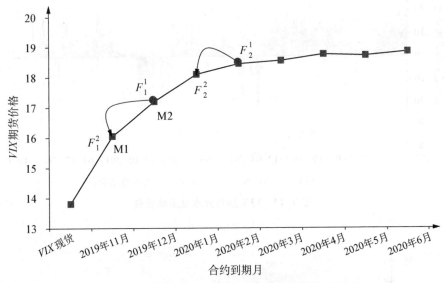

图 9-12　VIX 期货的升水期限结构①

但必须要注意的是,VIX 期货合约的升水期限结构并非一成不变。VIX 期货的基础资产是标准普尔 500 的 30 天期权的隐含波动率,隐含波动率则容易受到突发事件的影响而出现飙升,情绪的影响容易导致隐含波动率出现尖峰状态。但同时波动率又具有明显的均值回归的特点,因而在发生突发事件或者超出预期的经济数据发布之后,往往伴随的是 VIX 现货和短期限合约价格的快速上涨,理性判断未来 VIX 的波动将逐步平复,价格受到均值回归的牵引而恢复合理水平。但在这个过程中,只要 VIX 期货的期限结构没有恢复到升水,便可以采用做多短期限合约、做空长期限合约的方式获取滚动收益,如图 9-13 所示。

直接交易 VIX 期货

VIX 作为交易波动率的工具,虽然不能直接交易,但市场已经开发出追踪 VIX 的交易工具,可以直接交易 VIX 期货(见图 9-14),如常见的几种

---

① 基于 CBOE 2019 年 10 月 24 日的收盘价。

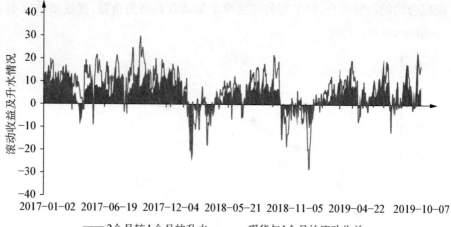

图 9-13　VIX 期货升水及滚动收益

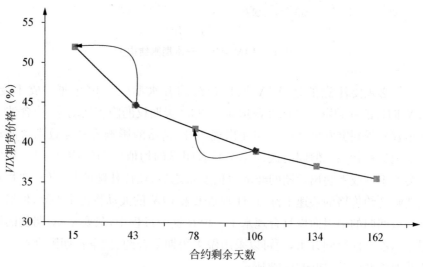

图 9-14　VIX 期货合约的贴水期限结构①

VIX 指数的关联期货和 ETN。 VIX 期货在 CBOE 旗下的芝加哥期货交易所交易,代码往往采用 VX 及年份作为合约代码,而交易所票据或交易所基金则有特定的代码。例如,其中交易比较活跃的是 VXX,VXX 实际上是巴

---

① 基于 CBOE 2008 年 11 月 3 日数据。

克莱银行发行的追踪 VIX 指数的交易所票据产品，持有的是短期限 VIX 期货合约。

- *VXX*。iPath S&P 500 VIX Short Term Futures ETN，标普 500 VIX 短期期货 ETN。
- *VIXY*。ProShares ETFs：VIX Short-Term Futures ETF。
- *VIIX*。VelocityShares VIX Short Term ETN。
- *UVXY*。ProShares ETFs：Ultra VIX Short-Term Futures ETF[①]，两倍做多 VIX 短期期货指数。
- *SVXY*。ProShares ETFs：Short VIX Short-Term Futures ETF，两倍做空 VIX 短期期货指数。
- *TVIX*。VelocityShares Daily 2x VIX Short Term ETN，两倍做多 VIX 短期期货指数。
- *XIV*。VelocityShares Daily Inverse VIX Short Term ETN，做空 VIX 短期期货指数。

这样的交易逻辑与交易普通期货并没有本质的差异，差异主要来自 VIX 与其他期货的标的资产本身的差异，如同多次强调的隐含波动率尖峰和均值回归的特征（见图 9-15），利用传统技术分析在交易 VIX 期货的时候，必须深刻理解波动率变化的特征。

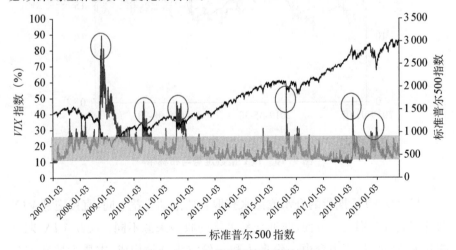

图 9-15　VIX 指数的均值回归特征

---

① ProShares 公司发行的两倍做多 VIX 短期指数 ETF。

如 2019 年 8 月 1 日，美国总统特朗普（Donald Trump）宣布对 3 000 亿美元的中国对美出口商品开征 10%的关税，并在竞选活动中宣称"我们向中国狠狠征税"（we will be taxing the hell out of China）。贸易战带来的恐慌情绪刺激美股大幅度下跌，8 月 5 日标准普尔 500 指数下跌 2.98%，道琼斯工业指数下跌 767 个点，VIX 指数也从 8 月 1 日收盘的 17.87 上涨到 24.59，日线直接刺穿布林带的上轨，波动甚至超过 2 个标准差之外的水平。例如，图 9-16 中的箭头是示意的位置，如果交易员对波动率的均值回归有足够的信心，可以观察更加高频的均线，如果更加高频的均线明显回落下移，便可以根据自己交易系统所指示的开仓信号，配合均线所指示的平仓信号，同时配合止损策略，有较大概率获得均值回归的收益。类似的交易技巧和其他期货品种并无本质差别，实质的差异来自 VIX 期货的基础资产是期权隐含波动率的特殊性。对于基于技术指标的交易手法，读者应该根据 VIX 与期权波动率之间的关系（见图 9-17），构建适合自己的交易系统。

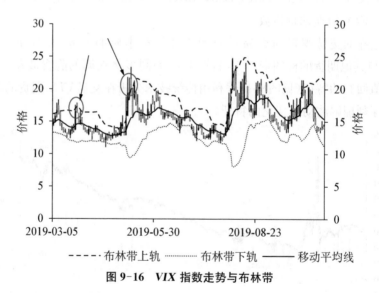

图 9-16　VIX 指数走势与布林带

与交易 VIX 期货的升水或贴水获取合约滚动收益不同，直接交易 VIX 期货有显著差别。一方面，两种交易策略的收益来源不同。交易 VIX 期货的升水/贴水，投资组合由一份多头和一份空头合约构成，本质上博弈的是两份合约与现货价格之间的拉扯，组合的风险来自两份合约之间的价格关系变化不如预期。如在升水的环境下，对于做空短期限、做多长期限合约的

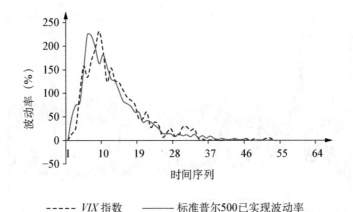

图 9-17　VIX 指数与已实现波动率

交易来说,本质上博弈的是短期限的价格下跌更快,幅度更大,而长期限下跌更慢,幅度更小,这是收入的来源。另一方面,两种交易策略的风险特征不同,交易升水或贴水的滚动收益,来自短期限的合约价格上升较大,而长期限合约价格上升幅度较小,甚至短期限价格上升,长期限价格下跌;而直接做多或做空 VIX 期货,期货高杠杆的特点导致交易的损益波动性很高,必须配合严肃的止损和止盈策略和纪律。

交易 VIX 期权

所谓的 VIX 期权,实际上是基于 VIX 期货的期权,也就意味着标的资产是 VIX 期货。VIX 期权为交易员提供更为灵活的交易工具,从交易期权的技巧而言,VIX 期权与权益和汇率期权等并无本质差异。当然,当交易员开始交易一个金融工具,必须对其有深入的了解和研究。VIX 通常使用标准普尔 500 指数的近月及邻月看涨和看跌期权价格计算得出,用以衡量标准普尔指数未来 30 日的预期年化波动率(见图 9-18)。从这个角度来说,VIX 是标准普尔短期期权隐含波动率的加权计算,已经是市场对未来波动率的预期,VIX 并不是衡量实际波动率,而是描述隐含波动率(预期值),因而 VIX 期权的标的资产已经是一个预期,故而 VIX 期权的隐含波动率实际上为波动率的波动率(implied volatility of implied volatility)。除此之外,VIX 期权的标的资产是 VIX 期货,而 VIX 期货在到期时均无法实物交割,只能采用现金交割。

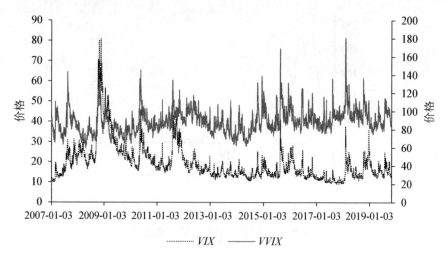

图 9-18 VIX 指数与波动指数 VVIX 走势图

VIX 期权的交易不仅有普通期权一样的偏斜效应,如图 9-19 所示,甚至也有 VIX 期权所产生的 VVIX 指数,这些也是交易 VIX 期权的有益辅助工具。除了期权本身的策略之外,另一个非常重要的策略便是结合 VIX 的各种交易所票据和基金构建组合,如在做空 VXX 的同时,以远高于 VIX 当前交易价格的执行价格购买价外期权,这样,即使发生黑天鹅事件,也可以限制或减轻最大损失。但买入期权保护的问题在于,期权可能会很昂贵,并且通常会一文不值地到期,交易员需要评估的是成本与风险缓释效果。

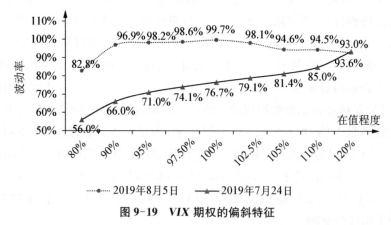

图 9-19 VIX 期权的偏斜特征

进入交易 VIX 交易所票据的最后建议

毫无疑问，VIX 期货为交易员提供非常便利的情绪交易工具，VIX 指数的一系列交易所票据和基金也提供了灵活的交易波动率的策略。但如同所有的金融交易工具一样，进入交易之前，都应该对产品本身有深入的研究和理解。

首先，充分理解 VIX 系列衍生交易工具的复杂性。不同于直接交易期权或者方差互换等波动率交易工具，VIX 指数本身就已经是一系列复杂构建之后的波动率指数，芝加哥期权交易所的网站上有 VIX 构建的白皮书，理解其复杂的构建算法并深入了解 VIX 指数对交易有重要的帮助；而 VIX 期货已经是在 VIX 指数基础上衍生出的交易工具，不仅需要理解 VIX 指数本身，还要理解期货价格的价格和期限结构等特征，这些因素对研究 VIX 期货价格的形成机制有重要影响；更进一步，VXX、XIV、SVXY 和 UVXY 等 ETN 的编制和交易结构更为复杂（见表 9-3），在尚未对其有深入了解之前，切忌轻易开仓建立过大的头寸。

其次，建立足够的量化分析能力。应对 VIX 系列产品复杂性的最好办法，就是足够理解它们，能够从微观的角度解构 VIX 系列产品，无论是升水还是贴水，无论是滚动收益还是滚动成本，它们历史高、低和平均水平如何，现在的水平又处于何种分位之中，都需要建立量化分析的能力。例如，如果交易员想做多 VIX 指数，至少有五种简单的工具：

（1）买入带杠杆的交易所交易产品（exchange-traded product，ETP），这些产品追踪的是 VIX 指数的每天价格变化的百分数，如从短期跟踪的角度来看，最好的方法是使用 VelocityShares 的 2 倍杠杆 TVIX；

（2）买入巴克莱的 VXX（短期），VXZ（中期）交易所交易票据或市场上竞争对手的同类产品；

（3）做多 VXX 或 VXZ 看涨期权（ProShares 的 VIXY, VIXM 和 VelocityShares 的 VIIX 也有相应的期权产品）；

（4）买入 UVXY 看涨期权；

（5）做多 VIX 看涨期权，或做空 VIX 看跌期权。

那么交易员应该选择哪种途径呢？此时，能够定量地分析不同产品的或有收益与成本，对制定合理的交易方案就至关重要。

最后，当然还要能够建立起一套追踪 VIX 指数的方法论。诚然，现在一

表 9-3　部分 VIX 相关衍生指数基金

代码	期限	基础指数	说明	其他
EVIX	VelocityShares 1 倍每日做多 VSTOXX 期货的 ETN	追踪 VSTOXX 期货短期指数	ETN	期权可交易
VMAX①	VIX 多头每周期货策略	相当于 VXX 每日波动比例的 0.6 倍。	ETF	活跃基金，期权可交易
VXX②	iPath S&P 500 VIX 短期期货	追踪指数 SPVXSTR	ETN	期权可交易
VIXY	ProShares VIX 短期期货	滚动期货 VIXY 生成的指数	ETF	期权可交易，税务报告：K－1
VIIX	VelocityShares 每日买入短期 VIX 期货	滚动期货 SPVXSP:IND	ETN	期权可交易，没有 K1 纳税报告
TVIX	VelocityShares Daily 2X VIX 短期	2 倍杠杆，每日重新平衡 SPVXSP:IND	ETN	合约曾发生替换
UVXY	ProShares ETF	1.5 倍杠杆，每日重新平衡 SPVXSPID:IND	ETN	期权可交易，税收报告：K－1
SVXY	ProShares ETF	0.5 倍杠杆，跟踪 SPVXSPID:IND	ETF	期权可交易，税收报告：K－1

些金融数据终端已经提供各种 VIX 指数和交易所票据的追踪数据，但金融数据终端呈现的永远是事后结果。虽然投资者仍然可以看图想象而发掘其可能的走势，但只有真正理解指数的追踪方法论，才能够真正了解各个要素的影响，进而才能更好地把握所交易的资产的价格轨迹。如同前面所描述的交易所票据，如果真正掌握 VXX 和 XIV 所追踪的指数的方法，对其盈利源泉就会有更好的理解，就会理解通过做空 VXX 或做多 XIV，盈利的源泉并非 VIX 期货的升水或贴水期限结构，而真正要交易升水或贴水期限结构，应该直接通过持有 VIX 期货的形式建立策略头寸。

---

① VMAX 于 2018 年 7 月停止。
② 巴克莱于 2019 年 5 月 2 日将 VXXB 的代码改为 VXX，VXXB 于 2018 年 1 月 4 日发行，同样追踪 SPVXSTR 指数，它和原来 VXX 的最大区别在于加入发行人赎回机制(issuer call)。

9.4 本章小结

期权交易过程中，容易引入波动率之外的头寸，动态对冲也较为复杂，因而市场发展出更为直接的波动率交易工具，如波动率互换和方差互换，甚至发展出交易波动率衍生品的期货、期权和交易所基金产品，如 VIX 期货和期权，以及基于 VIX 期货合约的交易所基金产品。本章主要介绍波动率和方差互换的基本原理，同时简要介绍 VIX 相关衍生品。VIX 期货的升水和贴水特征将会给 VIX 期货交易所基金造成非常有意思的滚动收益和滚动成本，深刻理解这些产品背后的原理，将有助于更好地交易这些产品，也有助于更好地理解期权波动率的世界。

REFERENCE

1. Siegel J. Risk, Interest Rates and the Forward Exchange [J]. The Quarterly Journal of Economics, 1972, 86(2): 303-309.
2. Benninga S, T Björk, Wiener Z. On the Use of Numeraires in Option Pricing[J]. The Journal of Derivatives. 2002, 43-58.
3. Geman H. The Importance of Forward Neutral Probability in a Stochastic Approach of Interest Rates [C]. Working Paper, ESSEC, 1989.
4. Geman H, El Karoui N, Rochet J C. Change of Numeraire, Changes of Probability Measures and Pricing of Options[J]. Journal of Applied Probability,1995, 32(2): 443-458.
5. Christensen B J, Prabhala N R. The Relation Between Implied and Realized Volatility[J]. Journal of Financial Economics, 1998(50): 125-150.
6. McGee R J, McGroarty F. The Risk Premium that Never Was: A Fair Value Explanation of the Volatility Spread[J]. European Journal of Operational Research, 2017, 262(1):370-380.
7. Chen J, Liu X. The Model-Free Measures and the Volatility Spread[J]. Applied Economics Letters. 2010, 17(18):1829-1833.

图书在版编目(CIP)数据

理解期权交易/刘维泉著. —上海:复旦大学出版社,2022.9
ISBN 978-7-309-16218-9

Ⅰ.①理… Ⅱ.①刘… Ⅲ.①期权交易 Ⅳ.①F830.91

中国版本图书馆 CIP 数据核字(2022)第 095482 号

理解期权交易
LIJIE QIQUAN JIAOYI
刘维泉　著
责任编辑/李　荃

复旦大学出版社有限公司出版发行
上海市国权路 579 号　邮编: 200433
网址: fupnet@fudanpress.com　http://www.fudanpress.com
门市零售: 86-21-65102580　团体订购: 86-21-65104505
出版部电话: 86-21-65642845
常熟市华顺印刷有限公司

开本 787×960　1/16　印张 19.25　字数 315 千
2022 年 9 月第 1 版
2022 年 9 月第 1 版第 1 次印刷

ISBN 978-7-309-16218-9/F·2885
定价: 68.00 元

如有印装质量问题,请向复旦大学出版社有限公司出版部调换。
版权所有　侵权必究